そうだったのか　土地の呼び名

明解　埼玉の地名

高田　哲郎

まえがき

地名にはワケのわからないものが多すぎる。地名はいつから生まれたのか。人類が日本列島に住み着いたのは、六〇万年前とも、四〇万年前とも言われて、なんとも大きな隔たりがある。私のような素人には判断の下しようもないが、だったら日本人の祖先がいつ頃から言葉を生み出し、いつ頃から会話を始め、会話の中に地名が登場するようになったのは、いつ頃だったのか、そんな事も皆目、見当がつかない。

だから、地名にはワケのわからないものが多すぎる。だが、それを手探りで洗い出してみると、古代からのそれぞれの土地の人々の生活の痕跡が、重層的に沁みついている事がほの見えてくる。それぞれの風土に根差した生活習慣や、信仰行事から言語に至るまで、丸ごと地名に反映していると言えるようである。

何千年か何万年かわからないが、分厚く積み重なった言葉の地層に分け入って、その片鱗をつなぎ合わせ、地勢や地形に照らして、そこで生活してきた人々の思いに心寄せながら、地名の由来を探る仕事は、手探りで地面を掘り返す考古学に似ているようである。

掘り出した幾つかの土器片をつないで形を作り、文様その他で他と比較して、制作年代を探り出す。ようやくたどり着いた一つの結論も、他の資料の発見によっては簡単に覆される。多年の経験を重ねた研究者が出した結論も、素人研究者の偶然の発見によって、いとも容易《たやす》くひっくり返されることがある。

考古学同様に、地名の研究も、素人が参入しやすい分野だと思われる。それほど研究の歴史も浅いし、分厚い地層を掘り返すには、研究者が少ないとも言えよう。つまり、〈下手な鉄砲も数打ちゃ当たる〉可能性の高い研究分野なのである。

とはいえ、ずいぶん昔から、各地で地名の由来は考えられ、語り伝えられてはいる。古いものでは『古事記』(七一二)や『日本書紀』(七二〇)、それに各国の『風土記』(七一三〜)に記載するところの地名伝説である。だが、これはそのほとんどが、地名の音や漢字表記に結び付けた物語であり、本来の由来には程遠いものである。

例えば、『播磨国風土記《はりまのくにふどき》』が記す〈大網野《おおあみの》〉の由来は、《昔、老夫婦が鳥を捕ろうと山の中に網を張ったところ、たくさんの鳥が一斉に網に掛かったために、網を被ったまま飛び去って行った。その網が落ちた所を、大網野という》と。

今も各地で語られる地名の由来にも、その類《たぐい》のものが多い。所謂、民間語源説で、茶飲み話ならそれもおもしろい。誰もが自分のルーツを知りたいように、自分が住んでいる土地の名や、自分に関わる土地の名称の由来を、知りたいのは人情である。だが、世に伝わる俗説には、このように、〈日本人のルーツは高天原《たかまがはら》から天下《あまくだ》った神様である〉といった類のものが多すぎる。それをおもしろがるのは結構だが、それでは地名に込められた先人の思いを読み解く事にはならない。

ワケはわからないが、地名には人に伝えようとする、先人のメッセージが込められているらしい。それを何とか正しく読み解こうとするのが、地名研究である。

秩父から日本で初めての和銅が発見され、国を挙げた喜びに沸いて間もない和銅六年（七一三）、時の女帝・元明天皇《げんめいてんのう》は、全国に向けて『風土記』撰進《せんしん》の詔《みことのり》＝天皇のお言葉を発した。内容は、それぞれの土地の肥沃度《ひよくど》や特産品を列記し、その土地の名の謂《いわ》れを記すようにというものである。

目的は各国の実情を把握して、地方支配の基盤を固め、律令制度の定着を図ろうとするものだったと言われるが、あえて言えば、後の地名研究にとっては、功罪相半ばするものがある。

功とするところは、何と言っても《畿内七道諸国《きないしちどうしょこく》、郡郷《ぐんごう》の名、山川原野の名号の所由《いわれ》を記せ》として、当時の国々に存在した地名をことごとく記録させたことである。これは地名研究にとっては、得難い宝物である。

次に、あえて罪と言うのは、当時の縁起の思想から《郡郷の名に好字を著《つ》けよ》と命じた事である。良い言葉は善い結果を生み、禍言《まがごと》は凶事を引き起こすという、日本古来からの言霊信《ことだましん》仰《こう》に、中国渡来の吉凶を占う道教《どうきょう》の思想が重なった結果とはわかるが、とにかくそれは地名の本来の意味を隠すどころか、とんでもない誤解をもたらす結果にもなってしまった。

だが、この考え方は後々まで引き継がれ、平安時代の『延喜式《えんぎしき》』(九二七)でも再度好字令が確認されて、地名に大きな混乱をもたらした。これは地名研究にとっては大きな痛手だった。

本来、地名とは、その土地を誉《ほ》めそやして、豊かさを引き出すという、国誉めの思想から付けられたものではない。そんな呪術的なものではなく、もっと生活に直結した、必要性から付けられたものだったはずである。基本的には場所の識別のために、その特性を共通に認識したことからよび方が決まり、それが地名として定着していったものだろう。それから時代が進むにつれて生活の幅が広がり、生活様式が複雑になり、合わせていろいろな面から、いろいろな地名が生まれることになる。現代でも新しい地名が続々と生まれている。

《天地のはじめ、草木言語《ことど》いしとき=この世が始まった頃、まだ草も木も自由にしゃべっていたとき》と、『常陸国風土記《ひたちのくにふどき》』が記すように、古代人にとっては、人と自然とは一体のものだった。それだけに、少ない語彙《ごい》で自然を言い表すためには、自然の現象も、人間の動作と同様にとらえる他はなかったのではないか。

例えば、食ったり、齧《かじ》ったりすることを、古代人は〈食《は》む〉と言った。リンゴやパンをガブリと食むと、湾曲した歯型が付く。海の波が土地をザブリと食むと湾曲した波の歯型が付く。

それが〈食《は》む⇩食《は》ま⇩浜《はま》〉。つまり、人間の基本的な動作を表す言葉で、自然の現象を表現していたという事ではないか。

古い地名はそのようにして付けられたものと思う。それがいつ頃から始まったかはわからないが、言葉とは変化するものである。一〇〇〇年前の平安朝の文学が、現代人にとってはチンプン・カンプンなのを考えれば、わかる事である。それどころか、たった一〇〇年前の明治文学でさえ、注釈なしで理解できる人は少ないのである。

何万・何千年前に生まれた地名は、口伝えしているうちに、訛ったり、省略したり、言い間違えたり、聞き違えたり、さまざまに擦り減ってきたものを、一五〇〇年前に渡来した漢字で書き表すようになった。和語を漢字に書き換えるだけでも、かなり無理な部分があった。和語に匹敵する漢字がないために、単に漢字の音を借りて書き表したものも、相当あったはずである。そこへもってきて、例の好字令である。

漢字は表意文字だから、その字を当てただけで、地名の意味は独り歩きを始める。こうして古い地名は地殻変動を起こし、褶曲《しゅうきょく》や断層現象《だんそうげんしょう》の中に埋没して、本来の意味が隠されていった。

近現代でも地名の地殻変動は繰り返されている。行政的な市町村合併・地域再編・住居表示の改変などで、古い地名が消滅したり、合併地名が創出されたり、商業的な地域開発で、ポエム地名・キラキラ地名が付けられたりと、地名の好字化・好感度化が大変な勢いで進んでいる。

東日本大震災以来、地名に込めた危険信号の意味が見直され、地名研究に焦点があてられるようになった。私も遅ればせながらその事に気づき、これまで趣味で進めていた方言研究の軸足を地名に移して、ここ数年間、地名の地層発掘に微力を注いできた。地名と方言は、言葉の地層の中で互いに絡み合っている。当然のことながら、方言のルーツである古典的な言葉が、地名の語源を示唆していることが多いこともわかってきた。

まだ定説のない地名の由来が多いだけに、素人も参入しやすい分野である。素人だけに、臆《おく》面《めん》もなく、異論・新論・果ては暴論と言われそうな意見も出すことができるというものである。専門家からすれば、基礎知識を無視した独善と一笑に付されるものが多いかもしれないが、そのなかの一石が、あるいは、世に通用している俗論の一つや二つは葬り去って、真説に近づく道を開くのに資する事ができるかもしれない――という希望をもって、本書を世に問うてみるところである。

ここに取り上げた地名は、『角川日本地名大辞典11埼玉県』(昭和五五年発行)に基づいたものである。特に、同書の「小字一覧」は、埼玉県発行の『武蔵国郡村誌』(一九五三)全一五巻の膨大な資料の中から、字地の項に書き上げられた地名を編集したもので、調査研究にはたいへん便利で、貴重なものである。

因みに、『武蔵国郡村誌《むさしのくにぐんそんし》』は国の『皇国地誌編纂』計画に基づき、概ね明治八〜九年時点での、県内各自治体の沿革・人口・地相・産業・道路・水利・神社・寺院・小字などの項目をあげて調査し、明治一五年に纏めて国に進達したものである。

そのため、すでに消滅した地名もあるかもしれないが、少しでも地名の原点に近づくために、あえてそうしたものである。ただし、同辞典では、地名の読み方の正確を期して、歴史的仮名遣いで読み仮名を付けているが、本書では現代仮名遣いに改めて表記している。また、引用した古典の文章は、読みやすいように現代仮名遣いに改め、送り仮名も付すようにした。

引用した資料の文章は《 》内に示し、強調したい地名は〈 〉で囲った。

目　次

『そうだったのか 土地の呼び名 明解 埼玉の地名』

コラム

悪土《あくと》・阿久戸《あくと》・肥土《あくと》・明戸《あけと》・秋津《あきつ》

〈圷《あくつ》〉に集約される川沿いの浸水地帯

よくも付けたり、〈悪土〉の地名

〈悪土〉アクト、またはアクドと読む。地名としては何とも喜ばれそうもない名称である。しかし、〈悪戸〉と書き換えたものも含めて、埼玉県内にはこれを小字とする土地が、少なくとも二五か所もあった。「あった」と過去形で記したのは、この数字は、明治九年（一八七六）に編纂された『武蔵国郡村誌』（以下、『郡村誌』）による、江戸時代から明治にかけて存在した小字名から拾ったものだからである。

同書記載の埼玉県内の小字数は、私が数えたところ、ざっと一万七〇〇〇ほどである。私が知る範囲でも、江戸幕府の学問所が総力を挙げて編纂した地誌『新編武蔵風土記稿《しんぺんむさしふどきこう》』（以下、『風土記稿』）（一八三〇）に記載されていて、現在でも存在する小字名が、この本からは抜け落ちている例が幾つも見られることから、必ずしも正確なものとはいえないまでも、これは貴重な資料である。

それから約一五〇年、市町村合併を繰り返し、土地開発や宅地造成などが盛んに行われて、合成地名や好感度の高い新地名などが、たくさん作られている昨今、悪土・悪戸地名がどれだけ残っているだろうか。

地名には好感度の高さが求められる

地名に好感度を求めることは、今に始まったことではない。和銅六年（七一三）、元明《げんめい》天皇が全国に発した風土記撰進の詔勅のなかに、郡郷の名を列記して、その由来を記せという項目があったが、そのとき《郡郷の名に好字を著けよ》という指示があった。また、平安時代に当時の法律＝律令《りつりょう》の施行細則を記した『延喜式《えんぎしき》』（九二七）にも、それを規定した、いわゆる「好字令」が記されている。

それでなくとも、民間でも、古来の言霊信仰に加えて、道教などの呪術的教義の影響などもあって、縁起を重んじる心情は強まり、縁起の悪い言葉や文字は排されるようになっていた。そんな風潮が最も強かった江戸期を生き抜き、明治の初頭まで、悪土・悪戸の地名がよくぞ残っていたものと、感心するばかりである。

川沿いの氾濫地帯に集中

悪土・悪戸地名はどんな土地なのか、そして好ましい文字ではないのに、なぜ残ったのか。その名を地図に落としてみると、それはすべて河川敷の、それも河川の流路が屈折したり、湾曲したりするところに付けられていることがわかる。

その名が最も集中しているのは、熊谷市妻沼《めぬま》の江波地区《えなみちく》・羽生市寄りの上中条地区《かみちゅうじょうちく》辺りから、羽生市・加須市・北埼玉郡大利根町・同北川辺町の古利根川・利根川の流域と、北川辺町で利根川が渡良瀬川と合流する地点までである。

熊谷市の旧江波村はその文字が示すように、荒川と地元を流れる福川に挟まれた旧河川敷に当たる低地で、水害を受けやすく〈上悪戸・下悪戸〉の字名があった。

同市の上中条地区と、羽生市の下中条地区は、ともに古代の条里制の名を遺した村名で、明治二二年（一八八九）に町村制が施行されるまでは、ともに埼玉郡忍領に属した村だった。

上中条村は、その後独立した中条村を経て、昭和二九年（一九五四）から熊谷市の大字になった。地域は荒川と利根川の中間に位置した低地であるために、昔からしばしば洪水の被害を受けていた。河川沿いには〈上悪戸・中悪戸・下悪戸〉の地名が並び、河川流域の長い区域が、水害を受けやすい土地である事を示している。ここには洪水の流入個所を示す〈水越《みずこし》〉という地名もある。

羽生市に入ると、利根川沿いの上岩瀬地区《かみいわせちく》に〈上悪戸〉と〈下悪戸〉がある。その下流の小松地区には、やはり上・下の〈悪戸〉があり、続いて常木地区には悪戸ならぬ〈明戸《あけと》〉がある。明戸は悪土を好字化したものである。

続いて加須市の〈大越《おおごえ》〉地区は、かつての大越村。利根川が流域を大きく越えて村落に浸水してきたことを示す村名である。ここにはずばり〈悪土〉がある。

その下流は旧大利根町。佐波《ざわ》地区は古利根川の河川乱流の跡地である。かつてこの村には〈西悪戸耕地〉と〈北悪戸耕地〉があった。隣接する細間《ほそま》・砂原《すなはら》・平野《ひらの》の旧村にはそれぞれ一つの〈悪土〉地名が見える。

利根川を挟んだ対岸に、同じく加須市の旧北川辺町がある。この町は利根川左岸に位置し、北には群馬県境を流れる渡良瀬川があって、この二つの川は町の東端で合流している。利根川に面した麦倉地区《むぎくらちく》には〈悪戸耕地〉があり、渡良瀬川に沿った柏戸地区《かしわどちく》には上・下の〈悪土耕地〉、向古河《むこうこが》地区にも〈悪土耕地〉がある。さらに、二つの川が鋭角に合流する地点にある本《ほん》郷地区《ごうちく》には、〈東悪戸〉・〈南悪戸〉地名があった。

以上は前述の『郡村誌』からの抜粋なので、現在どれだけ残っているかわからないが、この地名は、川の氾濫によって水害を受けやすい危険な場所であることを、世人や後世に伝えようとしたものである。地名の指す範囲が広域化している場合には、すべてがそうとも限らないが、少なくとも、その中心地には人は住めず、耕作地としても、まずは低湿地で時々浸水被害に見舞われる土地ということである。

同じアクトでも肥土《あくと》もある

住むことも、耕作にも適さないから〈悪土〉。さらには、たとえ耕作していても、作物は水に流されて、せっかく肥やした表土までも浚《さら》われてしまい、水が退《ひ》いた後には小石混じりの土砂を置いて行かれる始末、これではまさに悪土である。

しかし、地形によっては、作物は被害に遭ったとしても、水が退いた後に、上流から運んだ肥えた土が置き土産にされているという場所も、たまには聞くことがある。そのような土地も形としては悪土なのだが、どうもなじまないためか、〈肥土〉と書いてアクトと読ませる土地がある。秩父市小柱の肥土と、児玉郡神川町肥土＝旧肥土村《ひどむら》で、これは苗字にもなっている。本庄市児玉町の〈阿久戸〉もそれである。

秩父郡小鹿野町長留には〈悪津《あくつ》〉があった。『郡村誌』に記載はないが、秩父郡長瀞町の荒川沿いにも同じ地名がある。アクツといえば〈圷〉という字が浮かぶ。岡や台地などやや高い土地の出張った所をいう、〈塙《はなわ》〉と対になるもので、塙の下の低地を指す文字である。この二つの文字は、アクツもハナワも関東方言で、それを表す漢字がなかったために、日本で漢字風に作ったもの、いわゆる国字である。

そのために、アクツで引いても『広辞苑』には出てこないが、日本最大の国語辞典『日本国語大辞典』（小学館）には、次のような説明がある。

《多くは川沿いで低い平地をいう。＊新編常陸国誌（1818〜30年頃か）「あくつ、圷なり。一面に平なる低き地をいえり、所謂塙《はなわ》と云《い》うところの下の地を云《い》えり、大かた川そ《沿》いにて、水入《みずいり》の地にかぎりて云えるが如し……上野下野《こうづけしもつけ》辺にてはあくととも云う」。方言では、茨木県や栃木県川内郡・佐野市で「あくと」、千葉県安房では「あくそ」という》。

埼玉県内でも、秩父ではアクツ・アクトが混在していたが、右の辞典でいう茨木・栃木に隣接している利根川中流域では、見て来たとおりアクトといい、そこに思いを込めて悪土・悪戸の文字を当てていたものらしい。住民にとっては、そこが台地の上＝塙か、下＝圷かというよりも、生活や耕作にとってよい土地＝肥土か、悪い＝悪土かが問題だったのである。

〈悪土《あくと》〉が〈明戸《あけと》〉に大逆転

奥秩父に発する荒川と、群馬県から来る利根川に挟まれた熊谷市・深谷市辺りになると、〈悪戸〉を〈明戸〉に書き換えた所が多くなる。荒川沿いにあって、平成の大合併で深谷市に合併した、元大里郡川本町の明戸地区は、秩父鉄道明戸駅のある辺りで、水はけの悪い土地だったために、かつては悪戸村といった。しかし、河川改良の進行とともに改名の機運が起こり、一転、明朗な〈明戸村〉に改名したものである。

今、秩父鉄道の明戸駅近くの荒川河畔には、〈川原悪戸〉を改めた〈川原明戸〉の地名があるが、町村合併時に分割されて深谷分になった地域は、〈川本明戸〉の名になっている。その対岸の地名は〈押切《おしきり》〉だから、この辺りの荒川の暴れぶりがわかるというものである。（本書『水越・打越』の項参照）

深谷市にはもう一つ、かつての〈明戸村〉があった。今、国道一七号線深谷バイパスの〈明戸東・明戸西〉の信号のある辺り一帯の地で、ここは市内を流れる小山川右岸の低湿地であるために、時々洪水の被害に遭っていた。そこで〈悪戸村〉と称していたが、悪戸ではいかにも験《げん》が悪いとして、宝永五年（一七〇八）に〈阿久戸村〉と改め、さらに元文二年（一七三七）に〈明戸村〉に改称したという記録がある。

同市内の旧下手計村《しもてばかむら》は、利根川と小山川に挟まれた低地であり、熊谷市の旧中奈良村《なかならむら》は利根川と荒川のほぼ中間地に当たり、ともに水害を受けやすい土地だったために、悪戸改め明戸地名があった。

岩槻市には悪戸と明戸が各一か所あった。元荒川左岸の旧鹿室《かなむろ》村に〈悪戸〉、その右岸の旧太田村《おおたむら》が〈明戸〉である。白岡市の旧岡泉村《おかいずみむら》は、地元の隼人堀川《はやとほりかわ》の右岸にあり、ここにも〈悪戸耕地〉の小字があった。

大里郡寄居町牟礼《むれ》に発して比企丘陵を縦断して流れる市野川も、滑川《なめかわ》を合する辺りから平地に至ると、時々暴れ川になって幾つかの〈悪戸〉を作っている。比企郡滑川町の旧羽尾村《はねおむら》。ここの〈悪戸〉は、滑川右岸に位置する市野川流域の低地である。続いて東松山市のその名も市野川村に入ると、ここは低地と台地が連なっている地域だが、川は当然低地を流れるものとして、ここにも〈悪土〉の名を呈している。

飯能・入間方面では〈秋津〉になっていた

〈悪土〉から〈悪戸・阿久戸〉を経て〈明戸〉という名称の流れを見てきたが、利根川や荒川から距離を置く飯能市や入間市の辺りになると、それらに代わって〈秋津《あきつ》〉地名が散見するようになる。

秋津といえば、『万葉集』(七五九頃)の第二首目に登場する、舒明天皇《じょめいてんのう》の国見の歌を思い浮かべる人が多いのではないか。中学・高校の教科書にもよく取り上げられていた歌である。

《大和《やまと》には群山《むらやま》あれど　とりよろう天《あま》の香具山《かぐやま》　登り立ち国見をすれば　国原は煙《けぶり》立ち立つ　海原《うなはら》は鴎《かまめ》立ち立つ　うまし国そ　蜻蛉島《あきずしま》大和国は＝この大和の国にはたくさんの美しい山があるけれども、とりわけ都に近い天の香具山に登り立って、大和平野を見渡せば、村の家々からは炊事の煙が豊かに立ち上り、海原にはカモメが楽しそうに舞っている。本当にいい国であることよ。この蜻蛉島・大和の国は》。

蜻蛉島とは、稲の豊かに実る水田のある島として、大和にかかる枕詞だという。水田といえば湿地帯である。蜻蛉・秋津はその文字を当てただけで、本来は坏と同じく湿地帯をいう言葉とされている。

飯能市の入間川沿いの旧矢颪《やおろし》村に〈秋津〉地名があり、そこよりわずか下ると入間川に成木《なりき》川《かわ》が合流する。その合流点の右岸に位置する旧落合村《おちあいむら》にも〈秋津〉がある。もう一つの〈秋津〉は、入間市内を流れた霞川《かすみかわ》が、入間川に合流する三角地点に位置する旧黒須村《くろすむら》にある。いずれも川沿いで、そのうち二つの〈秋津〉は二つの川が合流する地点で、当然氾濫が予想されるところである。

このように県内の全域を見渡してみると、同じような条件の下で、同じような形状・形質をもった場所の地名にも、悪土・悪戸・阿久戸・明戸・秋津または肥土と、それぞれ地域性を持った特色や、地域ごとの共通点があることなどがわかって、興味深いものがある。

我孫子《あびこ》 「網引く子ら」で漁民の住むところ

我孫子は安孫子・阿比古・阿彦・鮑子とも書いて

〈我孫子〉という珍しい地名を目にすると、大方の人は千葉県のそれを思い浮かべるだろうが、羽生市にもアビコ地名があった。同市今泉地区《いまいずみちく》に、昭和の初期までは、我孫子沼という大きな沼があった。

千葉県の我孫子市も、県の北西部の利根川と手賀沼に挟まれた、水の豊かな都市である。文字からも、読みにしても、珍しい地名だが、全国には文字は異なっても、アビコ地名はかつて一六～七は数えられたという。今は急速に土地開発や区画整理が進んで、次々と小地名が消えているので、地図の上ではそこまで探すのは難しくなっている。羽生市の我孫子も、今は住居表示には用いられず、その土地は今泉〇〇丁目となっている。

全国のアビコ表記は〈我孫子〉が多いのだが、滋賀県の秦荘町《はたしょうちょう》〈安孫子〉、仙台市泉区の〈阿比古〉、長崎県壱岐郡芦辺町〈阿彦〉、神奈川県津久井町青山の〈鮑子〉など、独特のアビコ地名もある。

市名となっているのは千葉県の我孫子市だけだが、市の公式ウェブサイトによると、その地名の由来は、古代の大和に幾つかあった、アビコを姓とする豪族のうちの、どれか一つの支配下に置かれた当地が、その名を冠せられたものと解釈している。その理由として、当地方にはたくさんの古墳があり、中でも四世紀後半の水神山古墳は、全長六九メートルもある前方後円墳で、千葉北西部最大の古墳であることを挙げている。つまり、当地は古墳時代の早期から、大和政権との強い結びつきがあった事が考えられるというのである。

我孫子の始祖は屯倉《みやけ》の管理者か、中臣氏《なかとみし》か

アビコ一族の有力な一つの始祖と目されているのが、大阪市住吉区の我孫子である。この地は、『記紀』に記載されている《依網《よさみ》のアビコ》に比定されている。『日本書紀』（七二〇）の仁《にん》徳天皇《とくてんのう》四三年の条に《「依網屯倉《よさみのみやけ》の阿弭古《あびこ》」が怪しい鳥を捕らえて天皇に献じた》という記事があり、『古事記』（七一二）の開化天皇《かいかてんのう》の条には《「建豊波豆羅和気王《たけとよはずらわけおう》」が「依網《よさみ》の阿毘古《あびこ》等の祖なり」》とあるのがそれである。

この記事を合わせると、〈開化天皇の皇子・豊波豆羅和気王が、依網《よさみ》＝大阪市住吉区にある屯倉《みやけ》の阿弭古《あびこ》・阿毘古《あびこ》＝（我孫子）の先祖である〉という事になる。屯倉《みやけ》とは、大化の改新が行われる以前の、大和朝廷の直轄地《ちょっかつち》＝直接支配していた土地の事である。〈屯倉〉は、初めは文字通りに収穫物を貯える倉庫だったが、やがて朝廷＝天皇家で、直接耕作する土地そのものを、そこで働く人民を含めて指す言葉になった。

アビコは依網《よさみ》＝住吉区の屯倉の管理者が与えられた姓で、代々世襲されていたが、後には土着して豪族となり、居住地が地名になって我孫子の文字が当てられたという。古くはその辺りを大依羅郷《おおよさみごう》といい、アビコの祖先神を祀った依羅神社《よさみじんじゃ》がある。

もう一つ、ヨサミは〈寄網《よせあみ》〉、アビコは〈網曳子《あみひこ》〉で、網を曳く漁民の一族の事という説がある。当時の大阪は難波とよばれたように、住吉区の辺りはまだ海が後退する前で海辺だった。

また、これとは別に、古代豪族のアビコ氏は、阿毘古《あびこ》・阿弭古《あびこ》・我孫《あびこ》などと書いて、天児屋命《あめのこやねのみこと》を祖神とする、中臣氏《なかとみし》の始祖とも言われている。『記紀』によれば、天児屋命《あめのこやねのみこと》は天照大神《あまてらすおおみかみ》が岩戸隠《いわとかく》れしたときに、祝詞《のりと》を奏上して、大神が再び岩屋から出て、世を明るく照らすことを祈った神である。また、この神は大神の孫神・瓊瓊杵尊《ににぎのみこと》がこの地上に降り立った、いわゆる《天孫降臨《てんそんこうりん》》の際に随行した、五柱《いつはしら》の神＝《五伴緒神《いつとものおのかみ》》の一人である。これを祖とするために、中臣氏《なかとみし》は宮中の最有力豪族として、神事・祭祀を司ることになる。なお、そのとき共に随行した神々は、それぞれ大伴氏《おおともし》・物部氏《もののべし》・忌部氏《いんべし》など、大豪族の祖神となっている。

天児屋命《あめのこやねのみこと》を始祖として、阿毘古・阿毘古を祖とする中臣氏は、その後中臣鎌足《なかとみのかまたり》が出て、大化改新に大きな役割を果たすことになる。これを直系として、代々傍系が各地に散って小中の豪族となる。それは大阪のアビコ一族でも同じことである。

我孫子市の由来説は、これらの豪族の支配下にあって貢納していたか、あるいは分家したその子孫が、大和政権との連携を保ちながら移住してきて、アビコを名乗ったか、どちらかだろうと推定しているものである。

我孫子沼で活躍した網曳子たち

大阪市住吉区のアビコ一族が、難波の海辺に棲む〈寄網《よさみ》の網曳子《あみひこ》〉という漁民だったとしたら、千葉県の我孫子も、当時は手賀沼まで海が迫っていたことを思えば、これも〈網曳子〉が当てはまるのではないか。利根川は江戸時代になってから、瀬替えでここに流路を回されたのだから別としても、これは問題ない。

羽生の我孫子も、昭和一八年（一九四三）頃から、何次かの耕地整理事業や、土地改良事業によって、埋め立てられるまでは、幾筋もの溝割と繋がって、芦や真菰《まこも》が生い茂り、夏には一面に蓮の花が咲き、鯉・鮒・鯰などがたくさん生息する広大な沼だった。〈網曳子〉が活躍するには、格好の場所だったのである。

こう考えると、大阪の屯倉を司るアビコと、網を引くアビコは別物と考えることはないのではないかと思えてくる。屯倉の主任務は、朝廷の食物を賄うことである。それが難波という海に面した土地柄から、魚介類を特産品としたことはむしろ当然の事である。

アビコは網曳子＝漁民一族という見方を後押しするものとして、神奈川県津久井町の〈鮑子《あびこ》〉の表記が挙げられる。これは本来のアビコの思いを反映した文字の当て方ではないだろうか。

なお、網を〈曳《ひ》く子《こ》〉が〈曳《ひ》子《こ》〉に約《つづ》まったというのもわかるが、〈曳《ひ》こ子《こ》〉なら、もっと自然に〈曳《ひ》子《こ》〉となる。『万葉集』巻一四の東歌に、足柄山で伐り倒した大木を丸木舟に加工して引き下ろす歌がある。その表現は〈曳こ舟〉となっていて、これは古代東国方言と解されているが、この〈曳《ひ》子《こ》〉を見ると、当時はかなり広範に〈ヒク〉という動詞の連体形を、〈ヒコ〉と言ったことを示している。繰り返すが、〈ヒココ〉なら、自然に〈ヒコ〉となるのである。

我孫子と書いて、なぜ〈アビコ〉なのか

次は、〈我孫子〉がなぜ、〈アビコ〉と読めるのかという事だが、〈我《あ》〉は〈我《われ》=吾《あ》〉だから、これはいいとして、問題は〈孫《び》子《こ》〉である。これについて考えると、〈曽孫《そうそん》〉という言葉が浮かんでくる。曽孫は孫の子で、一般的にはヒコマゴという。つまり、ヒコマゴとは〈孫の子《ひこ》〉という事になる。

平安時代の字書『和名抄《わみょうしょう》』(九三四頃)には、《孫・子の子。一云《いちにいわく》〈比《ひ》古《こ》〉》とある。また、平安末期の漢和辞書『名義抄《みょうぎしょう》』(年代未詳)には、《孫・ムマコ。鄙語云《ひなごでいう》ヒコ》とあって、当時はすでに〈孫《まご》〉が標準的な言い方になっていて、〈孫《ひこ》〉は田舎の言葉と目されていたらしいことがわかるが、とにかく〈孫=ヒコ〉である。これによって、我孫子はまさに〈アビコ〉であることが、解明できるわけである。

荒木《あらき》・新開《しびらき》・新久《あらく》・荒田《あらた》・開発《かいほつ》・弥開《やひらき》・泰楽《たひらき》・新志《あたらし》・針ケ谷《はりがや》・原市《はらいち》・原宿《はらしゅく》

みんな同じ開拓地名

行田市〈荒木〉とさいたま市の〈新開〉は瓜二つの双子

行田市〈荒木《あらき》〉と、さいたま市桜区〈新開《しびらき》〉の生まれは、いわば瓜二つの双子の関係にある。それぞれが生まれた由来を示すために、別な地名をつけられた。行田市荒木は、江戸時代から明治にかけては荒木村。いま、秩父鉄道・武州荒木駅がある。

さいたま市の新開が新開村として誕生したときの経緯を、江戸幕府編纂の地誌『風土記稿』が、次のように記している。

《新開村《しんびらきむら》は天正一八年岩槻落城の後、その旗下《きか》の士《し》、浪人してここに土着し、新たに一村を開きし故、村名とせし由、土人言えり》。多少補足して意訳すると、〈一五九〇年、秀吉が小田原北条を攻めた時、岩槻城の城主・北条氏房《ほうじょううじふさ》は小田原に詰めていた。そこを衝いた浅野長政《あさのながまさ》指揮の二万の兵に対して、家老・伊達房実《だてふさざね》率いる二千の兵が籠城して奮戦したが、千余の犠牲を出してついに降伏開城した。その後、浪人となった武士たちが帰農してここに住み着き、新しい村を作ったのが村名の由来と、土地の人たちは語っている〉ということである。

因みに、開拓から約二〇〇年後、天明九年（一七八九）の『村差出書出帳《むらさしだしかきいだしちょう》』によると、家数と人口はわずか一四戸に八五人。農業の傍ら縄や蓆を編んで生計を立てているとある。

新開はいまは約《つづ》めてシビラキと言っているが、新座市の旧大和田村《おおわだむら》と入間郡三芳町《みよしまち》の旧竹間沢村《ちくまざわむら》には、〈新開《しんかい》〉と音読みする地名があった。深谷市小前田《おまえだ》にも〈東新開《ひがししんかい》〉という小名がある。もちろん意味は新たに開拓した土地である。

荒木がなぜ新開と瓜二つの双子の関係なのか。それは奈良時代に編集された『万葉集』の次の歌に答えがある。

《新墾田《あらきだ》の鹿猪田《ししだ》の稲を倉に蔵《つ》みて……＝新しく開墾した田の、鹿や猪が出て荒らしまわる、山田の稲を倉に蔵《つ》み込んで……》

これでわかるように、古くは原野を開墾すること、またその田畑をアラキ・アラクと言った。アラク・アラクアケなどの言葉は、秩父地方には昭和の年代までは生きていた。開墾どころか、耕作放棄地が増える時代になって、急速に消えた言葉である。

地名と漢字表記

荒木は、アラキをわかりやすい文字で表したまでの事である。したがって、荒木の漢字にはまったく意味はない。ただ、アラキは新開と意味は同じとはいえ、言葉は古く奈良時代より以前にさかのぼる。

ここで押さえておきたいことは、地名を考えるとき、その漢字に惑わされてはならないという事である。日本人が社会生活を始めて言葉を話すようになってからの何万年かの歴史の上に、漢字が渡来したのは、せいぜい一四〇〇〜一五〇〇年前の事である。

そのとき日本の話し言葉を、手に入れたばかりの中国生まれの漢字で表記しようとしても、そこには無理があった。暴れ川を言ったアラカワなどは〈荒川〉という字がうまく当てはまった。しかし、開墾地を言うアラキにはうまく当てはまる漢字がなかった。そのために荒木などと、音を借りて表す他はなかったのである。

まして発音上の変化を重ねて、語源もわからなくなってしまった地名に、漢字の音を借りて当てはめたりすると、やがて漢字の意味が独り歩きして、とんでもない解釈がなされるようになる。

長い年月のうちに意味もわからなくなって

和銅六年（七一三）、詔勅によって全国の地誌『風土記』が編纂された。項目には郡村の地名と、その謂れの調査があった。よく引かれる例だが、『播磨国《はりまのくに》風土記《ふどき》』神前郡《かむざきのこおり》・埴岡《はにおか》の里＝兵庫県神崎郡神河町の由来を、意訳して挙げてみると……。

《昔、オオナムチ神とスクナヒコナ神が、「埴《はに》＝粘土をモッコで担いで遠くに行くのと、屎《くそ》を放らずに我慢して行くのと、どっちが楽だろう」という話になった。オオナムチが「それは屎を我慢する方だな」と言うと、スクナヒコナは「オレは埴を担いで行く方だと思う」と言って、互いに譲らない。なら、やってみようじゃないかと、二人はそのまま旅に出た。

スクナヒコナ神は重いモッコを担いで。オオナムチ神は手ぶらである。ところが、数日後、ある丘の上まで来ると、オオナムチが、「あゝ、もう限界」と言ってしゃがみ込むなり、そこに屎を放ってしまった。同時に、スクナヒコナも「オレもだ」というなり、モッコを放り出した。モッコの粘土がこぼれ落ちて散らかったので、以来この岡は埴岡《はにおか》とよばれることになった。また、オオナムチが屎を放ったとき、笹がそれを弾《はじ》き上げて、オオナムチの衣の裾にかかってしまった。故に、この丘を波自賀《はじか》の岡と言う》。

埴岡は粘土山として、それなりにわかるのだが、ハジカはその時代にはすでに意味がわからなくなっていたようである。もしかすると、岡の〈端近〉かもしれないが、これも推測に過ぎない。当時とは地形も変わっている事だろうから何とも言えないのだが、このように、地名は一二〇〇年も前には、すでに由来も語源もわからなくなっているものが多かった。

その上、『風土記』撰進の詔勅には、《郡・里の名は二字で表し、好い字を付けよ》という指令があった。良い言葉は良い結果をもたらすという、言霊信仰である。重ねて、平安時代に編纂された『延喜式』にも、同様な指示があった。

二回にわたる好字令は、民間に広まった縁起の思想と相伴って、地名は競って縁起のいい漢字が当てられるようになった。そのことが、地名の本来の意味を、ますますわからないものにしてきたのである。

そこで新墾＝アラキ・アラクに戻ると、秩父市山田に〈新木〉の小名があり、〈荒木〉とも書いている。秩父札所四番・金昌寺があり、その『観音霊験記《かんのんれいげんき》』に荒木丹下《あらきたんげ》というならず者が、観音の教えで改心する物語があり、その様子を描いた歌川広重《うたがわひろしげ》・豊国《とよくに》の絵がある。そこから荒木寺・荒木観音ともよばれ、近くには江戸時代から巡礼宿として賑わった、秩父七湯のひとつ・荒木の湯＝新木鉱泉旅館がある。

ここでもアラキの意味は忘れて、その由来は、荒木丹下などという人物に仮託されているが、そのように本意を見失った結果として、県内には〈荒句《あらく》〉と書く小名が〈元荒句《もとあらく》〉〈房荒句《ふさあらく》〉を含めて少なくとも九か所あった。〈荒久《あらく》〉も八か所。〈荒工《あらく》〉が二か所である。いま所沢市に属する旧上安松村《かみやすまつむら》には、漢字表記はせずに〈山あらく〉とした小名があった。

開発地を表す工夫した地名

村自体が新田開発による成立と表明しているのが、入間市の旧新久村《あらくむら》である。ここには上新田・下新田や新新田などの小名があった。

新墾田《あらきだ》を略した〈荒田《あらた》〉は〈大荒田《おおあらた》〉〈荒田耕地《あらたこうち》〉を含めて一〇か所ある。先に挙げた行田市の荒木村の〈荒宿《あらしゅく》〉は〈新宿《あらしゅく》〉だろう。

対して、〈新開〉系統の小名には、深谷市の旧新戒村《しんがいむら》がある。文字だけではすぐに新開とは結び付かないが、地内に鎌倉時代の新開氏館跡があり、室町時代に新開郷の名があることから、元は新開だったことがわかる。

狭山市の旧加佐志村《かざしむら》には〈本開《ほんかい》〉がある。同じく狭山市の〈柏原新田《かしわばらしんでん》〉は、その名自体が〈新田〉といって、江戸時代の開発地であることを示しているが、そこには〈武蔵野開《むさしのひらき》〉という小名があった。同じ名が川越市の松郷《まつごう》にもあった。

ふじみ野市の駒林には〈開発《かいほつ》〉があり、所沢市にも。行田市の藤間《とうま》には〈南開発・北開発〉があった。〈弥開《やひらき》〉〈泰楽《たひらき》〉に至っては、すぐには新しい開墾地という意味は浮かんでこないが、これも歴とした開墾地名である。ともに北埼玉郡騎西町（現加須市）の旧正能村《しょうのうむら》にある地名である。〈弥〉は、〈いよいよ・ますます〉とか、〈深い・大きい・久しい〉などの意味を持ち、〈弥《いや》栄《さか》・弥益《いやます》・弥生《やよい》〉などと遣う、とてもめでたい文字である。新開地がますます発展するようにという願いが伝わってくる。

〈田開《たひらき》〉を〈泰楽《たひらき》〉ともじったのも、同じ願いを込めたもの。どちらも土地の有力者の中に知識人がいたものだろう。入間郡三芳町に属する旧亀ヶ谷村《かめがやむら》には〈吉拓《きせき》〉という小名があった。これもたぶん開拓地に付けた賀名なのだろう。

秩父市下吉田には〈新志《あたらし》〉がある。比企郡小川町勝呂《すぐろ》の〈新し〉は、土地の人たちのよび方が、そのまま地名として定着したものである。

古い開発地名は〈ハル・ハリ〉が多い

アラク・アラキの他に、古語にはもう一つハル・ハリがあり、〈墾る・治り〉の字を当てた。『万葉集』の東歌に《信濃路は今の墾道《はりみち》刈株《かりばね》に足踏ましなむ沓《くつ》履《は》け我が背＝信濃路はいま掘り繕ったばかりの道ですから、切株を踏みつけたら大変です。靴を履いてお出かけなさいよ、あなた》という歌がある。

記紀神話で、日本武尊が東征の帰途、甲斐《かい》の酒折《さかおり》の宮《みや》で宿泊した際に、遠い旅を振り返って、傍らにいた火焼《ひた》きの翁《おきな》に向かって、《新治《にいはり》・筑波《つくば》を過ぎて幾夜か寝つる＝寝たろうか》と問いかける場面がある。翁はこれに答えて《日々並《かがな》べて夜には九夜　日には十日を》と歌うように言う。これが歴史上、最古の連歌＝掛け合い歌とされているが、この〈新治〉は新たに開墾した土地という意味である。

例の風土記撰進の詔に応えた『常陸国風土記』は、この〈新治〉について、次のように説明している。《崇神天皇の代、東方の荒ぶる夷《えびす》の討伐を命じられた、比奈良珠命《ひならすのみこと》がこの地にやって来て、井戸を掘ったところ、清らかな水が湧き出した。この新しい井戸を掘り開いたことにより、この地に新治郡と名付けた》。

その土地にやって来て、新しい井戸を掘るという事は、その地を開拓して村作りすることを意味している。その意味では〈新井〉も同じだが、まさに新治の説明である。群馬県みなかみ町新治は、かつては利根郡新治村だった。ここも意味は同じだがニイハルと読む。

『播磨国風土記』は最初の部分が欠損していて、普通記されるはずの国名の由来を読むことができないが、おそらく〈墾間《はりま》〉だったのだろう。

同書は石海《いわみ》の里《さと》の謂れについて、安曇連百足《あずみのむらじももたり》という男が、野に自然に生えた稲を刈って天皇に献じたところ、天皇から《此《こ》の野を墾《は》りて、田を作るべし》と言われ、石海から人夫を連れて来て《墾《は》らしめき＝開墾させた》と記している。〈故にここを墾間《はりま》＝播磨と名付く〉とでも続けば自然なのだが、結論は《故、野を名付けて百足といい、村を石海と号《なづ》く》としている。〈墾間〉では、冒頭の播磨国の謂れと重なるためにこうしたものと推測される。

〈野〉も〈原〉も開発の対象

〈野原〉という言葉がある。〈野〉も〈原〉も、今では同じように思われているが、その意味は微妙に違う。〈山野〉と〈原野〉という識別があるように、一般的には、野は山麓のやや引き上がった所で、原はそこに繋がる広い平地と考えられていた。

前述の『風土記』でも、常陸国の豊かさを強調するために、《左は山にして、右は海なり》とした上で、養蚕の桑を植え、衣服を織る麻を植えるための好条件として、《後《うしろ》は野にして、前は原なり》と述べている。

満天の星が輝く夜空を星原という。広い竹林が竹原で、河原もある。動物の体の中で最も広い所を腹＝原ということを見ても、ハラには広いという意味が含まれていることがわかる。

一方、開拓の面からみると、野人という言葉が示すように、野は手つかずの土地で、そこを人の手で〈墾《は》る〉ことによって、〈ハラ＝原〉になったのではないかとも思われる。農耕の主力が稲だとすると、低湿地から始まり、水の便のある平地へと続いたことだろう。そこで、低湿地は谷処《やと》⇩谷戸《やと》・谷津《やつ》・谷地《やち》であり、台地上の開拓したところを原と言ったと考えられるのである。

そこから言えば、さいたま市浦和区と、深谷市岡部や富士見市の〈針ヶ谷〉は、〈墾ヶ谷《はりがや》〉で、ともに新たに開拓した低湿地という意味である。深谷市の針ヶ谷はハリガイともいう。

〈原〉地名を探すと、川口市・草加市の原地区は大宮台地の南端に位置し、久喜市の原は庄兵衛堀川の右岸の台地上にある。深谷市の櫛引台地上には〈旧原宿村《はらしゅくむら》〉と、旧川本村《かわもとむら》の〈原〉

があり、同市〈原郷《はらごう》〉は唐沢川右岸の台地上にある。

大宮台地上にある上尾市の〈原市《はらいち》〉は〈原宿《はらしゅく》〉ともいって、市が立って賑わった土地である。日高市の〈原宿《はらじゅく》〉は、高麗川右岸の武蔵野台地上にある。このように、原はいずれも台地上の開けた場所である。ただ、熊谷市妻沼の〈原井《ばらい》〉は、福川右岸の低地に位置していて、右の例には当たらないが、それだから、わざわざ〈井〉を付けているのである。

なお、秩父市の〈原谷《はらや》〉は、明治二二年（一八八九）の町村制施行により、隣接する大野原《おおのはら》村《むら》と黒谷村《くろやむら》が合併して、互いの〈原〉と〈谷〉の一字を合わせた合成地名である。明治以降、自治体の合併が繰り返されたために、このような合成地名がたくさん作られているので、地名の由来を考える時には、その事にも注意を払うことが必要である。

五十子《いかっこ》

水害多発地域を示す地名

〈五十〉を〈イ〉と読む、代表的古代地名

五十子は何とも珍しい地名だが、本庄市の小山川の左岸・本庄台地の東端に位置し、北部を女堀川《おんなぼりかわ》に限られている。いま〈東五十子〉と〈西五十子〉に分かれているが、中世にはこの一

帯が五十子地区であったとみられる。

〈五十子〉の名が史上で注目を浴びたのは、享徳《きょうとく》の乱《らん》（享徳三年・一四五四〜文明一三年・一四八二）に際して、関東管領山内上杉房顕《かんとうかんれいやまのうちうえすぎふさあき》がここ五十子に陣を張って、古河公方足利成氏《こがくぼうあしかがしげうじ》に対したことによる。関東を揺るがしたこの乱は幕府や朝廷を巻き込み、やがて勃発する応仁の乱の引き金になったことで知られる。

それからはこの陣を巡って何年にもわたって攻防を繰り返したが、文明八年（一四七六）関東管領上杉の家臣・長尾景春《ながおかげはる》が、家督相続の裁定への不満から、寄居の鉢形城を拠点として主家に反旗を翻し、二度にわたって五十子を攻めて奪取するという事件が起こったことでも知られる。

集落は台地上にあるが、幾筋もの堀が刻んだ複雑な起伏を上下する道は曲がりくねっていて、今でも大雨の時には水溜まりになって、通行止めになる低地もあるなど、水害には悩まされてきた土地である。

五十子という変わった地名の由来はここにある。その理由を解くために、まず、なぜ〈五十〉と書いてイカと読むのかということだが、そこで浮かんでくるのは五十嵐《いがらし》という姓である。五十嵐姓の発祥の地は、新潟県三条市の五十嵐川源流にある五十嵐神社だという。祭神はこの地を開拓したとされる、垂仁天皇《すいにんてんのう》の第八皇子・五十日帯日子命《いかたらしひこのみこと》である。数字の五は普通イツと読むが、古くはイだったようである。『名語記《みょうごき》』（一二七五）はお手玉の唱えとして《ひふみよ《1234》

い《5》む《6》な《7》や《8》》を挙げている。

五十と書いてもイと読ませるのは多いという意味を含ませたものと思われるが、『萬葉集』では、神に捧げる玉串の別称〈斎串《いぐし》〉を〈五十串《いぐし》〉と表記し、また《五十日太《いかだ》》・《五十寸手《いきて》》など、仮借＝当て字として使っている例が幾つもある。

『土佐日記』(九三五頃)は紀貫之が女性に仮託して書いた日記なので、全て仮名書きだが、ここでは漢字に直してみると「引く舟の綱手《つなで》の長き春の日を四十日《よそか》、五十日《いか》まで我は経《へ》にけり」という歌がある。

九八三年頃の成立とされる、『宇津保物語』では、生誕五〇日の祝いのご馳走を《餅《もち》、五十《いか》物《もの》》といい、『源氏物語』(一〇〇八頃)にも《宮の若君の五十日《いか》になり給う日》を指折り数えて待つ話がある。さらに、当時の歴史物語書『大鏡』(一〇二五頃)にも、村上天皇誕生五〇日めを祝う《御五十日《おいか》の餅》の話がある。日は二日《ふつか》・三日《みっか》の読み方として今に残る。

また、今は〈五日〉と書いて何のためらいもなくイツカと読んでいるが、これは〈天ッ風《あまっかぜ》・沖ッ島《おきっしま》〉と同じ〈五ッ日《いっか》〉という古典的な言い方が、固定して現在に至っているという事である。その意味では今でも五《い》は生きていると言える。

『古事記』で伊勢神宮を《伊須受能宮《いすずのみや》》と記しているのは、その内宮神域をイスズ川が流れている故なのだろうが、『太平記』(一三七五頃)以来の書物では、ここは〈五十鈴川〉と表記されている。

このように見てくると、本来〈五・五十〉は〈イ〉なのだが〈五十日《いか》〉の用例が多かったために、いつしか慣例として〈五十《いか》〉というようになったものと考えられる。記録としてのその魁《さきがけ》は前述の『宇津保物語』の《餅、五十物《いかもの》》である。

そうなると〈五十嵐〉は〈五十《いか》・嵐《あらし》〉でもいいのだが、もっと古くは〈五十《い》鈴川〉が示すように、〈五十《い》ヶ嵐〉ではなかったかと思われる。

▒〈五十《い》ヶ〉に続くのは水に関する語ばかり

秩父郡皆野町には〈五十新田《いごにた》〉という地名がある。イゴはイケ＝イガの転である。イゴ・イガ地名をもう少し挙げてみると、栃木県日光市に〈五十里湖《いかりこ》〉があり、新潟県佐渡市に〈五十浦《いかうら》〉、同県阿賀町には〈五十沢《いかさわ》〉と〈五十島《いかしま》〉、兵庫県宍粟《しそうし》市には〈五十波《いかば》〉、愛媛県には〈五十崎町《いかざきちょう》〉がある。さらに石川県門前町にある〈五十洲《いぎす》〉はイカ・イゴの読みにイギの音を加えている。イギスは珍しい地名だが、『太平記』にも〈近江国伊岐洲《おうみのくにいぎす》〉＝現・滋賀県草津市芦浦の地名が出てくる。

そこで、これらの五十《い》ヶに付いている文字を並べてみると、川・湖・浦・沢・島・波・崎・洲と、いずれも水に関するものである。五十新田《いごにた》も、新田そのものが新しい水田だが、これをニタの当て字とすれば、ニタはヌタともいって湿地帯のことである。

どうやら五十《い・いか》は水に関わる語素として使われていたようである。そうなると、先の〈五十ヶ嵐〉の意味も見えてくる。嵐《あらし》は〈山＋風〉と書くように、山から吹き下ろして来る風で、関東では俗にいう空っ風、その意味は荒風《あらし》である。荒風《あらし》のシは〈風巻《しま》く・西風《にし》・旋風《つむじ》〉というように、風の古語である。

嵐は現代的感覚では台風のような暴風雨と捉えがちだが、本来が荒風であってみれば、〈五十＝水・雨〉＋〈嵐〉になって、初めて雨を伴った暴風＝暴風雨の意味をもつわけである。

秩父市荒川には、低山ながら鉛筆を突き立てたような急斜面をもった、〈猪狩山《いかりさん》〉という名の山がある。山頂に降る雨は、東西に振り分けて滝となって流れるので、東垂《ひがした》る・西垂《にした》るとよばれて、それが東樽・西樽と表記する地名になっている。〈垂る〉は〈垂水《たるみ》〉ともいって滝の古語である。

山麓は時には靴を踏み込むほどの湿地帯になっていて、土地の名は古池《ふるいけ》である。これは多分、溢《あふ》るる池の意味と思われる。ここでは山なので猪狩の文字は相応しく見えるが、本意は水に関わった五十里山《いかりさん》なのである。因みに、宮城県大崎市にも〈猪狩〉地名があるが、ここははるか西の方に奥羽山脈を望む、広大な水田地帯だけに、水路が多く、時々冠水する地帯だという。

同じイカリでも川口市には〈伊刈〉と書く地区があり、交差点名にもなっている。ここは

『風土記稿』では、元禄の頃、芝村から分村したので、今でも地元では芝伊刈とよばれているとしたうえで、《水損あり》と短文ながら水害の多い事を記している。

だいたい地名の芝《しば》は石場《いしば》のことで、河流が作った石原や砂場を示すものである。芝地区内のイカリとあっては、これは《水損あり》と言われずとも、水に関係がある土地と見ないわけにはいかなくなる。その上、江戸期の伊刈村には牛田・沼田・蓮ヶ原などの小名もあって、地域のほとんどが湿地帯であったことを示している。

行田市下中条《しもちゅうじょう》地区は古くから舟運の河岸だったが、京保一三年（一七二八）、そこに見沼代用水の取水口が作られたほどの土地だったために、しばしば水害に襲われた事を示す〈碇《いかり》〉という地名がある。利根川に面しながらここに隣接する酒巻地区《さかまきちく》には〈下碇《しもいかり》〉地名がある。因みに〈酒巻〉は利根川の〈逆巻〉く激流を表す地名である。

さいたま市大宮区の旧側ヶ谷戸村《そばがいと》は、鴨川の氾濫に苦労した村で、明治には〈井刈〉に統一されているが、『風土記稿』の小名には〈上碇・中碇・下碇〉が記されている。同じく鴨川沿いの旧下内野村にも、〈下碇〉地名があった。

さらに、北足立郡伊奈町にはそのものずばりの〈水怒《みずいかり》〉という地名がある。東に見沼代用水と綾瀬川、西に原市沼川に挟まれた低地で、特に綾瀬川の氾濫でしばしば被害を受けていた。秩父郡横瀬町の芦ヶ久保渓谷沿いにも〈いかり〉とよぶ地域がある。

〈いかり〉といえば、『豊後国風土記《ぶんごのこくふどき》』には次のような記述がある。別府温泉の間歇泉《かんけつせん》についての記事だが、《湯の色は黒く、湧き上がる事二丈あまり。その気熾《さか》りて熱く、縁辺《ほとり》の草木は皆枯れ萎《しぼ》む。因《よ》りて慍《いかり》の湯《ゆ》という》。〈慍〉は心が熱くなるという表意文字で、怒ることである。地元では《玖倍理湯《くべりゆ》の井《い》》とよんでいると付記しているが、これは人が薪をくべて沸かしている温泉という意味である。ここにも、当時の人たちが、自然現象を人間の営みに引き付けて考えている姿勢が見て取れる。

〈水怒〉で気づいたのだが、漢語には〈怒涛《どとう》〉という言葉がある。また、ほとんど同じ意味で〈怒浪《どろう》・怒潮《どちょう》〉もある。中国雲南省の山地に発する〈怒江《どこう》〉は、名うての暴れ川である。水怒りの発想は日本人だけでなく、人類全体の自然観だったものと思われる。

イカは〈怒《いか》り〉や〈雷《いかづち》〉にも通じて

猪狩・伊刈・碇などは、その音に適当な文字を当てたものだが、直接的な表現である水怒を除いては、かなり多くの土地で、〈五十〉で水を表している。それをみると、水＝井なのでイとよぶのかと思うところだが、五十嵐の例でも見た通り、どうやら水全般を言うのではなくて、荒れた水・水害に関わってのみイカとよんでいたようである。

その意味は厳《いか》めしい・厳《いか》ついの〈厳《いか》〉ではないか。怒《いか》り・怒《いか》る・苛立《いらだ》つなども同系統の言葉と考えていい。洪水の恐怖・山崩れや落石・土石流などは、すべて水に起因する。

　水の恐怖をもたらす大本《おおもと》を、人は雷神と見て〈雷〉をイカヅチとよんだ。イカは漢字を当てれば〈厳〉または〈威・険〉で、ツは前述の〈天ッ風・沖ッ白波・五ッ日〉のツ・今で言えば助詞の〈ノ〉に当たる。チは〈水霊《みずち》・野霊《のづち》〉の〈霊《ち》〉。まとめれば、雷《いかづち》＝厳めしい霊で、大洪水を引き起こす雷鳴は、厳めしい霊の仕業と考えたのである。

　五十子地区には氏神として若雷《わかいかづち》神社が祀られている。本庄東高校付属中学校の東に位置し、近くに増国寺《ぞうこくじ》という寺がある。神社の主殿は、東五十子古墳群のなかの一つで、六世紀後半の築造と推定される円墳（経約二〇メートル・高さ約三メートル）の上に建つ。祭神は別雷命《わけいかづちのみこと》。地元ではこれを『三代実録《さんだいじつろく》』（九〇一頃）記載の若雷神社《わかいかづちじんじゃ》としている。

　伝記によれば、天慶年間《てんぎょうねんかん》（九三八〜四七）、平将門《たいらのまさかど》を追討する藤原秀郷《ふじはらひでさと》が当社に戦勝を祈願し、勝利の報恩として社殿を再興し、併せて別当寺＝神仏習合思想により神社に付属して置かれた寺として、増国寺《ぞうこくじ》を創立したという。

　記紀神話で知られる通り、黄泉《よみ》の国から逃げ帰った伊弉諾尊《いざなぎのみこと》が禊《みそぎ》をしたときに、天照大神《あまてらすおおみかみ》と月読尊《つくよみのみこと》と共に生まれたのが素戔嗚尊《すさのおのみこと》＝『古事記』では速須佐之男命《はやすさのおのみこと》である。そのあたりの記述に詳しい『日本書紀』の記事を突き合わせてみると、《神性《かみさが》、雄健《たけ》き＝猛き》ために、動く度に大海原は浪が吠え滾《たぎ》り、山は鳴動すると形容されている素戔嗚は、雷神だったのである。

暴風雨を呼ぶ雷神と見れば、神追放《かみやらい》になるまで姉神・天照大神の神田の畔《あぜ》を壊し、溝《みぞ》を埋め、稲が実った時に、隣の田との境がわからなくなるほどに荒らし回った、素戔嗚の所業も理解できるというものである。

乱暴狼藉《らんぼうろうぜき》を働く素戔嗚は、姉の天照大神に疎まれて、地上に追放される。そのとき、『日本書紀』は《一書に曰わく》＝〈編集資料として集めたある本の記述によれば〉として、天国から追放された素戔嗚は、《其《そ》の子・五十《い》猛神《たけるのかみ》を帥《ひき》いて……降到《あまくだ》》ったと付記している。

ここに初めて《五十猛神》の名が登場するが、『記紀』その他の古典を含めて、素戔嗚尊の御子神の記述は、この他に一つもない。

五十子が祀る若雷神社《わかいかづちじんじゃ》

五十子地区が祀る若雷神社《わかいかづちじんじゃ》の祭神がなぜ別雷命《わけいかづちのみこと》とよばれるのかというと、別雷命は『記紀』の別な場面では〈稚雷命〉とも書かれているところから、〈別〉は〈稚〉と同じく、子どもの意味を表すものとみえる。また、若は〈若子《わくご》・若様《わかさま》・若旦那《わかだんな》〉というように、これもまた子どもを指す言葉である。

つまり別雷＝若雷で、五十子地区の氏神の本名は、素戔嗚尊のお子神・五十猛神だったのである。

五十子地区の氏神として、昔から若雷神社が祀られているのは、故なしとしない。度々襲われる地区の水害を除こうとして、水を司る雷神を祀ったものである。

素戔嗚尊が出雲の簸川《ひのかわ》の畔に天下り、八岐大蛇《やまたのおろち》を退治した神話は有名である。川上から箸が流れてきたのを見て、上流に人がいると知って川をさかのぼった尊は、一人の娘を囲んで泣く老夫婦を見かける。訳を聞くと、この季節になると必ず、川上の山から八つの頭《かしら》を持つ大蛇がやって来て、美しく成長した娘を拉《さ》致《ら》っていく。すでに八年にわたって、次々と八人の娘を拉致され、今年は残ったこの子を奪われると思うと、悲しくて……と話す。娘の名は奇稲田姫《くしいなだひめ》という。ここでいう八つの頭や八年は多くのという意味である。

尊は急いで八つの甕《かめ》に酒を醸《かも》させ、やがてやって来た大蛇がそれを飲んで酔い寝したところを、剣を抜いて退治する。その時に八つ裂きにした大蛇の尾から、後に草薙剣《くさなぎのつるぎ》とよばれる天叢雲剣《あめのむらくものつるぎ》が出てきたという話。

天叢雲とは天に湧き立つ群雲《むらくも》、つまり雷雲のことである。また、奇稲田姫という名が示すものは、立派に実った稲の田んぼの象徴である。つまり、毎年、この頃になると山からやって来る大蛇とは、稲が実る頃にやって来る台風のことで、流路も定まらなかった頃のこととて、低みに向かって気ままに分岐しては、田んぼを呑み込む洪水は、俯瞰《ふかん》すれば、まさしく八岐の大蛇がのたくりまわっている様相である。

雷神である素戔嗚尊は、水を司る神だから、当然の事として治水の神の側面も持っていた。そのために、関東では簸川《ひかわ》を氷川と書き換えて、利根川・荒川・多摩川筋を中心に、水の安全を願って、氷川神社が各地に祀られている。その数二八〇余社という。さいたま市大宮区にある、武蔵一宮と称された氷川神社がその総社で、『延喜式《えんぎしき》』に載る古社である。

境内には見沼用水の水脈を引く〈蛇の池〉がある。ここにも水＝蛇の思想が現れている。見沼の本来の意味は御沼《みぬま》であり、神沼《みぬま》である。（**本書『蛇喰』の項参照**）

社殿に掲げる神紋は、重なる雲に二枚の水草をあしらっている。素戔嗚尊が奇稲田姫を娶《めと》ったときに詠った、《八雲起つ　出雲八重垣　妻籠みに　八重垣つくる　その八重垣を》の歌の意を象《かたど》って、夕立雲に稲を添えたものである。

夕立は洪水を引き起こす元凶ではあるが、一方では、その時に発する稲妻がないと稲は育たない。氷川神社は適度な夕立を讃え、過度な夕立の抑制を願って祀られたものである。

利根・荒川筋に圧倒的に多い氷川神社のなかで、ここ五十子地区だけは、あえて別雷命を祀っていたのは、この神の別名・五十猛神に特別な因縁を感じての事に外ならない。

〈五十ッ処《いかっこ》〉は由緒正しい古典的語法

しかし、イカはそれでいいとしても、地名としては珍しい五十子《いかっこ》の〈子〉や、そのよびかたはどう考えたらよいかという問題が残る。まず、イカッコの読み方については、幕府作成の『元禄郷帳《げんろくごうちょう》』（一七〇〇〜〇二）に《西五十子村《イカゴ》》と記載されているということから、イカコ・イカゴが本来のよび方かと思われるが、記帳した役人がイカッコは言い易いように促音便をつかった地元の俗称ととらえて、気を利かせて修正したとも考えられる。イカッコの呼称は、『郷帳』の記載などには関係なく、地元の俗称がそのまま定着していたということだろうか。

私の生家の小地名は柏沢《かしわざわ》の中平《なかだいら》である。地域ではカシャーザーのナカッテーラで通っている。普通、このようにできるだけ発音を省略したり、促音・撥音や拗音を多用する俗称が、そのまま公称として定着することはない。

イカッコのコは、地名によくあるところの、此処《ここ》・其処《そこ》の〈処《こ》〉であることは間違いあるまい。そうなると、イカッコは俗称どころか、例の〈天ッ風・沖ッ白波〉と同様の〈五十《いか》ッ処《こ》〉という、由緒正しい古典的な語法による地名という事になるのかもしれない。ここまで見てくると、その捉え方の方が正しいのではないかとさえ思えてくる。

いずれにしても、〈五十処〉は、〈激しく水に洗われる処・水害の多い土地〉を表している地名ということになる。

先に挙げた日光市の五十里湖は天和三年（一六八三）の日光大地震による土石流がそのV字谷を塞いでできた地震湖である。現代に至って、その湖は五十里ダムになっているが、新しくできた湖にその名を付けたとすれば、その当時まで〈五十＝水怒り〉という認識が根付いていたことになるので、興味をもって調べたところ、新しい湖尻に当たる村を元から五十里村と称し、会津藩から江戸への公道・会津西街道の道筋にあるために、五十里宿とよばれていたことがわかった。これは地震湖が注目されてからの事かもしれないが、五十里湖の名の由来が、江戸日本橋からちょうど五十里の位置にあるためと説明されているのも、街道筋に当たるためだろう。ただ、そこには〈五十＝水怒り〉の認識の影の欠片もない。

ただ、新しい湖尻の村となった五十里村は、新しい湖の水位が日に日に上がり、九〇日後には水没の憂き目を見ることになる。会津藩は江戸への公道の水没を復旧しようと、総力を挙げて湖の水抜きを試みるが、硬い岩盤に遮られて断念し、公道の移転を余儀なくされた。

この事実は、五十里村の名が、太古より幾度も繰り返されたこの谷筋の水怒りの経験を伝え、いずれこういう事が起こると予告していたことを、証明することになる。

羽生市の利根川縁に位置して〈五十ヶ谷戸《いかがやと》〉という小名がある。また、三郷市の中川左岸に位置する上彦名には〈五十八町〉という小名がある。いまは文字通り〈ゴジュウハッチョウ〉と読んでいるそうだが、元は〈五十谷町《いかやつまち》〉を意味する字名ではなかったかと思う。比較的新しい開発地なので、初めから今のよび方であったかもしれないが、江戸期にも〈五十集《いさば》〉とか、〈五十集師《いさばし》〉・〈五十集役《いさばやく》〉などの言葉があったくらいだから、新しい開発地にその名を付けたとしても不思議はない。

因みに、〈五十場〉は江戸時代に魚市場・魚商人また漁場・漁船・水産加工業など、広く魚を扱うものの全般をいった言葉で、〈五十集師〉は〈五十集屋《いさばや》・五十集商人《いさばあきんど》〉ともいって、魚・魚の干物・塩物を扱う商人。〈五十集役〉はその頃、魚問屋に課した税のことである。ただし、これらは江戸時代になってから言われ出した言葉だけに、そこには五十が水を表す言葉だという意味は持っているものの、もう水怒りの側面は消えてしまっている。

とはいえ、地名の方ではまだその印象が残っていて、〈五十ヶ谷戸〉・〈五十八町〉のどちらも、〈五十ッ子〉と同じく、水害多発地域を表示しているものと考えていいのではないかと思われる。

コラム ▒ 山《やま》掴《つかみ》

秩父市浦山の浦山ダム＝秩父さくら湖沿いの道を遡ると、湖尻に近いところに〈山掴〉という珍しい地名がある。山深い土地なので天狗伝説でもありそうな名称だが、実はこれは、どうやら〈山ッ神〉の別表記であるらしい。山里ではどの集落でも山の神を祀っていて、社のある場所がそのまま山の神という小地名になっていることは珍しくないが、ここには山の神の古いよび方である〈山ッ神〉＝〈天ッ羽衣・沖ッ島〉の語法が定着していて、その意味を忘れた村人たちが〈山掴〉という文字を当てたものと思われる。土地の人たちが、当地の地名を漢字で表す時のひとつの手法が見えるようで、興味深い地名である。

伊賀袋《いがぶくろ》

河流が袋状に湾曲している地形を指す

領主・伊賀守説もあるが、地形地名説の方が

五十子地名から連想されるものに、加須市の〈伊賀袋〉地名がある。二〇一〇年、平成の大合併で加須市の一部になる前は、北埼玉郡北河辺町に属していた。この辺りは利根川と渡良瀬川の合流地に当たるために、河流の変化があり、旧国境や県境も移動があった。

そのため、昔は下総国《しもうさのくに》に属していて、葛飾郡伊賀袋村と称し、明治以降は茨城県になっていたが、昭和五年（一九三〇）に現在の渡良瀬川を県境と定めた事により、右岸に位置していた伊賀袋地区は、北埼玉郡河辺村に合併して、大字伊賀袋となった。

町の名はその地形通り川辺である。川辺の伊賀袋といえば、五十子や、川口市の伊刈との関連を思わないわけにはいかなくなる。実際、北川辺町は輪中《わじゅう》の町といわれ、年中行事のように水害に見舞われていた。そのため、家は屋敷林で防衛を固め、各所に洪水時の避難所として水

塚を築き、家の軒にはいざという時のために、小舟を吊るしておくといった対策を講じていた。

地名の〈袋〉は、その典型を鴻巣市の袋地区にみることができる。この地は蛇行する元荒川に大きく袋状に囲まれた地形である。河川に沿う袋地名はすべてこのような地形と見てよく、東京都の池袋・沼袋なども、古い地図で見ればその通りである。旧北川辺町内で、伊賀袋より少し谷田川上流地点に、東武日光線の柳生駅《やぎゅうえき》があるが、その辺りを小野袋という。現在の地形ではわからないが、河川改修以前にはやはり袋地形だったのだろう。

なお、伊賀袋の元の名は袋だったが、建治年間（一二七五〜七八）に、上野国新田郡《こうづけのくににったぐん》の江田《えだ》伊賀守政氏《いがのかみまさうじ》一族が、この地に移住して開拓したことにより、その名を冠して、伊賀袋になったという説があるという。偶然にそのような事があったとしても、ここの地形からいえば、伊賀袋は五十袋であるという事に違いはない。

コラム ■ 地名の砂と洲と芝と

砂はふつう粒経が二ミリメートル以下、一六分の一ミリメートル以上の粒子をいうそうだが、一般的には握れば指の間をこぼれるくらいの小砂利と考えられている。古くはマサゴとかイサゴなどとも言った。

川や海の波浪によって運ばれ堆積した砂地を〈洲・須〉というのも、砂と同意なのだろう。

川の中に土砂が堆積した所が中洲《なかす》で、潮流で土砂が沿岸に押し上げられて堆積した所が寄洲《よりす》である。そのような所を〈洲処《すか》〉といい、よく、〈須加・須賀〉などと書く。形状によって〈高須賀〉・〈横須賀〉など。なお、風が運んで積もった砂は砂丘・砂山である。

県内には〈砂村〉が二か所あった。さいたま市大宮区の綾瀬川と芝川に挟まれたところに位置した砂村と、川越市の新河岸川と不老川の右岸に位置する砂村と。〈砂原村〉も二か所。越谷市の元荒川右岸の川沿いの砂地の村と、古利根川と利根川に挟まれた大利根町の旧砂原村。羽生市の会ノ川右岸の自然堤防上の砂丘上にあったのが、旧〈砂山村〉である。

行田市の利根川南岸に位置した旧〈須加村〉は〈須賀〉とも書いた。宮代町の旧〈須賀村〉は〈百間須賀〉とも言って、大落古利根川《おおおとしふるとねがわ》の右岸に。吉川市の中川右岸にあったのは旧〈須賀村〉だった。

三郷市の旧〈高須村〉は江戸川右岸と大場川に挟まれた位置に。幸手市の旧〈高須賀村〉は、中川右岸の川沿いの自然堤防上の微高地である。その形が尾を引くと、さいたま市岩槻区にあった、〈高曽根村〉になる。

河川の移動によって、川原石が積み重なっているところに村落ができると、〈石原村〉になる。荒川の流路が変わった跡にできた熊谷市の旧〈石原村〉が、その典型である。

海岸や河川の流路周辺の〈芝・柴〉の付く地名のほとんどは〈石場〉が約まったものである。

波浪が運んだ石場である。重複するので省略するが、詳細の考証は拙著『秩父の地名の謎99を解く』の〈赤柴の項〉に述べてあるので参照されたい。

雷《いかづち》・雷電神社《らいでんじんじゃ》と天神宮《てんじんぐう》

雷信仰の二つの流れ

菅原道真《すがわらのみちざね》の異例の出世と讒言《ざんげん》による没落

雷神信仰《らいじんしんこう》には二つの筋がある。一つは菅原道真を祀った天神宮である。もう一つは、「五十子の項」で述べた、素戔鳴尊《すさのおのみこと》を祖とする雷神である。

菅原道真は学問を家柄とする中流貴族の家に生まれ、五歳にして和歌を詠み、漢詩にも優れて、文章博士《もんじょうはかせ》として宮廷に仕えた。宇多《うだ》天皇にその才を愛《め》でられ、若くして公卿《くぎょう》に列せられる。公卿とは立法・行政・司法を司る、宮廷の最高幹部である。

当時、宮廷内では藤原一族が権勢を誇っていた。宇多天皇《うだてんのう》は道真を登用することによって、その行き過ぎを抑えようと図ったものとされる。息子の醍醐《だいご》天皇もこれを受けて、道真を右大臣の座に据える。

低い身分からの特段の昇進に、貴族たちの反発が強まると、左大臣の藤原時平《ふじわらのときひら》は、貴族たちと謀《はか》って、醍醐天皇に讒言《ざんげん》する。「道真は、醍醐天皇を廃して、弟君の斎世親王《ときよしんのう》＝道真の娘婿の即位を企んでいる」と。

醍醐天皇はこれを信じて、宇多上皇の諫《いさ》めも聞かずに、道真を九州の大宰府に左遷《させん》する。道真は、《東風《こち》吹かば匂い遣《おこ》せよ梅の花主《あるじ》なしとて春を忘るな（春な忘れそ）》と詠んで、失意のうちに大宰府に赴く。昌泰《しょうたい》四年（九〇一）の事だった。二年後、道真は衣食もままならない暮らしのうちに、五九歳でこの世を去る。

相次ぐ天変地異――広がる道真の怨霊説

五年後の延喜《えんぎ》八年（九〇八）の事、道真の弟子でありながら、師の失脚に加担した藤原菅根《ふじはらのすがね》が、落雷を受けて死亡する。翌年には、藤原時平が三九歳の若さで急死する。この頃から、長雨や洪水、干ばつに伝染病の流行などの異変が、毎年のように起こり、道真の祟りという噂が広まった。

さらには、延喜《えんぎ》一三年（九一三）、時平と組んで道真を失脚させ、道真の子どもや、道真に気脈の通じていた官人を、左遷・流罪などで一掃して、右大臣になっていた源光《みなもとのひかる》が、狩りに出て泥沼にはまり、溺死するという事件が起こった。

生前、時平は妹・穏子《おんし》を醍醐天皇の中宮に推挙《すいきょ》して、穏子は一九歳で保明親王《やすあきらしんのう》を出産。時平の計らいで保明は二歳で醍醐の皇太子となっていたが、延喜二三年（九二三）に、二一歳の若さで即位もしないうちに死去する。

醍醐天皇は、相次ぐ異変に、これを噂通り道真の祟りと信じて、道真を右大臣に復権させ、正二位を追贈《ついぞう》する。しかし、二年後には、新たに皇太子となった、保明の子・慶頼王《やすよりおう》も五歳で夭逝《ようせい》してしまった。その母は時平の長女だった。

醍醐天皇の不安に追い打ちをかけるように、延長《えんちょう》八年（九三〇）、には、御所の清涼殿《せいりょうでん》に雷が落ち、大納言の藤原清貫《きよつら》と右中弁の平稀世《たいらのまれよ》が死亡し、他にも、多数の死傷者が出た。天皇はショックで体調を崩し、皇太子・寛明親王《ひろあきらしんのう》＝保明の弟に位を譲って朱雀天皇《すざくてんのう》となし、その年の内に死去してしまう。

その六年後の承平《じょうへい》六年（九三六）には、道真の怨霊に怯えて床に伏せっていた、時平の長男・公卿で正三位大納言保忠《やすただ》が、突然発狂して死亡したために、世人の怨霊説の噂は確信となった。

天歴《てんりゃく》元年（九四七）、道真を慕っていた僧侶や、幾人かの有志が語らって、かねて京都御所の乾《いぬい》の方を護る重要な地として、天神地祇《てんじんちぎ》を祀る社があった北野に、天満宮を建てて道真の霊を祀る。道真の怨霊を恐れていた藤原氏は、間もなくそこに大規模な社殿を造営し、祟り封じを祈った。

永延《えいえん》元年（九八七）、一条《いちじょう》天皇は勅使を遣わして、国家安泰を祈願し、『北野天満天神』の社号を贈る。それでも異変と思われることはまだ続き、承暦《じょうりゃく》四年（九九三）には全国に疱瘡《ほうそう》が大流行して、京の路頭にも病者や死者があふれ、その収容に官人を動員するほどだった。

一条天皇はその六月、道真の霊に正一位左大臣の位階を贈り、さらに一〇月には、朝廷の最高位である太政大臣の位を追贈するほどの恐惶《きょうこう》ぶりを示している。

怨霊が学問の神に変身

北野天満宮を本社とする天神社・天神宮は、いま全国に約一万二〇〇〇社。初めは雷をはじめとする怨霊封じの神格だったが、鎌倉時代頃には神社で歌会が催されるなど、道真の和歌や学問の道にあやかろうとする傾向が生まれ、ついには学問の神の神格が強くなった。江戸時代になると、盛んになった寺子屋で、道真を学問の神として崇敬したので、天神社は全国に広まった。

昭和一〇年代に幼年時代を過ごした私などの年代の子どもは、その寺子屋の風習を引き継いでいた。毎年、道真の命日の二月二五日に、集落ごと、地域の天神宮に集まって、学業の上達を願う行事を行ったのである。

その日、集落ごとに子どもたちが米を集め、当番の家に届けて稲荷寿司などを付けてもらい、その間に、男子は習字を、女子は裁縫の作品などを持ち寄って、天神社に奉納する。境内には道真の歌を記念して、必ず梅の木があったから、作品はその枝に吊るして、天神様にご覧いただき、学業の上達を祈るという形をとっていた。夕方には当番の家に集まって、寿司を頬張りながら遅くまで遊ぶという習わしだった。

天神講、または大人のお日待ちに倣って天神待ちといい、戦後の新教育によって学校で禁止されるまでは、各地で続いていた行事である。

民間では「クワバラ、クワバラ」

清涼殿への落雷の印象が強かったことと、天神という称号が合わさったために、庶民の間では、学問の神であるとともに、天神様＝雷様という側面はぬぐい切れなかった。

その代表的な例が、クワバラ・クワバラという、落雷除けの呪文である。京都府の桑原地区が道真の領地だったため、そこには雷も祟らないという噂から始まった呪文だという。

兵庫県三田市桑原の欣勝寺《きんしょうじ》には、桑原に雷が落ちない理由が語られている。ある時、雷の子どもが太鼓を鳴らしているうちに、誤って欽勝寺の古井戸の中に落ちた。それを見た和尚さんが、急いで井戸に蓋《ふた》をして、雷の子を閉じ込めてしまった。雷の子は、これからは桑原地区には雷を落とさないと約束して、和尚さんに許され、這う這うの態で天に昇って行った。以来、雷は約束を守って、桑原と聞けば落雷しないようになった。

私が子どもの頃は、夏の夜は麻糸製の蚊帳《かや》を吊って寝るのが普通だった。蚊帳の中には雷は落ちないと信じられていて、昼間でも、雷鳴を伴う夕立がすると、蚊帳の中に入って、クワバラの呪文を唱えたものである。

雷をまねて腹掛けやっとさせ――という古川柳がある。夏の暑い日に裸で昼寝をすると、寝冷えすることから、子どもには腹掛けをして寝かせる。その口実として、裸で寝ると雷様にヘソを盗られると言われていた。

また、私など、夏の夕立がしそうな午後に、昼寝をするときには、祖母から、ヘソに梅干しを貼って、「東風《こち》吹かば」と唱えて寝れば、雷にヘソを盗られないと教えられていた。東風の意味がわからなくて、「こっち吹かば」と、勝手に解釈していたことを思い出す。

雷電も氷川も素戔嗚尊の系統

素戔嗚尊を祖とする雷神の系統は「五十子の項」で述べた通りである。天神宮が学問の神としての神格が強いためか、この社に雷神としての性格を付与したり、期待したりする例は聞かない。

素戔嗚尊の系統でも、さらに二つの役割分担が認められる。一つは雷電神社の系統で、もう一つが氷川神社の系統である。

雷電神社は素戔嗚尊の雷神の側面を受け継ぐ、火雷大神《ほのいかづちのおおかみ》・大雷大神《おおいかづちのおおかみ》・別雷大神《わけいかづちのおおかみ》の三神を祭神として、雷電＝稲妻や降雨を司る。それは水難除けと五穀豊穣に結びつくものである。

氷川神社は、素戔嗚尊の八岐大蛇を退治した、治水の側面を主として、洪水を防ぎ、五穀豊穣を約束する神社である。

農業にとって雨の重要さは言うまでもないが、雷のもつもう一つの重要な側面は、雷電の名が示す通り、稲の実りを促す稲妻の役割である。

古代人は経験の蓄積から、雷光が稲に実りをもたらす事を知って、〈稲光《いなびかり》・稲魂《いなだま》・稲妻《いなずま》〉などとよんだ。さらにはもっと直截に〈稲交接《いねつるび》〉とも言った。稲と雷光が交接することによって、結実すると考えたのだが、これは最近になって、プラズマの発生との関わりにおいて、その事実が科学的にも実証されているということである。

群馬県邑楽郡《おうらぐん》板倉町の雷電神社が、関東地方の雷電神社の総本社とされている。雷電神社の創始は、推古天皇《すいこてんのう》六年（五九八）、聖徳太子が天の神の声を聞いて、伊奈良の沼の小島に祠を祀った事とする。それを勧請した本社は、火雷大神・大雷大神・別雷大神の三神を祀る。

延宝《えんぽう》二年（一六七四）、後《のち》に五代将軍となった、上州舘林《たてばやし》城主・徳川綱吉《とくがわつなよし》が社殿を再建し、徳川の三《み》つ葵《あおい》の紋章を付けて以来、それが神社の紋章となっている。厄除けとしては雷除けと火防を掲げている。

茨城県水戸市の別雷皇太神《べつらいこうたいじん》と、同県つくば市の金村別雷神社《かなむらべつらいじんじゃ》と併せて、関東三雷神という。

〈雷《いかづち》〉の小名が二〇か所も

埼玉県内に、雷・雷電を小名とする土地が二〇か所あった。これはいずれも、雷神社・雷電神社の所在地である。小名にはならなくとも、村内に雷神社を祀る所は、まだまだあるはずだから、県内の雷神社はかなりの数になるものと考えられる。

その分布をみると、全てが河川沿いの低湿地で、豊穣祈願に結びつくものではあるが、もっと直接的には雷雨・洪水除けの側面が多いように見受けられる。春日部市の旧米崎村《こめざきむら》や杉戸町の旧倉松村《くらまつむら》の〈雷電〉などは、ともに江戸川や利根川の洪水に悩まされてきた土地だけに、その思いが切だったことがしのばれる。

特に目につくのは、熊谷市内の旧大里村《おおさとむら》である。ここは江戸時代寛永《かんえい》六年（一六二九）からの荒川の改修・いわゆる荒川西遷《あらかわせいせん》の折に新川となった流れの右岸に当たる低湿地帯で、村には三つの雷地名がある。三つとも村内を荒川とほぼ並行して流れる、和田吉野川の流域にある。

一つはその左岸・旧吉所敷村《きしょしきむら》の〈雷町《いかづちまち》〉。村の鎮守が滝宮であることも示唆的である。次は、いずれもその右岸に位置する旧蓑輪村《みのわむら》と、旧冑山村《かぶとやまむら》の〈雷《いかづち》〉。二つの村は隣接していて、今で

氷川神社、雷・雷電神社、社宮司の分布図

も地内に幾つもの沼がある。

ただ一つ例外的と思われるのが、ときがわ町の旧上瀬戸村《かみせとむら》の〈雷電山《らいでんやま》〉である。この地は瀬戸川の上流の山間部で、しばしば旱害《かんがい》に苦しんでいた。雷電山は雷がよく落ちた山か、降雨を祈った山か、いずれにしても水害除けの雷電でない事は確かである。なお、瀬戸川を擁する瀬《せ》戸本地区《ともとちく》には、その里宮と思われる雷電神社がある。

〈天神〉地名はなぜないのか

素戔嗚尊の神格は氷川神社と雷神社になって、篤《あつ》い信仰を得てきたことは見た通りである。

一方、菅原道真は雷神の神格は俗説としては広がったが、むしろ学問の神として世の圧倒的支持を得て、子どもの天神講の拠り所となった天神宮は、集落ごとに祀られるほどに普及した。

だが、神社の所在を示す氷川や雷が、八幡や諏訪・稲荷などとともに、各地の大小の地名になっているのに比べて、天神をはじめ道真に関する地名はほとんど見当たらないのは何故か。

これは思うに、氷川・雷、また八幡・諏訪や稲荷信仰は古代からのものであり、学問の神格を付与された天神宮が広まったのは、江戸時代の寺子屋の普及に伴ったものであることから、字というほどの地名が生まれるには新しすぎたという事だろう。

コラム ▒ 魔《ま》王《おう》

こんな恐ろしげな地名があったとは。『郡村誌』で見かけて、鴻巣市役所の生涯学習課に電話で問い合わせると、実在する小字の地名との事。

鴻巣市の「コスモス大学校」第二七期生 編集・発行『鴻巣地域の地名（大字・小字）』（二〇一六）には、《馬の餌場か、休憩場所からきているか》と解説されていると教えられた。なお、『郡村誌』記載の〈安養寺村〉も鴻巣地内の旧村名で、ここの小名に〈馬王《まおう》〉があり、これも同じ由来と考えられているとの事だった

〈馬〉が〈魔〉に化けるとは思いも及ばなかったが、言われてみれば、地名の馬は馬場などの音読みは別として、ウマと読むよりもマの方が圧倒的に多いようである。群馬《ぐんま》県・福島県の相《そう》馬《ま》市・長崎県の対馬《つしま》市、神戸市の有馬《ありま》温泉、いずれもマである。県内ではさいたま市大宮区と草加市に〈遊馬《あすま・あそま》〉・さいたま市岩槻区と蓮田市に〈馬込《まごめ》〉がある。さらに、マはモに通じて、加須市には〈馬内《もうち》〉・小鹿野町には〈馬上《もうえ》〉がある。佐賀県白石町には、ずっと約まって、〈馬洗《もうらい》〉という地名がある。

〈魔王〉の意味をずっと考えていたがわからず、種を明かされて、何だか魔王に〈馬化されて〉いたような気分である。そうなると、マオウは〈馬追〉の転化と考えられる。馬追唄を歌いながらやって来た、荷駄の秣場や中継場である。

それにしても、縁起を重んじた時代が続いていたことを思うと、魔王など、もっとも忌み嫌われたのではないかと思われる地名表記がよくも付けられ、改名もされずにきたものと感心するばかりである。

秣場や馬の継立場とあっては、もはやその痕跡を訪ねる事はムリであったとしても、一度は現地に行ってみたいと思わせる、魅力的な地名である。

伊古《いこ》地名

池田・江戸袋・五十子と同じ水溜まり

滑川町の〈伊古〉と秩父市の〈伊古田《いこた》〉

〈伊古〉は滑川町のなかの旧村名である。〈伊子〉とも書いたという。地内に『延喜式』に載る古社・伊古乃速御玉比売《いこのはやみたまひめ》神社があり、かつては比企郡の総社だったこともある。

『和名抄』記載の比企郡四郷のなかの渭後郷について、訓《よ》みは沼乃之利《ぬのしり》とあるから、これは深谷市にある沼尻《ぬまじり》と同じく、沼の水の出口を意味する地名である。

〈渭《い》〉といえば、日本では送別会の時などによく詠われる唐の詩人・王維《おうい》の詩、「渭城《いじょう》の朝雨《ちょうう》軽塵《けいじん》を潤《うるお》す」を思い浮かべる人も多いだろうが、これは中国・甘粛省《かんしゅくしょう》の渭源県《いげんけん》に発する川の名で、渭川《いせん》・渭水《いすい》とよばれるものである。水の清さが有名で、釣り好きの人を太公望《たいこうぼう》というが、周の建国の功臣・太公望が俗世を避けてこの川で釣り糸を垂れていて、周の文王に見いだされたという故事が知られている。そのようなことから、後には渭《い》は川の代名詞になった。

渭後《ぬのしり》を沼尻と見れば、幾つもの川が流入する川尻にあたる地形から、川島町が比定され、一方、その字音がイコと読めることから、滑川町の伊古を指すものと考えられている。

秩父市には旧〈伊古田〉村がある。あまり多くはないが、全国に散在する伊古田姓の発祥の地とされている。秩父盆地の中では最も広い水田を擁する旧太田村は、条里制の遺構もある古くからの水田地帯だが、その水の供給地が伊古田地区である。太田から見れば山間部に当たる伊古田にも、僅かながら水田がある。そのために伊古田地名は〈入り小田〉であると説明されてきた。

伊古は池と同じで水の豊かなところ

大阪府池田市の、阪急宝塚線池田駅にほど近い山麓に、伊古田神社がある。また、兵庫県尼崎市下坂部の、大規模な前方後円墳の上に、伊古田神社がある。例の『延喜式』に《摂津国河辺郡《せっつのくにかわのべぐん》伊古田神社》の記載があるが、両者ともに、当方こそが式内社であるとして譲らず、学術的にも決着がつかずに現在に至っている。

そこで所在地によって、池田社・尼崎社とよんで区別しているが、神社のよび方も微妙に違う。前者はイケダ神社で、後者はイコダ神社である。違うと言っても、イケ・イコはもともと同根の言葉である。横浜市緑区の池辺はイコノベと読む。

皆野町三沢地区には〈五十新田《いごにた》〉という地名がある。これは五十嵐《いがらし》のイガがイゴになったものである。五《い》は井・渭に通ずることから〈五十〉の付く地名はほとんどが水に関する土地である。（**本書『五十子』の項参照**）

嵐は〈山＋風〉と書くように荒風《あらし》＝暴風《ぼうふう》である。〈西風《にし》〉・〈風巻《しま》く〉・〈旋風《つむじ》〉などというように、古語では風をシと言った。今は嵐だけで暴風雨も意味するが、厳密にいえば、嵐に〈五十《い》＝井・雨〉を添えて五十嵐になったとき、初めて暴風雨《ぼうふうう》になったはずである。そのときイガのガは、尼ヶ崎・剣ヶ峰の〈ケ〉であって、本来なら〈五十《い》ヶ嵐《あらし》〉と書くべきものである。それを約めてイガラシ。

そう考えれば、池《いけ》は〈五《い》＝五十《い》＝井《い》〉＋〈笥《け》＝器〉ではないかと思えてくる。水を溜める器である。あるいは〈五＝五十＝井＋処《こ》〉で、イコが先でそこから転じてイケになったものか。いずれにしても、イカ・イケ・イコは同じものであり、さらに石川県の五十洲《いぎす》を加えれば、イカ・イキ・イケ・イコと、音通によって幾通りものよび方になることがわかる。

つまり、渭後《いご》・伊古《いこ》・伊古田《いこた》は井・池に通じて、水の豊かな処を表す地名である。

なお、池が器に包まれた水地であることに対して、江は海や湖の一部が陸地に入り込んだところを指す。江戸はつまり〈江処〉である。

川口市の旧江戸袋村は大宮台地南端の低湿地で、地内には縄文後期の貝塚がある。〈袋〉は江や川が袋状に入り込んで出入り口が窄《すぼ》まっている地形を指す。ここの小名を見渡すと、上・下の郷中《こうちゅう》と上溜《かみため》・下溜《しもため》・沼田・北谷、それに髙田である。

〈郷中〉は河内の替え字であり、〈溜〉は水溜まり、〈沼田・北谷〉は共に湿地帯で、その中の微高地が〈髙田〉である。鎮守が氷川神社であり、他に弁天社があることも、大いに水に関係のある土地である事を示している。

渭後・伊古・江戸袋は、各地にある池田や東京都の江古田などとともに、纏めれば児玉町の五十子地名に集約されるものと考えられる。

コラム　恋と鯉（1）

恋ヶ谷戸・恋のこせ——前者は川越市岸、後者は毛呂山町毛呂本郷にある小名。恋の字の付く市区町村は、全国でも群馬県吾妻郡嬬恋村ただ一つで、町域名は一七ほど数えるという。そのなかで比較的に知られているのが、都内国分寺市の〈恋ヶ窪〉だろうか。奈良市にも〈恋の窪〉があるが、地名の由来は、昔、肥溜めがあったのでと、そっけない。

一方、国分寺市の方は、現在、行政的には東西に分かれているが、その名の由来については、鎌倉武将の畠山重忠を慕う遊女の悲恋物語が伝えられている。地域にある東福寺には、その遊女を悼んで村人が植えたという一葉松＝現在のものは三代目とかがあり、その由来を記した石碑が建っている。

また、近くの熊野神社の境内には、文明一八年（一四八六）にこの地を訪れた、京都の聖護院の門跡が、その伝説に因んで詠んだという歌碑が建つ。それらのことから、この伝説は、恋ヶ窪の地名の由来を語るものとして、かなり古くから流布されていたことがわかる。それにまつわって、遊女がたくさんいた町なので恋ヶ窪だとか、鯉料理が名物だったからとかいう説もある。

山口県下松市《くだまつし》の〈恋ヶ浜〉の由来については、昔、浜の近くに鯉のいる池があって、あるとき洪水で池の水が溢れ、鯉がたくさん浜に飛び出したのを村人が拾ったことから、その名が付いたとされている。これは付会にすぎないが、恋と言えば鯉が連想されるものらしい。

恋ヶ窪は〈狭《かい》ヶ窪《くぼ》〉ではないかという説もあり、また、〈崩《くゆ》〉がコエ・コイと訛ったもので、崩れた場所を指すのではないかとする説もある。

〈恋ヶ谷戸〉は〈狭《かい》〉か〈崩《くゆ》〉か、そのどちらかに止めを刺すのではないか。そして〈恋のこせ〉は〈崩《こい》の越《こえ》〉の方で、崖を越えて行くところという事になるのでは。〈こせ＝こえ〉は歌の文句で有名な〈天城越《あまぎごえ》〉の語法である。

牛《うし》ヶ《か》谷《い》戸《と》・牛《うし》久《く》保《ぼ》・牛《うし》子《こ》・牛《うし》島《じま》・田《た》出《で》牛《うし》・牛《うし》沼《ぬま》・牛《うし》重《がさね》

牛は濁流の力強さのシンボル

牛の地名あるところ水がある

旧〈牛《うし》ヶ《か》谷《い》戸《と》村《むら》〉は、今の入間郡川島町の一角にある。〈川島〉の名の通り、町は荒川と入間川・越辺川に囲まれた島状の町だが、牛ヶ谷戸地区も荒川と入間川の間の湿地帯で、ときには大きな水害を受けていた。鎮守は諏訪社と牛頭天王社《ごずてんのうしゃ》である。

地名の由来について、『角川・埼玉県』では、〈牛〉は〈内《うち》・縁《ふち》〉の訛で、川沿いの〈谷戸＝湿地帯〉という説を取り上げているが、果たしてそうだろうか。

志木市の旧宗岡村《むねおかむら》にも、同じ牛ヶ谷戸という小名があった。荒川と新河岸川に挟まれた低地に位置していて、江戸時代には地内に羽倉河岸《はねくらかし》があり、宿ではかつて市立ても行われていたが、度々水損に遭うので近くの引股地区《ひきまたちく》に移ったという。鎮守は氷川社。

〈牛久保〉も牛ヶ谷戸に似た地名だが、坂戸市の入間川沿いに位置する旧善能寺村《ぜんのうじむら》に接して、江戸時代には牛久保村があった。その後期には善能寺村に吸収されたらしく、村名は消えている。

旧〈牛子村〉は、川越市の新河岸川の左岸低地にあった。牛子河岸は文化文政期（一八〇四

〜三〇）には川越五河岸の一つとして栄えた。

富士見市内の旧水子村《みずこむら》には〈牛子〉という小名があった。新河岸川右岸・柳瀬川の左岸に位置していて、前述の旧宗岡村の牛ヶ谷戸にほど近い所である。

〈田出牛《たでうし》〉は行田市内の旧北河原村の小名である。福川が利根川に合流する地点で、河流が運んだ堆積地とされている。川の合流地点には後に合併する酒巻村《さかまきむら》があった。〈酒巻〉は『風土記稿』が、川の合流地点で水が逆巻くことから言うのだろうと、指摘している通りである。地域一帯は、明治四三年（一九一〇）の洪水時には福川の堤防が破れ、浸水家屋八八〇〇戸に上る被害を受けている。

その福川の上流・熊谷市妻沼地内の旧西野村《にしのむら》は、福川の右岸低地から自然堤防上に位置しているが、その低地に小名〈牛沼〉があった。

所沢市の〈牛沼〉は東川を挟む両域で、江戸時代に開発された土地。幕末に村になるまでは牛沼新田とよばれていた。

〈牛島〉は春日部市内の旧村名である。大落古利根川《おおおとしふるとねがわ》と庄内古川に挟まれた地点にあり、地名の由来については『角川・埼玉県』が二つの説を紹介している。一つは、川荒れによってできた川沿いの耕地で内島が牛島になったとするもの。二つ目は、古代東山道の宿のひとつ浮島が転化したとする説である。昭和二二年（一九四七）のカスリン台風のとき、利根川の決壊によって大きな被害を受けた。

〈牛重《うしがさね》〉は加須市騎西内の旧村名。天正二年（一五七四）七月の洪水の折に、備前堀悪水路の堤防を切ったことを巡って、付近の村で水争いが起こった記録があるという。

全国的にも、牛と水は切れない仲

このように〈牛〉の付く地名は、いずれも河岸低地で、しかも、しばしば水害に襲われたり、その記憶をもつ地域である。川島町の牛ヶ谷戸や春日部市の牛島には、〈牛〉は〈内〉の転化したものとする解釈があるが、それは他の牛地名にも当てはまるものだろうか。

ヒントを探して全国を見渡すと、茨城県の牛久市《うしくし》が浮かぶ。しかし、ここは奈良時代には宇志久と書かれ、平安時代から牛久になったが、地名の由来は不明だという。地理的には霞ヶ浦対岸に〈牛渡《うしわたり》〉地名があり、ここは浦沿いの土地として〈牛〉の意味に共通性が感じられる地形である。

宮城県白石市に〈馬牛沼《ばぎゅうぬま》〉がある。蝦夷討伐に向かった坂上田村麻呂の馬が誤って落ちたので、〈馬入沼《ばにゅうぬま》〉と言ったのが訛ったもので、馬首牛身《ばしゅぎゅうしん》の怪物が棲むという。兵庫県西宮市には牛女《うしおんな》の伝説がある。市内の真言宗の寺・鷲林寺《じゅうりんじ》は織田信長の戦火にかかり焼滅した。そのとき寺に避難していた城主の姫が、庭の弁天池に身を投げた。以来、丑三時《うしみつどき》＝午前二時〜二時半になると、池の底から牛の蹄《ひづめ》の音が聞こえ、時には顔は女で体は牛の姿をした怪物が現れるという。

神奈川県葉山町の峯山大池《みねやまおおいけ》は赤牛が棲む底なし沼と言われ、千葉県印西市《いんざいし》の〈牛むぐり池〉には、聖武天皇の皇女・松虫姫を慕って身を投げたという赤牛伝説がある。秋田県横手市にも〈牛沼〉がある。

岐阜県高山市の荘川《しょうかわ》沿いの正蓮寺《しょうれんじ》の〈牛ヶ池〉には、赤牛が杉の大木を曳いて来てここに止まったという伝説がある。秩父郡皆野町出牛《でうし》の身馴川《みなれがわ》には、洪水の折に淵から躍り出た黒牛が、日本武尊を対岸に渡したという伝説をもつ、〈牛ヶ淵〉がある。

〈牛〉は濁流の〈押し〉の強さを表すもの

これだけ並べてみると、牛地名の由来まではわからないとしても、牛が川や池沼に深く関わっていることが浮かんでくる。その理由を、水害に対する古語の〈憂し〉から来たものだとする説が、今主流となっている。確かにそれはあると思う。しかし、それだけではなく、私は二八二ページで扱っている、〈水押・押出〉の〈押〉が〈牛〉に転化したものではないかと思っている。

つまり、牛沼や牛ヶ池は、洪水が退いたときに残していった溜まり池で、牛島は水が退いた後の土砂堆積地ということである。

急峻《きゅうしゅん》な山容で知られる群馬県の妙義山から麓の妙義神社の脇に駆け下る谷川の名は〈牛出《うしで》川《かわ》〉である。神社境内入り口の傍・谷川の岸には土砂災害危険地区の看板が立つ。これは浅間山の噴出溶岩を言う〈鬼押出《おにおしだし》〉と同じ発想のネーミングではないか。

さらに、愛知県豊橋市を流れる豊川の湾曲部の内側には〈牛川町〉がある。ここには〈牛川《うしかわ》の渡《わた》し〉をはじめ、〈牛久保《うしくぼ》〉と〈押川《おしかわ》〉の地名が並んでいて、牛と押しが同義であることを暗示している。

今は東京都墨田区に編入されているが、かつての葛飾郡隅田村は文字通り隅田川の畔。隅田川と古綾瀬川・新綾瀬川とが入り乱れていて、洪水の度に境界が変わるような土地で、鎮守は水難除けを祈って竜神だった。近くには須崎村《すざきむら》があり、その小名には〈牛島〉があった。『風土記稿』は須崎は洲崎として、《古此辺《いにしえこのあたり》入海なりしときの洲先の地なり。ここに牛御前社《うしごぜんしゃ》を祀る》と記している。

竜神・牛御前とともに素戔嗚尊《すさのおのみこと》の別名である。記紀神話に登場する素戔嗚尊（記では速須佐之男命）は天照大神の弟神である。姉神は太陽神であるのに対して、弟神は風神雷神の性格を持つ暴れ神である。

太陽と風混じりの雨＝雷雨・台風では相容れるはずもなく、神話でも素戔嗚は暴れすぎて姉に疎《うと》まれ、天上から追放されて出雲国の簸川《ひのかわ》の畔に降りる。そこで八岐大蛇《やまたのおろち》に擬せられた洪水を退治することによって稲田（姫）を守り、治水の測面を見せる。雷神ならば水を司る神として、洪水も治水も思うがままなのである。関東では簸川を氷川と書き変えて、水神として祀る。牛頭天王《ごずてんのう》はインドの祇園精舎《ぎおんしょうじゃ》＝お釈迦様の僧坊の守護神とされていたものが、日本では素戔嗚信仰と習合して、治水をはじめ防災除役《ぼうさいじょえき》の神としての信仰を集めている。お祇園＝八坂神社の祭神として、とくに疫病除けの夏祭りが盛んである。

最初に挙げた川島町の牛ヶ谷戸地区の鎮守は牛頭天王社だった。志木市の牛ヶ谷戸の鎮守は氷川神社だった。これらを総合して考えると、やはり牛地名は洪水を憂しと思ったのも確かだが、堅固な堤防をものともせずに破壊する濁流の押しの力を、猛進する牛に準《なぞら》えたものと言えるのではないか。伝説の赤牛・黒牛は濁流の色による。河川筋の土質によって、濁り方は赤くも黒くもなるものである。

なお、川越市的場は入間川沿いの地域だが、小名に〈牛塚〉がある。ここには〈牛塚古墳〉という、川越地方では最大と言われる周濠《しゅうごう》を持った前方後円墳がある。塚は牛が寝そべった姿に似ているので、その名があると言われているが、これはその通りで、牛塚古墳に因んで、その地域は牛塚とよばれているのだろう。

コラム ■ 恋と鯉（2）

鯉亜沢――日本にただ一戸だけの苗字。依頼した建築業者から差し出された名刺に、この姓があった。珍しいので聞くと、日本にただ一軒しかない苗字だという。鯉亜沢さんが語るその謂れとは――。

《先祖は戦前の国策によって一家でブラジルに集団移住していたが、祖父の代に帰国して、再び日本国籍を取得した。姓は小相沢か小合沢だったらしいが、祖父はうろ覚えのままコイアサワと届け出た。いろいろ問答はあったのだろうが、結局、漢字がわからないまま、受けつけた役人は、新しい戸籍簿に鯉亜沢と記入した……というのが、この姓の由来らしい》

今、祖父母は再びブラジルに帰国して、高齢ながら元気に暮らし、両親と私は日本に住むので、鯉亜沢の姓を名乗っているのは、世界でたった五人だけですと、むしろ、誇らしげに鯉亜沢さんは語る。

明治四年（一八七一）、日本に初めて戸籍法が作られたときに、読み書きのできなかった多くの人たちは、困惑し、混乱して、役所で様々な仕打ちを受けたことが、今に語り継がれている。もちろん、一般的には正当な扱いを受けたはずだが、なかには威張った役人が、ふざけ半分に妙な苗字を割り振ったり、文字を間違えてそのまま登記されてしまったり、という例がよく聞かれるところである。

鯉亜沢さんの場合はその例には当たらないが、苗字が作られるときの事情が映し出されているようで興味深い話である。なお、鯉亜沢さんは、来年にはこの姓を名乗る人が六人になる予定ですと言う。なるほど、そうなれば、やがて七人にも、一〇人にもなる事だろう。その人たちがまた、日本の各地や世界に渡って、姓氏の分布が広がる。

姓氏の普及状況のありようも推測されておもしろいが、ずっと将来のこと、鯉亜沢さんの子孫が自分の姓のルーツを訪ねて、このコラムにたどり着いて納得してくれたとしたら、こんなうれしい事はない……と、一人で悦に入っているところである。

因みに、宮本洋一著『日本姓氏語源辞典』によると、小相沢・小合沢ともに、発祥の地は長野県で、ごく少数ながら、愛知・新潟・東京などにみられるという。（二〇二二年七月記）

内手《うちで》・内出《うちで》・内而《うちで》・宇知手《うちで》

城郭や砦、武将の館跡の存在を示す地名

〈内手〉は城内の城戸・内門

〈内手〉は中世の城郭や館の用語である。『太平記』に、吉野山に籠城《ろうじょう》した大塔宮《だいとうのみや》を攻める武将が、《大手《オオテ》、搦手《カラメテ》、三方ヨリ攻上《セメノボリ》テ城ヲ追落《オイオト》シ、宮ヲ生捕奉《イケドリタテマツ》ルベシ》と命じている場面がある。

大手とは城や砦の表門のことで、大手門ともいう。搦手は裏門である。当時の城や砦は、平野に聳える大阪城や、姫路城のような天守閣を持つ重層構造の建物ではなく、大手門というよりは、木戸口といった方が相応しい、簡素な館のような山城だった。

続けて、大軍の攻撃を受けた城の武将が、大塔宮に戦況を報告する場面では、《大手ノ一ノ木戸、云甲斐《イウカイ》ナク攻メ破ラレ、二ノ木戸ニ支エテ数刻相戦《アイタタカ》イ……》と言っている。

山城では、攻め上って来る敵が、主君の居る本丸に近づくのを防ぐために、幾つもの木戸を作った。山の地形を巧みに利用して、二ノ木戸、三の木戸と、多く作るほど、防御態勢は厳重になる。このような城内の木戸を、大手に対して内手と言った。内出・打手・打出なども書いたが、つまり内門である。

本庄市の児玉町八幡山に雉岡城址《きじがおかじょうし》がある。この辺りは古くから児玉党武士団の支配地で、この城は寛政年中（一四六〇〜六六）に、関東管領上杉顕定《うえすぎあきさだ》の家臣・夏目定基《なつめさだもと》が築いたとされる。その後は寄居の鉢形城主・北条氏邦《ほうじょううじくに》の配下にあったが、天正一八年（一五九〇）秀吉の小田原攻めの際、上杉景勝《うえすぎかげかつ》・前田利家《まえだとしいえ》らに攻略され、江戸初期に廃城となっている。

城址のある八幡山町には、城下に付きものの〈鍛冶町《かじまち》〉の名が残る。そして、この城を取り囲むような位置に、今は本庄市や美里町の大字的な地名になっているが、かつて吉田林《きたばやし》・中新《なかにい》里《さと》・上真下《かみましも》・下真下《しもましも》・蛭川《ひるかわ》・入浅見《いりあざみ》・南十条《みなみじゅうじょう》・沼上《ぬまがみ》・秋山《あきやま》などの村があった。その村々には、雉岡城との関わりを思わせる、内手・内《うち》出《で》曲輪《くるわ》などの地名がずらりと並んでいる。
〈吉田林村⇩宇知手〉・〈中新里村⇩内出・内出東〉・〈上真下村⇩中内《なかうち》而《で》〉〈下内手村⇩内手〉・〈蛭川村⇩南郭《みなみくるわ》・中郭・西郭〉・〈入浅見村⇩新屋敷・内出〉・〈南十条村⇩南曲輪・石川曲輪〉・〈沼上村⇩堀の内〉・〈秋山村⇩後《うしろ》内手〉

〈宇知手〉や〈中内而〉などとなるとちょっと戸惑うが、これらも内手の別表記で、城に通ずる道を押さえるために配備された、武将の砦や館跡を示すものである。城の内門を言った内手は、その意味を拡げて、城門の役目をする小さな砦や、その居住者の館そのものを指すようになっている。そのために、後には、その系統を引く旧家の屋号のようになっている場合もある。

右の沼上村や秋山村にほど近い、現美里町の旧木部村《きべむら》にも、内手と中内手がある。これは武蔵七党の猪俣党《いのまたとう》の三世・行兼《ゆきかね》が木部次郎と名乗って木部氏の祖となり、館を構えた名残である。

〈内手〉地名は城郭や館の跡地を示す

熊谷市では荒川右岸の旧御正郷《みしょうごう》＝後に御正新田村に北内手がある。この地は中世から近世初頭にかけて、上野国の新田氏の荘園だったことから、その名が残る。因みに、〈御正〉は庄園の美称〈御庄〉がそのまま地名となったものという。

隣接する万吉村《まげちむら》も荘園の範囲で、そこには〈曲輪〉の地名がある。〈万吉〉も珍しい地名だが、これは牧を万吉と書いたことから、マキチ⇩マゲチと変化したという説がある。その川下で隣接する中恩田村《なかおんだむら》一帯は、伊勢神宮の所領として、恩田御厨《おんだみくりや》とよばれていた。そこには〈東内手〉の地名がある。

行田市の元荒木村には〈前内手〉がある。忍城に仕えた荒木を名乗る一族の居館があった所である。富士見市の、旧上南畑村《かみなんばたむら》の〈本村内手〉と〈内手〉は、村山党金子氏の一族・難波田《なんばた》氏《し》の居城に由来する。

旧粕壁宿《かすかべしゅく》の〈内出〉は、鎌倉〜南北朝時代に活躍した、春日部時賢《かすかべときたか》とその一族何代かの居館跡を示す。加須市騎西の旧道地村《どうちむら》の〈上内出〉は、武蔵七党野与党《のよとう》の一流で、鎌倉幕府の御家人として活躍した、道地氏の本拠地である。久喜市菖蒲町の旧新堀村《にいぼりむら》の〈内出〉は、康正《こうしょう》二年（一四五六）、古河公方・足利成氏《あしかがしげうじ》が築いた菖蒲城に由来する。

また、朝霞市の旧岡村《おかむら》には、太田道灌の築城と伝える岡の城山とよぶ館跡がある。ここには土塁や空堀跡も残り、〈内出〉は、土井・城戸・根小屋などの地名と共に、その存在を今に伝える役割を果たしている。

毛呂山町にも、〈元屋敷《もとやしき》〉の小名があり、それと関わるのかどうか、〈堀の内・馬場〉などと並んで〈内手〉地名がある。隣接する越生町には、中世の城址が八か所もあるというが、〈内手〉と〈的場〉地名の他にそれらしい小名が見当たらず、むしろ地名の遺存が少ない感じである。

吉見町の旧上細谷村《かみほそやむら》には、特に城館の伝承はないようだが、〈中内出〉地名があり、そこからは弘長《こうちょう》二年（一二六二）の板碑＝中世の武将の供養塔や、その頃の板碑が数基発見されていることから、中世の城館の存在が推測される。

この他、県内には、小名となっている〈内手〉が九か所、〈内出〉表記が一一か所、〈中内手〉三か所と〈中内出〉が二か所ある。これらはたぶん城郭や館の存在を示すものと思われるが、もう一つ、江戸時代の検地のスタート地点を〈内手〉と言ったという事から、新田などでは、それに該当する所もあるのかもしれない。

大畑《おおはた》

畑《はた》は端《はた》に通じて、崖っぷちを表す事も

文字通り読めば広大な畑

〈大畑〉地名は、文字通りオオハタ、またはオオハタケと読む。ハタケは連濁してバタケと濁ることもある。意味もそのままに広い畑地が続いている地域と思いがちだが、場所によっては別な意味を持っていることもあるので、注意を要する地名である。

古い村名では、春日部市の大畑地区《おおはたちく》が、かつては大畑村だった。ここは文字通り、広場の中でとくに畑場として開発された村とされているが、地勢から見てもそれは納得できる。

越谷市の平方《ひらかた》に大畑の小名があった。かつての平方村だが、慶安《けいあん》三年（一六五〇）に江戸幕府が作成した『武蔵田園簿《むさしでんえんぼ》』によると、当時の石高の調査で田畑の比率が二一対七九とされていることからも、大畑の意味がわかるというものである。平方の名の通り、地域は比較的高い平坦地である。因みに、上尾市にも平方がある。荒川沿岸の大宮台地上、比較的平坦な地域である。白岡町寺塚にも大畑の小名がある。

これらに対して、山間部の大畑地名はどうだろうか。秩父市には大畑《おおばたけ》の小名が二つ、横瀬町にも一つある。

国道二九九号線の秩父橋を渡って旧市内に至ると、すぐに左折して細い道に入り、真っ直ぐに国道一四〇号線に向かっていく、細い緩やかな坂道沿いの、段丘や堀などを含んだ地域である。対向車が来れば、どちらかが止まって待たなければならないほどの道だが、両国道をつなぐ最短距離の道として、交通量は増えている。

大畑なら道の拡幅も可能だろうと思うところだが、段差や堀などを縫って、昔からの家々をつなぐ小径が入り組んでいて、おいそれとはいきそうもない。拙い説明だが、こんなふうに説明に窮するようなこの描写を見ても、とても平坦で広い畑が広がっている地域とは思えないだろう。

大畑は崖っぷちだった

二つ目は和銅遺跡を持つ黒谷地区。三つ目は山間地の大畑地名の特徴をもっともよく表していると思われる、横瀬町の西武秩父線・芦ヶ久保駅のある辺り。

駅は横瀬川を挟んだ狭いV字谷左岸の、山の中腹を削って設けられている。駅から見下ろすと、谷底の川に沿って国道二九九号線が走り、その道沿いに何軒かの家並みが続く。家並みの中に駐在所や郵便局があるが、駐車場所を探すのも大変なほどの狭い地域である。家並みの後ろには山が迫っていて、畑といえばその山の斜面を耕した、小さな野菜畑くらいしか見えない。

ここがなぜ大畑かと思う場所だが、これは地名によくある好字を当てたもので、〈畑〉は〈端〉の当て字だったのである。水田に対する陸田は厳密にいえば〈畠〉である。白く乾いた田という意味を表す文字である。〈畑〉は見る通り、火を用いた焼き畑のこと。どちらも元はハタで、ケは処を示す接尾語で、語調を調えるために後から付け足したものである。

したがって、ハタの方が古い読み方といえる。それを、後世の読み方としてハタケと読んでしまうと、すっかり意味がわからなくなる。〈畑＝端〉と思えば、それは崖＝関東弁ではハケだが、その端という事になる。崖の端という言い方は、他の例をとっても、崖そのものを指すように意味を拡げている。（**本書『柿木平』『花ノ木』『旗下』の項参照**）

入間郡越生町の大満《だいま》地区は、秩父山地東麓の越辺川に沿った谷間の村である。ここにも大畑の小名があったが、これはおそらく芦ヶ久保と同じ意味と思われる。坂戸市内の旧中里村の小名にも大畑があったが、これはどの大畑に属するのだろうか。

〈高畑〉は大畑に類する地名だが、行田市に二か所あった。一つは星川の南岸に位置する白川戸地内。もう一つは利根川右岸の須加地内に。これは素直に読めば比較的高い所にある畑となるが、その位置によっては、〈高端〉ということになるはずである。〈高幡〉地名も同様である。

越生《おごせ》・越辺川《おっぺがわ》・押堀《おっぽり》・押辺《おっぺ》・押剥《おっぱぎ》

促音便が強調する関東方言

越すのは山か、あるいは川か

〈越生町〉は、富山県高岡市に同じ越生と書いてコシブと読むところがあるそうだが、なんとしても難読地名である。鎌倉時代から記録に現れる地名だというが、難読であるために謂れも難解である。そのため解釈もいろいろだが、〈越〉というと山や川との関連を考えたくなるのが自然である。

地理的には関東平野の西端で、秩父山地との接点に位置する。秩父や上州を目指すには尾根越え・峠越えにとりかかる所だから、〈尾根越し〉と言い、それが〈尾越⇩越生〉になったとする説がある。地形からして、〈峠の腰〉の意味とする説もある。

また、元は峠を越した郷を意味する〈越生《こせお》〉だったのが、中世によく見るところの、形容詞を下に置く転倒語の慣例の一つとして、〈越生《おごせ》〉になったと説く人もいる。

地域の川の激流から、〈驕る瀬〉とする説もあるという。それらの説にいちいちうなずきながらも、私も山ではなくて川の方に興味を引かれている。地域を流れる、これもちょっと変わった名の越辺川《おっぺがわ》である。

ただ、激流の多い国内で、他に驕る瀬に類する川の名は見出せず、特別な激流ともいえない越辺川だけに、それを言うのはやや不自然な感じがして、私が考えたのは川を押し渡る〈押越《おっこし》〉である。押越が越生になったのではないかと。

この辺りの越辺川は場所によっては船で渡る他はないが、浅瀬を選んで徒渉できる所もある。その意味で〈押越〉。〈越し⇩越せ〉の例は〈富み⇩富め〉・〈欠き⇩欠け〉のように、地名ではよくあることである。

越辺川《おっぺがわ》と押堀《おっぽり》の関係は

〈越辺川《おっぺがわ》〉も、はじめは読み方に戸惑う人が多いのではないか。いかにも方言的な名称である。名の由来については、通常の日本語では読み解けないためか、アイヌ語説や古代朝鮮語説の方が多いようである。

アイヌ語では、豊かな川とか、下流に沼のある川などと解けるという。古代朝鮮語では布の事だというが、川を布に見立てることは確かにある。ただし、それは波も立てずに静かに流れる川とか、遠くから見た白滝の様子である。越辺川がそれに該当するかどうか。

日本語の解釈では、越生の辺りを流れる川だから越辺川だという。たしかに、私の住む地域でも、石間地区に発した川は石間川であり、それが吉田地区に入ると吉田川になる。そんなよび方の例は幾らでもあるが、その辺りを流れる川として、石辺川とか吉辺川とよぶ例を知らない。

オッペと発音上よく似た〈押堀《おっぽり》〉という地名が各地にある。これは出水が台地を刻んで、次第に深い堀にした所をいう地名である。さいたま市桜区の西堀は荒川左岸の低地に位置するので、そこにある小名の押堀は、荒川から枝分かれした水流が土地を刻んで作った堀を指すのだろう。あるいは台地上から堀を抉《えぐ》って荒川に注いでいるのか。

秩父市の押堀は、武甲山から押し出した水が次第に堀を深く刻んで、今では狭いながらも両岸に高い崖を作り出して、荒川に注いでいる。武甲山から荒川までの距離が短いだけに、高低差のある深くて狭い堀を上から覗くと、まさに堀だという実感が湧くような景観である。

〈押堀淵〉は川越市池辺にあった小名である。戦国時代の文書に池辺郷とある入間川右岸に沿った低地で、池辺の名は恐らく入間川が作った池沼の畔を意味する地名だろうが、押堀淵もその川の乱流がもたらした淵なのだろう。地図で見ると、今でも入間川のその辺りは川がストレートに流れる地形ではなく、不自然な流路を成しているようである。

それらのことを押さえながら、〈越辺川〉に話を戻すと、越辺と言い方のよく似た〈越畑《おっぱた》〉という地名が、越生町に近い嵐山町にある。市野川左岸の比企丘陵から低地までを含む地域で、戦国期から見える地名という。低地部分は隣の吉田地区にかけて幾つもの沼を抱えた湿地帯である。名の由来を『嵐山町誌』（嵐山町）は《山や谷を越した向こう側の畑》と説明している。しかし、地名の〈畑〉は本来の田畑よりも、〈端〉を意味することが多い。もし、ここもそれならば、〈押端〉となって、丘陵地帯から低地へと続く端の土地ということになる。

比企郡吉見町の上砂地内の小名に〈押辺《おっぺ》〉がある。吉見町は古くから開けた地域で、吉見百穴が有名である。上砂には当然下砂もあったはずであり、荒川右岸に広がる低地である。上砂地区に繋がる松崎地区には、これも例を見ない〈押剥《おっぱぎ》〉という小名があった。地滑りや、洪水の激流が地表を剝ぎ取っていく場所を思わせる地名である。

押堀《おっぽり》・押辺《おっぺ》・押剥《おっぱぎ》・越畑《おっぱた》と、関東以北に特有の威勢のいい促音便を使った言い方の地名を並べてみると、越辺川《おっぺがわ》を考えるヒントが見えてくるような気がする。まず、〈越＝押〉ということ。そして、一つはオッポリが、比較的近いこの地域の特徴として、オッペに変化したものではないかということ。二つ目は、押し出した水が大地を狭く深く刻むことをオッポリというのに対して、オッペは川縁を浅く広く洗い流し、地表を押剝《おっぱ》いでいく状態を言ったものではないかということである。

因みに、宮城県石巻市の北上川支流には、越辺川のよび方によく似た〈追波川《おっぱがわ》〉という、命名法に何か関連を思わせる川がある。

また、秋田県湯沢市には〈御返事《おっぺち》〉という、変わった地名がある。かの有名な平安美女・小野小町の生誕地である。小町を恋い慕った、これも当時の代表的美男子とされた深草少将が、九九日間にわたって小町の許に恋文を届けに通い、一〇〇日目の満願の日に途中で雷に打たれて、川に落ちて亡くなったという悲話が、地元に伝えられている。その恋文の御返事がほしいという、少将の悲願が地名になったのだという。

この話を紹介した太宰幸子氏は、現地の地形を見た上で、その著、『みやぎ不思議な地名　楽しい地名』(河北新報出版センター)の二八七ページ「御返事《おっぺち》」の一部で、次のように述べている。

《これは和語ではなく、アイヌ語で解ける地名だった。アイヌ語を話していた人たちが、この地形を「o-pet-ka-ushi-i　オ・ペッ・カ・ウシ　山の尻が・川の・上に・ついている・所」と呼んだのだろう。「オペッカウシ」という地名が、だんだん時代とともに詰まっていき、「オッペンチ」となり、「オッペチ」と転化したところに、漢字をあてられ「御返事」となった。水田の中の道を歩き少し離れた位置に立つと、ひとつの尾根がポンとお尻を突き出したように見え、納得のいく地形が今も確認することができる。北海道の常呂にもオペッカウシという地名があり、道内には似たような地名が幾つかある》。

越辺川《おっぺがわ》と追波川《おっぱがわ》、そして御返事《おっぺち》。こう並べてみると、命名の発想には共通点があるように感じるが、太宰氏の御返事のアイヌ語の解釈を読むと、他の二つもアイヌ語でそれなりの解釈ができるのかなとも思う。

ただ、御返事は局部的な地名で、越辺川や追波川はもっと長い流路をもった河川の名称という違いがある。私にはアイヌ語を云々する資格はないので、ここでは地名をアイヌ語で読み解く努力をしている人たちに解釈をゆだねて、資料を提供するにとどめておく。

柿木平《かきのきだいら》・柿の久保《かきのくぼ》・柿ヶ谷戸《かきがやど》

〈柿〉は〈欠〉の嘉字で崖のこと

■〈柿〉地名は柿の産地と思いがちだが

柿の木をはじめ、柿の付く埼玉県内の地名は、小名だけでもざっと見て一二か所ほど数えられるから、小地名まで挙げたらもっとたくさんあるはずである。

柿は中国原産とされているが、日本にも早くから入ってきたとみえて、正倉院文書にも登場しているという。柿の語源は『和名抄』が《柿・赤実果也《あかきみなり》》としている通り、その熟した実をいうアカキとする説が有力である。ヨーロッパにはない果実なので、中世の日本キリスト教宣教師の会・日本イエズス会が作成した『日葡辞書《にっぽじしょ》』(一六〇三)では、〈林檎《りんご》に似た日本の無花果《いちじく》〉と紹介している。

柿渋はこれも早くから防腐剤的塗料として利用され、干して甘くした干し柿は田舎の保存食だった。明治一七年(一八八四)の秩父事件に飯田《いいだ》・三山村《さんやまむら》の小隊長として参加して敗れ、逃走して山野をさまよったあげくに逮捕された犬木寿作《いぬきじゅさく》が、出獄後、「人間、柿さえあれば一〇日やそこらは生きられる」といって、家の周囲にたくさんの柿の木を植えた話は有名である。時は一一月、山野に残る熟し柿で飢えをしのいだのだろう。

米の穫れない山村では、庭に甘柿のある家は裕福な家と決まっていた。それは保存食にはならないからである。秩父名物といわれた通り、晩秋の秩父の家の軒先には、縄に吊るされた干し柿が暖簾《のれん》のように連なる風景が見られたものである。渋柿を剥いた皮も無駄にはしなかった。庭に蓆《むしろ》を広げて干し、乾々《からから》になったものを〈柿ン皮〉といって、子どものおやつにしたり、漬物の調味料などに利用した。

山村の人々の命をつないだ干し柿は、別名・吊柿《つるしがき》といったり、アマホシともいう。吊柿はその干し方から、アマホシは〈甘干〉とする説もあるが、これは天日に干すので〈天干〉といった方が正解だろう。天干柿《あんぽがき》という地方もある。

県内の〈柿の木〉地名の代表は、江戸時代から〈柿の木村〉を名乗り、昭和になってからは〈柿の木町〉とも称した、草加市の柿の木地区だろう。戦国時代の文書にみる〈柿の木河戸〉の地名もこの地に比定されているという。

『郡村誌』記載の表記による〈柿の木〉の小名は鴻巣市川里の屈巣《くす》に、〈柿木〉は羽生市三田ヶ谷《みたかや》と、行田市の野村にある。ただし、柿木の間に〈の〉があるなしに関わらず、よび方はカキノキである。

秩父郡小鹿野町般若《はんにゃ》には〈柿木平〉と〈柿の久保〉地区が連なり、比企郡ときがわ町の瀬戸元には〈柿久保・柿峯〉があった。熊谷市〈柿沼〉はかつての柿沼村である。大里郡寄居町金尾には〈高柿〉、日高市原宿に〈柿ヶ谷戸〉、入間郡越生町鹿下《かのした》に〈柿枝〉、同郡毛呂山町には〈柿木田〉地名がある。

〈柿〉は〈欠〉の当て字で崖を表す

柿の付く地名を見れば、誰もが柿の産地とか、柿の木の多い地区などを連想するところだが、実際にその地を見れば、少なくとも埼玉県内ではそんな実態は皆無と言っていいほどである。

柿の木地名だけではないが、地名の由来を考えるときに最も役立つのは、小名とか字名と言われる土地よりも、もっと狭い範囲を指した、地元だけに通用する小地名である。たいがい、小名＝小字名の指す地域内には、それと同じよび方をする小地名がある。同名のそれを幾つか並べてみると、その名が示す特徴が見えてくる。柿の木とよぶ土地に共通しているものは、崖の存在である。

見ると、どこでも〈柿木平〉は崖の上のやや平らな所を指している。しかし、柿木平が柿の木を植えた平地を指すものでないとすると、なぜ、わざわざ〈木〉を入れるのかという疑問が残る。だが、それは地名のひとつの特徴で、〈木〉は〈処〉の転化したものと考えられる。此《こ》処《こ》・其処《そこ》・何処《どこ》などの〈処〉で、場所を示す接尾語的なものである。猪木・犬木・熊木・常木・花ノ木など、〈木〉が場所を示す地名になっている例はたくさんある。

越生町の大谷に〈芝の木〉というおもしろい小名があった。芝が木になるのかいなと、それこそ気になる地名だが、〈木＝処〉と考えれば、石場の意味だと納得がいくだろう。

〈柿の久保〉は崖下の窪地である。〈久保〉は窪の嘉字。〈柿沼〉は崖下の沼、〈高柿〉は高い崖。〈柿ヶ谷戸〉は崖のある谷の入り口辺りで、〈柿枝〉はたぶん〈柿江田〉で崖下の湿地帯を指すものだろう。

〈柿木田〉も崖のある所。このように地名の下に付く〈田〉は必ずしも水田を意味するものではない。田んぼなどとてもできそうもない場所に、〈田〉の付く地名があれば、それは場所を示す〈処《と・ど》〉の転化と考えていい。

例として〈和田〉が挙げられる。これは川などの湾曲した地点を指す地名である。湾曲部は輪になっているので〈輪処《わど》〉なのだが、たまに〈大輪《おおわ》〉などともいうものの、たいがい〈輪だ〉と称して〈和田〉と嘉字を当てている。

どうやら〈柿〉は地面が欠けた〈欠き〉を表していると言えそうである。そういえば、〈崖〉も〈欠け〉から来たものではないか。（**次項『欠』の項参照**）

最初に挙げた草加市の旧柿の木村は、しばしば水害に襲われていた。幾つか水害記録がある中で、天明三年（一七八三）の忍藩主阿部家史料には、《山崩 并《ならびに》 川付村《の》堤外《ていがい》水押》と記述されているという。水害による山崩れ、これが柿の木地名の発生の有様を語っているようである。

欠《かけ》　地面の欠けた所・崖

〈欠〉は山の端が欠けたところ

山や台地の側面が崩落した所を崖という。今ではガケが普通の言い方だが、地名で見る限り、ガケよりもカケまたはハケが圧倒的に多い。

例によって『郡村誌』から拾い上げてみると、まずは現坂戸市に属する〈欠《かけ》の上《うえ》村〉がある。史料によっては〈欠之上・欠野上〉などの表記もあり、『風土記稿』ではカケノカミと仮名を振っている。

同書は〈欠〉について、《往古は高麗川の岸なる崖の上といいしを、後に転じて今の文字とはなりしとぞ。又、隣村の成願寺《じょうがんじ》村内に欠の下という小名あり。欠というはここに限らず、まま称することにて、後世の崖という名と同じとぞ》と、伝聞風に解説している。《崖の上が転じて今の文字＝欠になった》と言っておきながら、欠の上は《後世の崖という名と同じ》などと、整合性を欠くような説明をしているが、要するに〈欠＝崖〉といっているわけである。『郡村誌』の記す欠の上村には〈ハケ上・ハケ下〉という小名もある。崖をハケというのは関東方言である。

毛呂山町の旧葛貫村《つづらぬきむら》の小名には〈欠《かけ》ノ上〉と〈欠《かけ》の下〉がそろっている。また現入間市の旧二本木村には〈上《かみ》ノ欠上《はけうえ》・上《かみ》ノ欠下《はけした》〉〈中ノ欠上《はけうえ》〉〈下《しも》ノ欠上《はけうえ》〉と、かなり紛らわしい地名が並んでいるが、現地の人にとっては合理的な区画感のあるよび方だったのだろう。

〈欠下《かけした》〉は川越市の旧増形村《ますがたむら》、〈欠下《はけした》〉が入間市の旧木蓮寺村《もくれんじむら》である。木蓮寺村には〈欠淵《はけふち》・西欠淵《にしはけふち》〉もある。〈欠《かけ》の下《した》〉は毛呂山町の旧長瀬村《ながせむら》と、越生町の旧越生村に。毛呂山町には〈欠間《かけま》〉もあった。この〈間〉は入間・石間などのマで、場所を示す接尾語的なもので、〈崖＝

崩れている所〉くらいの意味である。

〈欠折《かけおり》〉は桶川市の旧桶川宿と、さいたま市岩槻区の旧下新井村にある。〈西欠《にしかけ》〉は日高市の旧高岡村、〈欠堀《かけほり》〉が久喜市栗橋の旧島川村にあった。

■古くは〈碊《かけ》〉、江戸期から〈崖《がけ》〉に

これらを見ていくと、ガケ・カケ・ハケは同じ地形を指す言葉とわかるが、〈崖〉の字を使っているのは『郡村誌』の中では秩父郡小鹿野町の〈清水崖《しみずがけ》〉ただ一つである。ただし、入間市の旧下矢《しもや》ケ《が》貫村《ぬきむら》には〈崕淵《がけふち》〉があった。〈崕〉は切り立った険しい崖を表す文字だから、意味に沿った文字を当てていたことになる。

〈崖〉は山の片平が崩れたことを表す表意文字として、カケやハケに当てたのは当を得たものとしても、意味からすれば欠の方がもっと相応しいのではないか。そう思って古典に当たってみると、まさにその通りだった。

平安時代の『和名抄』は〈山の碊道《かけぢ》〉と記し、『今昔物語《こんじゃくものがたり》』(一一二〇頃) 巻五・第四話でも、ある谷を渡ると〈艶ヌ《えもいわぬ》碊《かけ》道《ぢ》有リ〉と語っている。鎌倉期の『源平盛衰記《げんぺいじょうすいき》』(一二五〇頃) では、源義経が一の谷の平家の陣を襲撃するために鵯越《ひよどりごえ》の難所に差し掛かった場面を《流石《さすが》いぶせき碊《かけ》なれば手綱《たづな》を控《ひか》えてやすらえば＝聞きしに勝る険しい崖なので、馬の手綱を引き止めてた

めらっていると》と、同じ〈硴〉を書いてカケと読ませている。

さらに室町時代の国語辞典『節用集《せつようしゅう》』(一四四四頃)や、江戸時代初期の『日葡辞書《にっぽじしょ》』(一六〇三)でも、皆カケである。ガケと書く文献が見えるようになるのは、近世になってからのことである。

八潮市には江戸期から〈垳村《がけむら》〉と名乗った地域がある。〈垳〉の字は、日本で唯一ここの地名に使っている国字として知られていて、綾瀬川から分かれてこの地区を流れ、東京都足立区で中川に合流する川の名も垳川である。〈垳〉の字は、土が崩れて行く意味を表しているのだろう。

八潮市には町名〈垳〉の文字を全国版にした誇りから、有志によって『八潮の地名から学ぶ会』を結成し、これまでに何度も全国に呼び掛けて、『方言漢字サミット』なる研究会を開いている。

意味は垳とも繋がるが、岸壁や山の端が欠けたところだから〈欠〉とは、もっともな言い方だったのである。そうなると、さいたま市岩槻区の〈掛〉地名も、文字はそれとして、欠と同じような場所を言ったものではないかと思える。

明治九年(一八七六)に完成した『武蔵国郡村誌』所載のこれらの地名が、いまどれだけ残っているだろうか。明治以降、次々と山谷が切り開かれ、区画整理や宅地造成が行われてきたために、崖や谷戸《やと》は次第に影を潜めている。カケ地名が削られたり、谷戸地名が埋め立てられたりして宅地化され、それと知らずに家を建てたばかりに地崩れ・地滑り・浸水などの被害に遭ったという話も聞く。もう一度、地名に耳を傾けることの必要を思う。

釜伏峠《かまぶせとうげ》・釜口《かまぐち》・鎌川《かまがわ》・鎌田《かまた》

自然の力が抉《えぐ》ったところ

釜・鎌は噛ま・噛みに通じて

〈釜伏峠〉は〈釜臥峠〉とも書き、大里郡寄居町と秩父郡皆野町にまたがる峠で、標高五三三メートル。中世には鎌倉街道、江戸期には江戸街道・秩父街道として、秩父札所の巡礼道としても賑わった。峠には元釜伏神社を改めた釜山神社がある。

峠の名となった釜伏山には、二つの由来が語られている。一つは、日本武尊が東征の途次、この山頂で粥を煮て遥か故郷の祖神を拝し、釜を伏せて戦勝を祈ったというもの。

二つは、大男のダイダラボッチが担いできたモッコの紐が切れて、こぼれた土がこの釜形の山になったという話である。因みに、もう一つのモッコの土は武甲山になったという。言うまでもなく、二人とも伝説上の人物で、実在はしない。

坂戸市には鎌倉町がある。飯能市には鎌倉峠がある。鎌倉峠は『風土記稿』の頃には鎌倉坂とよんでいた。どちらも古く鎌倉街道が通っていたことによる地名である。

このように〈釜〉というと、鍋釜の丸い形状をイメージし、〈鎌〉と言えばまず鎌倉が浮かんでくるのが、日本人の自然の心情のようである。そして、嵐山町の〈鎌形〉が、かつて村だった頃には〈釜形〉とも書いていたように、カマの発音からは〈釜と鎌〉が交錯するのも、また自然のようである。

この鎌形地区には鎌倉八幡神社が勧請されていて、境内には木曽義仲の産湯の清水と伝えられている井戸がある。地名の由来はこれによると言われれば、大方は納得するところだろう。しかし、一方には近くの川の釜のような深い淵から言ったものとする説がある。

寄居町の露梨子《つゆなし》台地は、地内を流れる〈鎌川〉が谷を深く切り込んで、浸食作用を繰り返して作った台地である。これを鎌川というが、実態に近い文字を当てるならば〈釜川〉だろう。いや、大地を深く切り込んでいるというなら、〈鎌〉でもいいのではないかという声が聞こえそうだが、他の大方の地名の名付け方を見ると、やはり〈釜〉の方らしい。

釜は一般的には釜伏のように釜を逆さにした形をいうのは珍しく、滝壺とか河川の深い淵・窪んだ土地などを釜に見立てて言うことが多い。火山の噴火口や火山湖なども同じ見方で釜と言い、崖の岩穴や小規模な鍾乳洞なども釜と言うことがある。

滝壺や火山の噴火口を釜とよぶのはわかる。しかし、河川の抉れた淵や、崖に空いた岩穴までも釜と言うのは、すこし不自然ではないかと思うところだが、実はカマの語源は〈噛む・噛ま・噛め〉だという。自然の力が噛み切った跡ということになれば、縦にも横にも釜状の跡ができるわけである。

その典型的な場所が宮城県唐桑半島の巨釜《おかま》だろう。海に面した断崖の下で、幾つものそそり立つ巨岩が荒浪に洗われている風景は、まさに自然の猛威が噛み千切った様相である。磐根を洗って湧き立つ飛沫は、釜で煮えたぎる湯とも、釜の下で燃え盛る炎とも見える。

自然と一体の古代人の言葉

古代、人々は自然と一体であり、自然と相対する時には、自然の恵みや脅威を神のなせる業と信じて、そこに神を見た。神話では自然の姿はみんな神である。太陽は天照大神・嵐や台風を起こすのは素戔嗚尊・山を司るのは大山祇命というように。その神々が笑ったり、泣いたり、怒ったり、時には焼きもちを妬《や》いたりと、人間と同じ行動をとっている。それは人間と自然を一体ととらえていたからのことである。

そのなかで人が交流する必要から、地名も生まれたものだが、初歩的な地名は身近な土地の特徴をとらえて言い表す事だった。その頃の狭い生活体験のなかでは、語彙＝言葉数も少なかったはずである。

わずかに生み出した基本的な言葉で、自然現象も表現するためには、それを人間の動作に準《なぞら》えて言う他はなかった。〈噛ま〉も、前項の〈欠け〉も、後に出て来る〈食《は》ま〉なども、今突然に耳にするとやや付会《こじつけ》のように聞こえるかもしれないが、基本的な地形語として、そのような段階で言われ出した地名と考えれば、納得できることだろう。

比企郡ときがわ町の都幾川上流・雲河原《くもがわら》地区《ちく》に〈釜の沢〉がある。奥深い山間地なので、噛み切ったような崖地のある沢か、あるいは抉られたような深い淵のある沢ということだろう。このような所は土石流の危険性をはらんでいる場合が多い。

川越市の宿粒《しゅくりゅう》には〈釜口〉、同市小室《こむろ》には〈釜ノ口〉地名がある。カマとよばれている所への入り口に当たる土地である。カマのある所を言う〈釜場〉は八潮市大曾根と越生町の黒山にある。東秩父村の白石には〈中の釜〉があり、秩父市下吉田・熊谷市妻沼の八ツ口・比企郡小川町の奈良梨《ならなし》に〈釜の上〉がある。〈向釜《むこうがま》〉は熊谷市池上《いけがみ》の地名である。

カマ地名は崩壊・浸食の記憶

坂戸市の今西と沢木地区は、越辺川右岸の低地に隣り合っているが、共に〈鎌田〉の小名をもつ。越辺川の〈噛ま作用〉によって作られた、深田か浸水しやすい場所、または低い崖崩れを指しているのだろう。

毛呂山町の宿谷《しゅくや》は宿谷川の上流の山間地だが、〈鎌《かま》ノ平《ひら》〉という地名がある。土地を知らなければ、平地をイメージするところだが、地名で〈平《ひら》〉というときには、傾斜面を表すことが多い。ヒラは元々、平面であろうと、斜面であろうと、区別せずに、その面を言ったものである。手の平・足の平という言い方もある。したがって、釜の平は釜の沢同様、岩崖の崩壊地という意味と考えられる。

南埼玉郡宮代町の粂原地区《くめはらちく》は、同村が幕末に東・西粂原村に分村したものだが、東には鎌塚《かまつか》谷《や》が西には鎌塚の小名がある。鎌塚は、丸い形の円墳を釜塚あるいは亀塚とよぶ例があるが、ここはどちらなのだろうか。

久喜市の青毛堀川右岸の低地を擁する久喜本《くきほん》には、〈荒鎌〉という地名がある。河川の激しい浸食を思わせる地名である。

荒鎌のイメージから連想するのが、山梨県の〈釜無川《かまなしがわ》〉である。山梨県西部の富士川の上流部。日本三大急流の上流だけに、昔から暴れ川として知られている。この川の氾濫を何とか治めようとして築いた、信玄堤がまた有名である。

急流・激流の暴れ川なら、至るところ噛ま現象が起こり、噛ま跡＝釜がありそうなものなのに、なぜ〈釜無川〉なのか。それは、〈無〉の文字を当てたための誤解であって、本義は〈釜《かま》成川《なしかわ》＝釜を作っている川〉なのである。荒鎌のイメージと一致する所以である。

この例でもわかる通り、元々釜・鎌地名は噛まを語源とするだけに、激しい浸食や崩壊の記憶を示す地名である。その地形をよく見て、それなりの備えをする必要があると言えるだろう。

コラム　男釜淵・女釜淵

秩父市浦山にある渕の名である。二つの渕にはそれぞれ雄の龍と、雌の龍が棲んでいたのでその名がついた。この龍たちはときどき村里に出て悪戯をするので、村人たちは困り果て、武甲山の龍神様に頼んで、二匹の龍をそれぞれの渕に封じ込めてしまった。以来、村は平穏になったので、村人たちは龍神様に感謝して、二つの渕の間の大岩に社を建て、水神様としてお祀りした。今そこにダムができて、諸上橋の真下に見えるノコギリ状の三枚岩が水神岩である。

男釜淵は〈お釜淵〉で、谷川の深く切れ込んだ淵をていねいに言ったもの。それを男とみなして、近くにある淵とセットにして、男釜・女釜とよんだものである。〈男滝・女滝〉、〈男沼・妻沼〉、〈男池、女池〉、〈男神岩・女神岩〉など、人は自然の形象を男女に準えて、セットでよぶのが好きなようである。

亀甲《きっこう》・亀尻《かめじり》・亀尾《かめのお》・亀田《かめだ》

亀は水害による危険地区を示す地名

全国の〈亀〉地名を見渡すと

亀の付く地名というと、知られているのは香川県の〈丸亀市〉や、三重県の〈亀山市〉・京都府の〈亀岡市〉などだろうか。

丸亀市の地名の由来は、戦国末期に領主・生駒親正《いこまちかまさ》が、亀山とよばれる小山の上に城を築き、丸亀城と名付けたことによるという。

三重県の亀山市は、皇大神宮を祀る神の山とか、高い山を指す上山《かみやま》の転とか、亀に似た丘陵のある地、あるいは百済僧が宮廷に献じた三匹の石亀の一つを、この地に放した事によるとか、諸説あるが定まらないという。文永二年（一二六五）、伊勢国の一部の地頭となった関実忠《せきさねただ》が亀山城を築いた。

京都の亀岡市は、江戸時代には亀山だった。明治二年（一八六九）、新政府は伊勢＝現三重県の亀山と紛らわしいとして、ここを亀岡と改称した。亀岡市には明智光秀が築いた亀山城がある。光秀はこの城から出陣して信長を討った。日本の歴史を大きく変えた本能寺の変である。城は明治の廃城令で取り壊され、ほとんど石垣くらいしか残っていないが、史跡として大事に保管されている。しかし、明治の改称以降、亀岡市の亀山城址となってややこしくなった。また、亀山改め亀岡と、三重の亀山に同名の城があるので、前者を丹波の亀山城・後者を伊勢の亀山城とよんで区別している。

埼玉の近くには東京都葛飾区に〈亀有〉がある。古隅田川と葛西川の合流地点にできた堆積洲が、亀の形に似ていたことによる地名という。室町時代以来〈亀無・亀梨〉と書かれていたが、後に〈なし〉は縁起が悪いとして、〈亀有〉に替えたものという。〈梨〉を〈有りの実〉といい、〈スルメ〉を〈アタリメ〉と言い換えるのと同じ、縁起担ぎの発想である。

しかし、〈亀無〉は本来〈亀成＝亀の形を成している洲〉であって、古語としての意味は〈亀有〉だったはずである。これは釜が無数にあるにも関わらず、〈釜無川〉とよぶのと同じである。亀有香取神社に鎮座する、狛犬《こまいぬ》に代わる狛亀《こまかめ》だけは、たぶんこの経過を知っていることだろう。

海のない埼玉にもたくさんの亀地名が

このようにいろいろとおもしろい話題をもつ亀地名だが、実際には、あまりおもしろいとばかりは言っていられない、亀の付く地名が県内にはたくさんある。『郡村誌』記載の村と小名だけでも、亀地名はざっと見て三〇か所ばかり。海のない県に、なぜそんなに亀が関わっているのだろうか。

それを探るために、その地名と場所の特徴を列記してみると、〈亀甲〉の小名が次の五か所。その位置には一つの共通点があった。
○川越市小室＝新河岸川と入間川の間の低地。
○深谷市深谷＝唐沢川左岸の荒川扇状地の突端と利根川氾濫原の接する所。
○東松山市大谷＝北部比企丘陵の狭長な谷間。溜め池が多い。
○比企郡吉見町黒岩＝荒川と市野川の間の低地。
○川島町戸守《ともり》＝戸森。都幾川と越辺川の合流地点にできた自然堤防の後背湿地帯で、しばしば水害を受け、氷川神社を祀る。
共通点は低地・湿地帯であること。つまり、水に関係がある。亀ならそれは当然と思うのは早とちりであり、そこからしばしば民間語源説と言われる、浦島太郎伝説などと結びつけた、とんでも話が生まれることになる。

〈亀尻〉が四か所。それとほぼ同義と思われる〈亀尾〉が三か所。地名につく〈尻〉は、例えば〈井尻・池尻〉などのように、その出口・末尾・終わる所を表し、〈尾〉も語調を調えるための単なる接尾語の場合と、尻と同義の場合とがある。この地の共通点はと、並べてみると……。

○亀尻・加須市川口＝古利根川の河口。
○亀尻・久喜市下早見＝備前堀川の左岸の低地。
○亀尻・久喜市鷲宮上内《うえうち》＝中川右岸の沖積地。利根川の洪水でしばしば被害を受ける。
○亀尻・久喜市栗橋河原代《かわらだい》＝中川と利根川間の沖積地。川原沿いの地。
○亀尾・川島町角泉《かくせん》＝入間川左岸。古くは渡船場があり、水手船村《かこせんむら》と称したが、慶安元年（一五四八）に角泉と改称。入間川や越辺川の氾濫でしばしば水害を受ける。
○亀の尾・川島町北園部《きたそのべ》＝越辺川と市野川の間に位置し、市野川の決壊によりしばしば被害を受け、氷川神社を祀る。
○亀の尾・川島町上八ツ木《かみやつぎ》＝市野川・荒川・越辺川の間。氷川神社・雷電神社を祀る。

〈亀〉は水辺の災害地名

これらの地域も亀甲地域と全く同じ条件をもっている。こうなると、亀地名は東京の亀有を含めてすべて、前項の釜地名と同じく、〈噛む・噛ま・噛め〉から発したものと思えてくる。洪水や越水によって、その土地が激しく噛み取られた＝浸食されたことを示しているのである。

現在は河川改修が進んでいて、元の河流の形が変えられている場合が多いが、特に水害が起きやすい河川の蛇行していた所にこの名が多い。

○亀田・幸手市下川崎＝大落古利根川左岸の沖積地。利根川の洪水でしばしば水害を受けた。
○亀田・幸手市千塚《ちづか》＝中川右岸の沖積地。権現堂川の洪水でしばしば被害を受けたほか、利根川の洪水では甚大な被害を受けた事もある。宝性院池など大きな池があった。
○亀田・富士見市上南畑《かみなんばた》＝新河岸川と荒川に挟まれた低地。古くは難波田と書いたが、この名によってしばしば洪水の被害を被るとして、安永元年（一七七二）幕府に願い出て南畑と改称した。

こうなると、この場合の〈田〉は田んぼの事ではない。場所を示す〈処《と》〉の転じたものと考えられる。〈この処《と》⇩こな処《た》〉・〈その処《と》⇩そな処《た》〉・〈あの処《と》⇩あな処《た》〉という変化である。なお、この場合の〈の⇩な〉という助詞の変化は、大豆を挽いた黄色い粉〈黄の粉〉⇩〈黄な粉〉・浜に近い〈浜の湖〉⇩〈浜な湖〉というように、法則的な変化である。

総じて亀の付く地名は、水による災害を示唆した、災害地名と言えるようである。ただし、〈亀塚〉・〈亀山〉というと、〈丸山〉のようにぽっこりと盛り上がった小高い場所や、円墳をいうことが多い。〈石亀〉もその形状を言ったものだろう。

同じ亀地名でもその場所を見て、災害地名か、そうでないかを判断する必要がある。

久下《くげ》・久下戸《くげど》

県内に四か所、波飛沫《なみしぶき》を被《かぶ》る土地

熊谷直実が〈久下〉の領地争い

中世には久下郷《くげごう》といい、江戸時代になってからは久下村、明治以降の町村合併によって、大字になっても〈久下〉の名を残している所が、県内には四か所ある。

熊谷市〈久下〉は荒川左岸に沿った地域である。秩父山地から北流してきた荒川は、熊谷の荒川扇状地の扇端部に突き当たって、突然屈曲して南東に向かうのだが、その辺りから河床の勾配が緩やかになるために、この地域では有史以前から何度も乱流を繰り返して、幾筋もの派流を作り、流路を変える流れに翻弄されてきた。

大袈裟ではなく、市内の大部分の土地は、荒川の旧河川敷と言えるほどである。今の市街地を流れる忍川《おしかわ》や星川《ほしかわ》も、時には荒川の主流となり、また派流になるなど、洪水のたびにここでは流路を変えていた。

今よりやや北側を流れていた荒川の河流は、久下・佐谷田の辺りから行田を目指し、そこから南東に向かって、吹上～鴻巣～川里～菖蒲～桶川～蓮田～白岡～岩槻と、埼玉平野を蛇行しながら、その間に幾つもの支流を集めて、越谷で利根川と合流し、さらに乱流を繰り返しながら、江戸湾＝現東京湾に注いでいた。

江戸に幕府を開いた家康は、舟運の整理と、定まらぬ周辺耕地の安定化、さらには新田開発の推進を図って、利根川と荒川の分離を計画した。

命を受けた関東郡代＝関東地方の代官頭《だいかんがしら》・伊奈備前守忠次《いなびぜんのかみただつぐ》は、承応三年（一六五四）に、まず利根川を銚子沖に流す工事に成功。続いて次男・忠治《ただはる》が久下で荒川を遮断して、入間川筋へと流路を変えて、現在の荒川を成立させたものである。久下～越谷間の水路を元荒川と称するのはそのためである。

久下地区の下手の地域は〈新川〉といって、その経過を示す地名になっている。現在の久下・新川の対岸は〈屈戸《くつと》〉・〈津田新田〉・〈中曽根〉など、やはり河流の遍歴を示唆する地名である。

それだけに両岸共に水害の常襲地で、治水には苦労している。〈久下橋〉のある辺りには古くから〈久下の渡し〉があり、それは昭和三〇年（一九五五）まで続いていた。同年、県道二五七号冑山熊谷線《かぶとやまくまがや》になってから、長さ二八二メートルの一部コンクリートの冠水橋ができたが、幅二・七メートル、重量三トンの狭い橋だったので、車はすれ違いができず、対岸の対向車の様子を見ながら渡らなければならなかった。

互いに譲り合って渡るので、いつしか「おもいやり橋」の名が付いた。今の橋は、平成一六年（二〇〇四）の埼玉国体に合わせて、その前年に完成したものである。

熊谷には熊谷《くまがい》次郎《じろう》直実《なおざね》という鎌倉武将がいた。今の市内の熊谷寺《ゆうこくじ》の辺りに居館を構えていたというが、歴史上有名な割にはあまり広い領地を有しない、地方の小豪族だったらしい。というのは、直実が熊谷郷の地頭であるのに対して、市内からあまり離れてもいない久下には、久下郷の地頭・久下《くげ》権守《ごんのかみ》直光《なおみつ》がいた。

直実の母は直光の妹で、二人は伯父・甥の関係にあったが、『吾妻鏡』建久三年（一一九二）一一月二五日の条によると、境界問題で争い、頼朝の面前で対決している。結果は、頼朝が直光に有利な判定をしたために、直実はその場で剃髪《ていはつ》して出家してしまう。

法然《ほうねん》の弟子になり、蓮生《れんせい(れんしょう)》と名乗って京都東山で修行を重ねたが、よほど頑固な性格とみえて、出家してからは、西方浄土《さいほうじょうど》に尻は向けられないと言って、京都から熊谷に帰るときには、馬に後ろ向きに乗ってきたというエピソードを残す。

久下には直光の城館跡と伝える場所もあることから、地名の由来は、律令下の地方長官の居所をいう〈郡家＝クゲ・グウケ〉に久下の文字を当てたとする説がある。当時、領主や豪族たちは歴史的な権威を保つために、古代の官庁所在地に館を構えることが多かった。

だが、もう一つ、この辺りが激しい氾濫を繰り返すので、崩壊を意味するクケを久下の文字で表したとする説があるという。

四つの〈久下〉は皆、川の畔

飯能市〈久下〉は、名栗方面から北流してきた入間川が、ここで大きく湾曲して、流れを東方に転換する地点の外側に位置している。その点では、熊谷の久下と全く同じ構図である。氾濫時には流れが激しく岸を洗ってもみ合うために、河原は広くなっていて、今もここだけ流れは二流になって、中洲を作っている。

ここを熊谷と同じく久下とよぶのは、偶然ではないような気がするほどである。

川越市にあるのは〈久下戸〉である。〈久家土〉とも書いた。新河岸川と荒川に挟まれた低地である。現状でいえば、新河岸川の左岸であることには変わりないが、荒川というより、びん沼川の左岸で大きくS字状に湾曲した内側にあるといった方が正確である。

ただ、今のびん沼川はかつての荒川の流路だった。この辺りで蛇行を繰り返す荒川は、しばしば氾濫を起こして住民を苦しめていた。特に明治四三年（一九一〇）の大洪水は広範囲に甚大な被害をもたらしたので、これを機に流路を直線化する、大規模な改修工事が行われた。それによって、直線化から一部切り離されたのが、びん沼川である。

川越市古谷本郷《ふるやほんごう》で切り離された流れは、川越～さいたま市～富士見市の市境を通って、南畑配水機場でポンプで荒川に戻されるまで、約六キロの流路をもち、放水路と調節池の役割を担っている。

ここも、熊谷市の久下・飯能市の久下と、ほとんど同様の地形と条件をもっていることがわかる。

四つ目の久下は、加須市にある。ここも会《あい》の川《かわ》＝古利根川が作った右岸の自堤防とそこに続く低地である。古利根川に面しているという点では、これまでの久下に一致するが、河川状況が変わっているためか、今見た限りでは他の三地区のような極端な河川が湾曲している様子はない。

しかし、地域全体がカゾという通り、本来は〈川洲〉である。元禄期頃から新田開発が進み、生産石高が上がったので〈加増〉といったのが〈加須〉になったと説く『風土記稿』の説や、宗教施設に由来を求める説などが、今に唱えられている向きもあるようだが、ならばそれ以前にはどんな地名だったのか。

小名や小地名を見ても、水や河川に関するものばかりともいえるこの地域が、川須・川洲でなかったはずはない。基本的な地名は、まず地勢・地形から起こるものである。そんな事を背景にして、この久下も前記三か所の久下と、同様な位置付けと考える。

久下は白鳥の古語ククヒに似た地名

ならば、クゲとはどんな意味を表しているのか。四か所の共通点からして、熊谷の郡家説は当てはまらない。崩壊地名のクケに由来するというのは、説得力がありそうな気もするが、そのクケという言葉を私は知らない。用例としてどこの地名が挙げられるのだろうか。

陸地をいうクガの転化？とも考えてみた。常に川波に洗われ、地先を浚《さら》われるところで、最も陸地を意識させられる場所である。それとも、渡し場の陸地《くが》か。それもいいなとは思うのだが、熊谷の他に渡し場があったという記録はない。

いろいろ試行錯誤して、私が行き着いたのは、古語の〈潜《く》く〉である。現代語では〈潜《くぐ》る〉だが、古語ではカ・キ・ク・ク・ケ・ケと活用する、その〈潜《く》ケ〉である。意味は〈水に潜る・波を被る〉ことである。例を挙げれば、〈鵠《くぐい》〉＝白鳥は水に潜るからクグイ＝古語ではクヒと言った。

古語の四段活用の動詞が地名になるときには、例えば〈噛む〉が〈噛め＝亀⇩亀尾・亀ヶ岡〉・〈欠く〉が〈欠け＝欠け⇩欠けの上・東欠け〉となるように、既にそうなっているという確定条件を示す已然形が、そのまま名詞的に使われることが多い。〈潜け〉もその例である。

そこが湾曲しているために、河川の激流が突き当たって波飛沫《なみしぶき》をあげる土地、特別に波をかぶる土地が〈潜《く》け〉＝久下という地名になった所以であるというのが、私の結論である。この見方は次の項にも関連する。

なお、もしかしたら、「崩壊地名のクケ」説とは、この〈潜ケ〉の事だったのだろうか。

久々宇《くぐう》

川端の水を被《かず》く土地

近隣の仁手《にって》や島地名にヒントが

久下地名の由来を考えているとき、本庄市の利根川縁に〈久々宇〉という地名があることに気づいた。江戸から明治にかけては一村を成していた。ここは烏川が利根川に合流する地点に位置するため、川の氾濫に常に悩まされていた。

特に隣接する〈仁手《にって》〉地区＝旧仁手村・上仁手村・下仁手村は、烏川の洪水による瀬替わりのために、上野国《こうづけのくに》に属したり、武蔵国領になったりしたという、水路に翻弄された歴史をもつ地域である。それによってできた、仁手の〈本島・中島・上中島〉、上仁手の〈西島・砂島〉、また下仁手の〈堤外〉などの小字がその様子を物語っている。

〈仁手〉は、秩父郡皆野町と東秩父村を繋ぐ〈粥仁田峠〉・群馬県のネギで有名な〈下仁田町〉などと同様に、湿地帯を表す地名である。ニタはヌタ・ノタともいって、猪が横たわって体をくねらし、その泥土で、身体に付いた虫を取り除く湿原は、ノタといい、その動作をノタクルという。料理のネギヌタなどもそれである。ぬらりとした底土が特徴の、〈沼《ヌマ》〉も同根の言葉である。二つの川に挟まれた仁手は、土地の特質をよく表した地名といえる。

〈久々宇〉地区は、仁手の上手に当たり、やはり烏川の氾濫原に位置している。戦国時代から見える地名というが、その地名の由来について、『本庄市の地名』(本庄市教育委員会)は、《ククヒ(くぐい・鵠)からきたもので、それは白鳥の古い呼び名といいます。北側を利根川が流れることから、昔は白鳥がたくさん飛来した土地で、そこからついた地名かも知れません》と、ある本の説を紹介しながら、肯定的な所見を記している。

地区内の小名にも続々と手掛かり

久々宇地内の小字は、上手から〈砂畑《すなはたけ》～河原畑《かわらはたけ》～桑畑《くわはたけ》〉と連なっている。いずれも河川の乱流が造成したことを示す地名である。砂畑・河原畑はいうまでもないが、〈桑畑〉も、文字は仮借したものであって、これは河流によって土地が崩潰した事を示す地名である。

前記の本は、《桑が多く植えられていたことに因むと思われますが、砂石が多い地質で、米の栽培には適さず、桑苗はよく育ったことから、早期に桑が植えられていたものと思われます。養蚕が早くから行われていたことを窺える地名です》と述べているが、桑畑というと、これが一般的な受け止め方である。まして養蚕が盛んな土地であれば、尚更に、このように解釈するのは当然ともいえる地名である。

しかし、地名の漢字表記は多くが音の仮借であるために、その由来を考えるときに、その漢字に捉われてはならないという事は鉄則である。〈桑畑〉などはその代表的な例であり、全国的に〈桑・鍬〉などのつく地名を求めると、ほとんどが桑園などとは無関係な、海岸や渓谷沿いの崩壊・崩潰した岩場や崖地などに集中している。

そのことは、『民族地名語彙事典《みんぞくちめいごいじてん》』（松永美吉・日本地名研究所編　ちくま学芸文庫）が詳述しているので、多くは触れないが、同書は身体が痛むことをいう〈クワル〉という語から、土地がクワルとは決潰することとして、その代表的な事例に、宮城県女川湾の〈唐桑半島〉や、佐渡島の両津湾南岸の半円形に崖をめぐらした〈入桑〉などを挙げている。また、クワは鍬と書くこともあるとして、岩手県宮古湾岸の〈崎鍬ヶ崎〉の例を示している。

この〈クワ〉は〈クワル〉もさることながら、私は〈崩《く》え〉とか〈剞《く》る〉との関わりの方が深いのではないかと思っている。いずれにしろ、桑が文字通りでないとすれば、〈畑〉も意味をなさなくなる。〈砂畑・河原畑・桑畑〉と川沿いに並んだ畑が、本来の畑でなかったとしたら、何を意味するのだろうか、という事になる。思うに、それは〈端《はた》〉である。本書〈大畑〉の項や〈旗下〉の項で述べているように、崖縁《がけふち》や河川の縁《へり》をいう端に〈畑・旗〉をつかっている例はよく見るところである。

そう見れば、この三か所の畑は、〈砂地の端《はし》〉・〈河原端《かわらばた》〉・〈決潰地の端《はし》〉という、危険予知地名ということになる。

そのような、河川の荒波を幾度となく被った地域を、包含する地名としての、〈久々宇〉のよび方は、これはもう川波を被る土地として、〈潜《く》く〉に由来するという他はないだろう。『本庄市の地名』が紹介している、《白鳥の古い呼び名、鵠《くくひ》からきた》とする発想は、これに近いものがある。この場合、白鳥が来たかどうかは問題ではない。鵠と同系の言葉ということを、白鳥が飛来したと読み違えると混乱が生じる。

なお、久々宇の〈宇〉は、語調を調えるために、地名によく付けられる〈生《う》〉の別字で、語素ともいうべきものであって、特に意味はなく、敢えて言えば土地とか場所を指すものである。

コラム　視目坂《みるめさか》

国道二九九号線が群馬県方面に向かって、秩父の市街地を抜けたところに、視目坂という坂道がある。視目の文字に引かれて、見晴らしのいい坂などの解説もあるが、この坂はなだらかなカーブの内側に家が建っていて、むしろ見通しはよくない所である。

坂の側面の崖を覆う石垣の上に、こじんまりとした神社が見える。もしかしたら焔魔堂か。だとすると、閻魔庁にあって、やってくる亡者の罪業を見極め、嗅ぎ分けるという、〈見る目・嗅ぐ鼻〉の俗信に基づく地名ではないかと、期待をもって地元の方に聞いてみたが、祭神は視目大権現というだけでよくわからないが、焔魔堂ではないという返事だった。

そうなると、ここは荒川の河岸段丘の三段目で、滝の上という地名の通り、段丘の側面から豊富な水が湧き、昭和の年代までは、それを利用して水車を回していたところもあるくらいだから、〈視る＝水流《みる》〉と解釈するのが妥当ではないかと思われる。

私が子どもの頃には、まだその坂道は舗装もされず、側面の切通したままの崖のあちこちから水が噴き出していた。神社を訪ねて、久しぶりにそこを歩いてみると、やはり石垣の間から水があふれていた。正に水流《みる》の坂《さか》である。

視目のメは場所を表すマである。入間・石間・笠間など、居間・床の間などの〈間〉なのだが、〈視る〉に引かれて〈目〉になったと考えていいのではないか。なお、深谷市の旧川本町にも、見目古墳群《みるめこふんぐん》で知られる、〈見目・見目下〉という地名がある。

熊谷《くまがや》・鳩ケ谷《はとがや》・越谷《こしがや》

似た所と違う所と

鎌倉武将の大熊退治

〈熊谷〉といえば、鎌倉時代に活躍した武将・熊谷次郎直実の名が浮かぶ。熊谷市の出身で、今、JR熊谷駅の駅頭に鎧兜に身を固めた、乗馬姿の直実のブロンズ像が立っている。

熊谷の地名の謂れについて、一番流布しているのは、平安時代の末期にこの地に居住した、平《たいらの》直貞《なおさだ》＝直実の父親が、里人を悩ます大熊を仕留めた事によるというものである。このように、有名な人物の業績を以て地名の由来を説く例は各地に見られるが、それはほとんど俗説に過ぎない。もし、そうだとしたら、それ以前は何と言ったかという説明が、なされなければならない。その人物が新しく開拓した土地ならともかく、人が住んでいながら、それまで地名がなかったはずはないのだから。

また、クマガヤを茅が生い茂る地とする説もあるという。しかし、これは地名の音からの発想に過ぎないだろう。この辺りは常に荒川の乱流によって水浸しになる湿地帯であるために、葦が生い茂るならわからないでもないが、茅が地名になるほど繁茂する地帯とは思えない。

熊谷地名を考えるとき、福井県丹生郡《にゅうぐん》越前町の熊谷《くまだに》が、古くは〈隈谷〉と書いたという事が参考になる。加えて、兵庫県篠山市の熊谷《くまだに》地名が、山間部の屈曲した谷の地形を言ったものと、説明されていることが挙げられる。

熊谷は隈谷・曲川で、川が大きく曲がったところ

クマは辞書を引くと、〈隈・曲〉などの字が出てきて、《道や川などが湾曲して入り込んだ処》と説明している。

そういえば、〈阿武隈川《あぶくまがわ》〉・〈千曲川《ちくまがわ》〉など、〈隈・曲〉の字の付いた川があるが、いずれも河筋は大きく曲がりくねっている。千曲川などは千回も曲がる川と書いているが、日本で最も長い河川であるだけに、その形状はまさにその通りである。

地球温暖化のせいと言われているが、ここ数年、九州地方の豪雨による河川氾濫がしばしば伝えられる、熊本県の〈球磨川《くまがわ》〉や佐賀県の〈六角川《ろっかくがわ》〉なども、文字は〈球磨・角〉であるけれども、意味は〈隈・曲〉に類するものだろう。〈六角〉の〈角〉はカドとも読むように、曲がる事である。

実際、二〇二一年の六角川の氾濫で、大町町の順天堂病院が水浸しになった場所は、テレビでも大きく報道されていたが、その川筋が大きくカタカナのコの字型に湾曲している内側である。

先ほどの平直貞は、熊谷の領主になったので熊谷を名乗った。直実は二代目の領主である。当時、武将は領地を得ると、その地名を姓のように名乗る習慣があった。だから〈熊谷ノ次郎直実〉と、所有の助詞といわれるノを入れる。

熊谷が〈隈谷〉だとすると、何を以て隈とするか。それは荒川の流れである。この地域は、北に向かってきた荒川の流れが、急に南東に向けて屈曲する地点である。現在の荒川が、市域で屈曲する直前に架かる熊谷大橋の長さは、一一六四メートル。コンクリートの橋では全国一の長さである。これをみても、河原の広さがわかろうというものだが、秩父の山岳地帯から段丘を刻んで、深い渓谷美を誇りながら流れてきた荒川は、傾斜の緩い平野部に入ると次第に川幅を広げ、この橋の上流部から事あるごとに乱流を繰り返して、広い河川敷を作ってきた。

大橋の右岸の橋のたもとは〈押切《おしきり》〉、市の中心街に入る左岸の地名が〈広瀬《ひろせ》〉というのも、その辺りの川の様相を物語っているが、広瀬のさらに市街地に寄った地域は〈石原《いしはら》〉というとおり、古くはその辺りまで荒川が直流し、そこから屈曲した流れは現在の市街地を南東に向けて流れていたのである。

いうまでもなく〈石原〉は、荒川が運んだ大小の川原石が、広く厚く堆積している地域である。荒川は、ここで突然捻じ曲げられる地形上、有史以前からこの地域では特に暴れ川となって、洪水のたびに乱流を繰り返してきた。それが〈隈谷⇩熊谷〉の地名になった所以である。

〈鳩ヶ谷〉と〈熊谷〉の違い

なお、〈鳩ケ谷市〉は中にケが入り、〈越谷市〉も市になる以前には〈越ヶ谷〉と書かれたこともあったが、〈熊ヶ谷〉と書くのは見たことがない。〈谷〉はガヤとは読まないのだから、本来なら熊ヶ谷と書くはずなのだが、慣習的に〈熊谷〉が定着し、〈越谷〉も今はそれが市の公式な書き方となっている。

さらに、市の公式名称はクマガヤだが、苗字になるとクマガイとなる。直実もそうよばれている。もっと雑に言えば、クマゲエである。これもよく話題になることだが、そう言えば、鳩《はと》ケ谷《がや》や越谷《こしがや》はハトガイ・コシガイとは言わない。

これも慣習的なもので、言い易さの問題である。秩父郡小鹿野町に〈八谷《やがい》〉という小字がある。地元ではヤゲエで通っている。文字で言えばヤガヤのはずだが、言いにくいからだろう、ヤガヤとは誰も言わない。もう一つ〈大谷《おおがい》〉という地名がある。オオゲエと約《つづ》めた言い方はするが、オオガヤとは言わない。文字からは離れてしまっても、慣習になってしまうと、違和感は失せてしまうものとみえる。

次に熊谷・鳩ケ谷・越谷・深谷など、埼玉県内には〈谷〉の付く地名が多く見られる。〈深谷〉は荒川と接する部分もあるが、主に利根川との関係の深い地域で、その水脈によって、文字通り深い谷を刻んでいる土地を表す地名である。

〈越谷〉の越は〈腰〉か、川越の〈越〉か

〈越谷〉のコシは〈腰〉の字を当てることもあるが、主に交通上の峠をもつ山や丘陵の麓をいい、〈谷〉は山の麓や、扇状地などの湿地帯を指す。越谷市は、平安末期に〈古志賀谷〉の記録が現れ、〈腰ヶ谷〉と書かれたこともあり、その名は、元荒川に面した沖積台地の麓の低地に、村落ができたことに由来すると言われる。

しかし、この地域は、江戸初期までは利根川と荒川が合流する地点で、常に氾濫を繰り返した事にも、注目する必要があるのではないか。そこから下流の江戸湾に注ぐまでの流路も、低地のために乱流を繰り返し、耕地も定まらないので、江戸幕府を開いた家康は、この河川の整備を命じた。

文禄三年（一五九四）、命を受けた関東郡代・伊奈忠次は、江戸川に注いでいる利根川を、今の茨城・千葉両県境の関宿《せきやど》から東へと瀬替えして、現在の利根川の流路を作り、銚子から太平洋沖に流す工事に成功した。所謂〈利根川東遷《とねがわとうせん》〉だが、完成したのは承応三年（一六五四）の事だから、実に六〇年の歳月を要する大工事だった。これによって舟運は便利になり、新田開発は大いに進んだことは言うまでもない。

その後、荒川も寛文六年（一六六六）、現熊谷市久下で流れを西に移し、入間川〜隅田川を通じて、江戸湾に注ぐ流路に変更＝〈荒川西遷《あらかわせいせん》〉したが、今でも越谷市内で、元荒川と大落古利根川＝中川とが合流して、昔の痕跡を残している。

このような地域の地形的特性から見ると、〈越谷〉は入間川を越える〈川越《かわごえ》〉や、加須市から浅間川を越えて下総国に渡る地区の〈大越《おおごえ》〉＝旧大越村と同様な命名法と考えてもいいのではないか。

戦国時代には〈越谷郷〉の名が見え、大郷であったために、江戸期には一部の文書に〈越ヶ谷村〉と書かれているが、主に〈越ヶ谷町〉と称していた。明治二二年（一八八九）市町村制施行時には、多くの村が合併して新しい町村ができたが、〈越ヶ谷町〉は単独の町として続行した。

明治九年（一八七六）の記録では戸数五九五戸、人口二七五〇人だったが、同三三年（一九〇〇）の大火で町の大半が焼失している。昭和二九年（一九五四）に、近隣八村・二町で合併して〈越谷町〉となり、さらに昭和三三年（一九五八）に市制を敷いて〈越谷市〉となる。なお、〈越ケ谷宿〉は、大沢町＝現市内大沢地区を助郷宿とした、日光街道の第三の宿場としての名称である。

栗生《くりう》・栗原《くりはら》・栗崎《くりさき》・栗橋《くりはし》・栗坪《くりつぼ》（暮坪《くれつぼ》・崩坪《くえつぼ》）・栗谷瀬《くりやぜ》

自然の力が刳り抜いた所

〈栗生《くりう》〉か〈栗生《あわう》〉か

埼玉県にある栗の付く地名を挙げてみると、栗原が多く、次いで栗坪・栗崎・栗尾・栗の木が複数あり、あとは栗橋・栗谷・栗ヶ谷戸・伏栗・栗谷瀬が一か所ずつである。次に代表的なものとして、明治の町制施行前の栗地名の村の所在地と、地元で語られている地名の由来について見ておこう。

〈栗生〉鎌倉初期の建久二年（一一九一）の文書に見える村名だが、その後の応永一七年（一四一〇）の文書には、同所と思われる土地が栗生郷と書かれていて、現坂戸市栗生田《あおうだ》周辺に比定されている。明治九年（一八七六）発行の『武蔵郡村誌』には、〈栗生田村〉として記載されているが、その小名に〈栗ノ木〉が見えることからも、元は栗生村ではなかったかと思う。栗生がいつの間にか栗生になったのは、文字の書き間違いがそのまま定着したものと考えられる。庶民がほとんど文字などに縁のなかった時代には、往々にして起こったことである。次に挙げる新座市の栗原地名にも、同様な事が起こっているようである。

こうなると、栗生田地名の謂れをどんなに追究しても、見当ちがいな答えしか出ないことになる。地名の研究では、その地名に当てた文字が元からのものなのかを調べることが大切であると共に、表記された文字に捉われて推測してはならないと言われる所以である。

新座市・黒目川右岸の低湿地に旧〈栗原村〉がある。片山県道の交差点の信号名にもなっている。慶長二〇年（一六一五）大坂夏の陣で戦功を挙げた旗本・木村勝元《きむらかつもと》が、《武蔵国新倉郡栗原村》の二〇〇石を宛行われたという記録があり、この《栗原村》は《栗原村》の誤りだろうと言われているという。

久喜市・青毛堀川左岸の低地から自然堤防上に位置して、ここにも旧〈栗原村〉があった。

小名に中島・河原・久保間がある。

〈栗〉地名は川縁の低湿地に集中

〈栗崎〉は、本庄市・本庄台地が小山川の堆積地に連なっているところ。戦国時代の記録に見える。地名の由来は川の中に座る岩礁によるという。

〈栗橋〉久喜市栗橋・古代・中世まで利根川・渡良瀬川が乱流していた低地で、渡良瀬川を挟む武蔵国と下総国との境も時々移動していた地域である。地名は、『風土記稿』によると、慶長年間（一五九六～一六一五）に、下総国栗橋村の農民がここを開拓して移住し、新栗橋村と称した事に由来する。栗橋の語源は〈刳り船の橋〉と説明されている。

〈栗坪〉日高市・高麗川の右岸に位置し、主要地方道の川越日高線の丁字路の信号名にもなっている。『風土記稿』は地名の由来について《村名の起こる所はさだかならねど、当村の栗は名産にして、是を坪内に貯れば、翌年仲春＝春の三カ月の真ん中・陰暦二月に至りても其《そ》の味変わらざれば、それより起こりしならんという》と。

さて、これらの栗の付く地名を並べてみると、その土地が共通して川辺りの低湿地であることに気付く。これは偶然とは思えない。その点を考えるとき、栗橋の語源とされている〈刳《く》り舟《ぶね》〉がヒントになる。刳り舟とは、丸太を刳り抜いたもっとも原始的な舟で、別な言い方をすれば舟の原型である。

刳り抜く・刳るとは、硬いものを刃物などで抉《えぐ》って穴を空けることである。太い丸太を刃物で抉ったのが刳り舟なら、洪水が川辺りの土地を強い力で抉って浚《さら》い取ることを、昔の人は濁流が刳ると見たのではないか。

刳る現象が自ら起こる事をいう自動詞は〈くえる〉。文字を当てれば〈崩える〉で、今風に言えば〈崩《くず》れる〉である。硬い土地や岩盤を水などの力でクリ抜いたり、そういう所が自然にクエたりしてできた石ころを礫《くれ》という。

断崖絶壁がクエル＝崩壊すると、大小の礫ができる。クレはゴロゴロしている擬態やガラガラという擬音から、地方や人によってはゴロ・グリ・グラといい、あるいはガラ・ガレなどといって、グリは一般的に通用する建設用語にもなっている。登山用語では、そうした岩石がゴロゴロと積み重なっている場所をガレ場という。

箱根山の噴火によって溶岩が折り重なっている強羅《ごうら》温泉《おんせん》の名は、このゴロの変形である。川で魚群を寄せるために、川底に石を積み上げることを、ゴウラを積むとか、ゴウロを積むというのもこの類語である。

〈栗〉は自然の力で刳り抜いた所

クリは、こうした現象を起こすクルという動詞の連用形が、そのまま名詞になったものである。そこで紹介したいのが、秩父郡皆野町の荒川に架かる栗谷瀬橋である。町の総合センター辺りから県立皆野高校方面をつなぐ橋で、昭和三八年（一九六三）に完成したこの橋に替わるまでは、栗谷瀬の渡しといって渡し舟でつないでいた。

明治一七年（一八八四）の秩父事件の折には、ここで舟を操っていた舟頭が、「暴徒」と間違われて警官に殺害されるという悲劇の歴史を残す。

この栗谷瀬という地名は、橋の上部に当たる右岸に座る大岩に空いた穴に由来する。岩の近くに駒形神社があるが、この岩の穴は駒形の神が乗った白馬の蹄《ひづめ》の跡と言われている。昔の人にとっては、硬い岩に空いた穴は不思議で、神秘的なものに見えたのだろうが、これこそまさに荒川の流れが刳り抜いた穴だったのである。

クリ地名を表す典型的な自然の造形だったのだが、惜しい事に、その大岩は橋に付属する歩道橋を作るときに爆破されて、今その岩は六つほどに分割されたかたちになっている。

急流の川底の比較的軟らかな岩の窪みに挟まった石には、流れの渦によって回転してその部分を円く削る作用がある。時と共に穴は大きくなるが、それを甌穴《おうけつ》とよんだり、ポットホールといったりして、栗谷瀬の辺りには幾つもある。

俗に亀穴ともいうが、すぐ下流の長瀞町には日本最大といわれる甌穴がある。長瀞の急流が刳り抜いたものだが、口径は一・八メートル、深さは四・八メートルにも達する。昔は、この穴は地獄まで続いていて、その底では鬼がこの釜で飯を焚いていると、信じられていたということである。

そんな事も含めての栗＝刳り谷瀬地名だと思われる。なお、山形県辺りでは、海底の岩穴をクリとよんでいるというが、これも栗谷瀬の岩の穴と共通している。

地名は範囲が広がったり狭まったり

新座市と久喜市の栗原地区だが、どちらも河川に沿った低湿地である。栗原といえば、宮城県に栗原市がある。ここは陸奥国栗原郷《むつのくにくりはらごう》といって、大変古くからある地名だが、地理的には栗駒山の麓から発する、二迫川《にのはざまがわ》と三迫川《さんはざまがわ》に挟まれた丘陵地帯で、常に川の浸食があり、また、過去の大地震で大規模な山崩れの形跡のあることから、名付けられたものと言われている。

因みに、栗駒山は残雪の駒の形から駒形山とよばれていたのだが、後に近くの駒ケ岳と区別するために、栗原郷の栗をつけてこの名にしたものという。

なお、地名にも消長があり、時代の流れでその名の地域が縮小したり、拡大したりすることがある。『延喜式』に中村郷と記された現秩父市の中心地辺りは、平安から鎌倉時代にかけて、関東武士団の中でも高家といわれた秩父氏の発祥の地であり、次いで関東八平氏の一つに数えられた丹党中村氏の拠点として栄えたが、大宮郷となってから次第に縮小し、今では市の一つの小名としてその名を止めるだけになっている。

対して、栗原市の場合は、市内栗駒町栗原がその名の由来を止めている地域と目されるが、開発によってその地名の範囲が拡大されて市の規模ともなると、もはやその謂れとなる痕跡は、どこにも見当たらない地域の方が広くなることになる。

秩父市久那の栗原地区は扇状地として荒川に広がり、荒川の浸食を受けて時々氾濫を繰り返す土地だった。久喜市の栗原地区の小名の〈中島・河原・久保間〉のどれをとっても、河川が作った土地ということを示している

熊谷市妻沼の栗原地区は利根川の、上尾市中妻と沖の上の栗原地区は鴨川左岸の畔。新座市の栗原は目黒川沿い、坂戸市長岡の栗原は越辺川右岸の低湿地である。こう並べてみれば、栗原地名が刳る・刳りからきた地名であることは明らかである。

本庄市の〈栗崎〉は、川の中にでんと構える岩礁によるというのも故《ゆえ》なしとしないが、もう一つ考えられるのは、本庄台地の突き出ているところが、小山川に常に曝《さら》される〈刳り先〉ではないかという事である。

蓮田市閏戸《うるいど》の栗崎は見沼代用水沿いの地区で、隣接する〈湿気《しけ》〉という地名がその風土の特

徴を語っている。熊谷市の旧〈江南町〉は文字通り〈江＝荒川〉の南に位置する町だが、この栗崎も荒川右岸の〈押切〉＝川が暴れて堤を押し切る土地の近くである。

〈栗橋〉の由来は《刳り船の橋》という説明。なるほどとは思いながらも、これは橋に重きを置いた付会ではないかという思いが強い。それをいうなら舟橋の方が自然である。古い地名はたいがい地勢・地形やその現象を示すものが多く、ここは河川の乱流によって常に陸地が洗われ移動している土地なので、〈刳り端〉とよんだのではないかと思うのだが、どうだろうか。

〈栗坪《くりつぼ》〉が〈暮坪《くれつぼ》〉・〈榑坪《くれつぼ》〉・〈崩坪《くえつぼ》〉に

〈栗坪〉。日高市の栗坪は、高麗川に沿った低湿地だが、慶長二年（一五九七）から延享年間（一七四四〜四七）まで幕府の直轄地として高麗陣屋が置かれ、市立てもあって賑わったという。

入間郡越生町の越辺川近くの小名にも栗坪がある。ここは室町時代・文安四年（一四四七）記の寺への寄進状に見える栗坪の地と比定されている。小名としては深谷市に合併する以前の旧川本町にも栗坪地名がある。ここは隣接地の名が〈渕の上〉であることが示すように、やはり荒川に沿った低湿地である。熊谷市三ヶ尻にも栗坪がある。

秩父市の下吉田にはこれと似た〈暮坪〉という地名がある。先に述べたようにクリとクレは類語である。ここは吉田川に面していて、吉田川の氾濫によって時々被害を受ける土地であり、数年前にも家屋が再建不能なほどの浸水被害を被っている。比企郡ときがわ町椚平《くぬぎだいら》には〈榑《くれ》坪《つぼ》〉があり、ときには〈暮久保《くれくぼ》〉と書かれていた。

奥秩父と称する山深い秩父市大滝には、刳るの自動詞の崩《くえ》をつかった〈崩坪《くえつぼ》〉地名がある。ここは文字通り地崩れの激しい所である。

このように並べてみると、栗坪もやはり刳り地名であることがわかる。河川に面していて、洪水時にはいつも地先が刳り削られている土地、と解することのできる地名なのである。

なお、〈坪〉は、古くは壺とも書いたところから〈つぼむ〉と同根の語と考えられ、本来は周りを囲まれて少し低くなっている所を指した。〈暮坪〉はまさしくその名の通りの地形である。

因みに、古代の条里制では、条＝縦・里＝横で区切った区画面積・一町＝約一・二ヘクタールの土地を言う用語だったが、平安時代からは塀や垣根で囲まれた一区画や中庭を指すようになり、転じて宮中の部屋をも言うようになった。『源氏物語』の〈桐壺〉や〈藤壺〉が有名だが、やがてはその部屋に住む女房や女官をよぶ局《つぼね》という言葉を生み、これは後には上流階級の女性を尊んで言う言葉にもなっている。

現代の土地面積の単位では、坪は約三・三平方メートルとなっているが、地名用語としては漠然とした小地域を指す言葉となっている。

深谷市上増田地区《かみますだちく》には、〈居立坪《いたちつぼ》・原坪《はらつぼ》・北窪坪《きたくぼつぼ》・西浦坪《にしうらつぼ》〉など坪地名が集中してあり、同市原郷にも〈新坪《にいつぼ》〉があった。

前述の日高市の暮坪について『風土記稿』は、《栗を坪内に貯えれば》味は翌春まで変わらないと言っていたが、この〈坪内〉は、芋などを貯える室《むろ》＝土穴の事である。

秩父郡小鹿野町飯田地区の〈栗尾〉は裏山が地滑り警戒地区であり、秩父市大滝の落合地区の〈栗尾沢〉は、山の急傾斜を流れる沢である。地名の〈尾〉は、主としてその地域の末を意味する接尾語的な語である。

〈栗谷《くりや》〉は飯能市下加治地区にある地名。〈栗《くり》ケ《が》谷《や》戸《と》〉は比企郡ときがわ町五明《ごみょう》地《ち》区《く》にある小地名。両者とも栗尾沢とほぼ同じ地名である。なお、〈谷戸〉は〈谷津・谷地〉ともいって、平野の小さな谷や沢・台地や山の谷の入り口・扇状地の湿地帯などを指す関東方言で、埼玉の小地名としては最も多く使われている地名用語である。（**本書『谷戸・谷津・谷』の項参照**）

〈栗ノ木〉は坂戸市粟生田地区と、飯能市平松地区にある小地名。地名の末尾につく〈木〉は、ほとんどが場所を表す〈処《こ》〉の転化したものであって、そこに何かの木が存在するわけではない。

なお、秩父市内に〈伏栗〉、同市大滝地区には岩崖の多い山岳地帯だけあって、〈栗山《くりやま》・栗木立《くりのきだち》・栗木畑《くりのきばた》〉など、クリ地名がたくさんに見られる。栗山は実際に栗の木の多い所や、栗を植栽した山の場合もあるが、栗山畑の畑《はた》は端《はた》であって、崖や崖っぷちを表すものである。〈栗山〉は比企郡小川町にもあり、秩父郡長瀞町には〈下栗《しもくり》〉がある。

花栗《はなぐり》・間久里《まくり》・金栗《かなくり》

〈刳り・捲り〉で激流による崩壊地名

〈花栗〉＝〈端刳〉・〈間久里〉＝〈捲り〉

草加市に花栗町がある。綾瀬川と毛長川との間の沖積地に位置していて、明治二二年（一八八九）の町村制施行前までは花栗村だった。昭和の一時期には安行花栗と称したこともある。〈花栗〉とはきれいな名だが、地名として分析すれば、〈端刳《はなくり》〉ではないかと思う。地名の〈花〉は〈端〉に通じることは、「花ノ木の項」に詳述してあり、〈栗〉はたいがい〈刳り〉に由来することは、前項で述べたとおりである。

〈間久里〉は〈真栗〉を連想させるが、越谷市にある地名。上間久里・下間久里とあるが、〈蒔里〉とも書いて、元は一村だったという。地域は中川右岸の沖積地に位置する。〈間久里〉はどうみても音を表すだけの当て字だが、〈蒔里〉も、何を蒔くというのか漠然としていてわからない。どうも、これも当て字と考える他はなさそうである。

旧県史では条里制の遺名と言っているというし、地域に生い茂っていた真菰に注目している説もある。〈マコモの里〉が〈マコ里《り》〉となってマクリに転じたというが、マコリはいかにも取って付けたような言い方である。

私が注目するのは、宝永三年（一七〇四）以前のこの土地の位置である。当時この地区は元荒川の曲流地点にあったが、この年、道路改修が行われて元荒川から離れることになったという。当然、マクリはそれ以前に付けられた地名である。

元荒川の曲流部の土地をマクリと言えば、前項の〈刳り＝栗〉の意味で〈真栗〉と思ったのだが、もっと適切なのは〈捲り〉である。捲りとは渓流や河川が氾濫して付近の草木を巻き込み、土石流を起こすことである。

腕捲り・裾捲りは巻き上げるのだが、自然現象としての捲りは、水や岩石・倒木などが上から勢いよく転げ落ちることである。人為的には捲り落とす。『太平記』には、山上の城を攻めた《大手《おおて》ノ寄手千余騎《よせてせんよき》》が《谷底へ皆マクリ落サレ》た場面がある。《大手ノ寄せ手》とは、城の正面に攻めてきた軍勢である。

山の傾斜面に植えた杉林などを伐採する。残された根は数年後には枯渇して保水力を失い、大雨でも降ると一斉に土石を巻き込んで崩壊現象を起こす。これを秩父ではネコマクリと言った。〈根っこ捲り〉である。

元荒川の時代には大規模な河岸整備など思いもよらず、あったとしても土堤を築くくらいなものだったので、各地に〈押切〉や〈水越〉という地名があるように、あちこちで氾濫を起こしていた。それが曲流部ともなれば、洪水は上流から運んできた根っ子や倒木などを、そこに突き当てたり、滞らせたりしながら、思うがままに沿岸の土地を捲り流していったことは想像に難くない。

私はこれを考えていると、行田市の利根川沿岸の〈酒巻《さかまき》＝逆巻〉や、深谷市をはじめ各地の土石流の記憶を残す、〈蛇喰《じゃぐい》・蛇崩《じゃぐえ》〉の地名などが浮かんでくる。〈花栗＝端剞〉にしてもそうだが、動詞の連用形をそのまま名詞にした地名には、自然の激しい動きを表現したものが多い、という事に気づかされるのである。

熊本の〈金栗〉は〈曲栗〉か

ついでに、栗で思い出されるのは、マラソンの父と言われている金栗四三の姓である。金栗は熊本県生まれ。明治四五年（一九一二）の第五回ストックホルムオリンピックのマラソン競技に日本代表として出場し、競技途中で日射病にかかって棄権する。帰国後、その反省から、選手の強化のために箱根マラソン大会を呼びかけて、今日の隆盛の基礎を作ったことで知られ、福岡国際マラソン大会の優勝杯にも金栗賞の名が付いている。

金栗姓の発祥の地は熊本県北部の和水町《なごみまち》とか、福岡県みやま市瀬高町《せたかまち》の字金栗とも言われていて、どちらにも中世に金栗姓の人名が記録されているという。

金栗の語源は、普通に考えれば鉱山や、その採掘に由来するものとなるが、もう一つ考えられることは、〈曲栗〉ではないかという事である。建築用具の曲尺《かねじゃく》のカネである。曲尺は直角に曲がっていることから、地名でいうカネはしばしば曲がっている地形を表す。それに準《なぞら》えれば、金栗地名は曲り谷の崩壊地を表す事になる。

金栗姓の発祥の地とされる地域にそれという鉱山でもあれば別だが、該当する場所がないとすれば、曲栗の方が妥当ではないか。それが金栗となったのは、〈曲〉の字を避けて、嘉字である〈金〉の字に換えたものと考えられる。

小手指《こてさし》・指扇《さしおうぎ》・反畦《そりまち》・夏内《なつち》・秋焼《あきやき》

焼き畑農業の記憶をとどめる地名

都市部に残るサシ地名

〈小手指《こてさし》〉は所沢市内の地名。西武鉄道池袋線の駅名にもなっている。古くは〈小手指ヶ原〉といって、鎌倉街道沿いの土地で、『太平記』記すところの、数次にわたる小手指ヶ原の合戦で知られている。

南北朝時代の元弘三年（一三三三）、倒幕の旗を上げた新田義貞《にったよしさだ》が、上野国《こうづけのくに》＝現群馬県の新田荘を出発したときは、手勢わずか一五〇騎だったが、追い追い駆け付けた加勢の武士たちによって、小手指河ヶ原に着いたときには、《二十万七千余騎、甲《かぶと》を並べて控えたり》と、かなり大げさだが、『太平記』はそう記している。

一方、知らせを聞いた幕府方は、十一万騎を二手に分けて小手指ヶ原で対峙《たいじ》する。五月十一日の朝八時頃の事だった。互いに手勢を入れ替えながら日に三〇度も合戦を繰り返したが、一進一退の状態で決着がつかずに、押したり引いたりしながら、新田勢は一七日までに、幕府軍を府中市の分倍河原《ぶばいかわら》まで押し戻していた。因みに、『太平記』はここを〈分陪河原〉と書いている。

それまでに幕府方にも徐々に援軍が加わっていたが、このとき幕府方に一〇万の援軍が到着した。両軍がかなり兵を失い、互いに疲れきっているところへ新たな援軍を得て、明日こそ大勝利で決着をと安心しきった幕府勢は、一八日の明け方、義貞軍の奇襲によって壊滅する。室町幕府が滅びたのは、それから四日後の事だった。

まさに天下分け目の合戦の火ぶたを切ったのが、小手指ヶ原であり、激戦の地だっただけに、今でも遺跡や伝承がたくさん残っている。ところで、この地名の謂れはというと、まずは日本武尊の東征伝説から始まる。

尊がここの神社で戦勝を祈願して、籠手《こて》をかざしたので、〈小手指〉だという。古戦場の重い歴史に比しては、まことに他愛ない話で、それなら尊の赴く所、どこでも籠手指になってしまうのではないか。

小手指に次いで知られている指地名は、〈指扇〉か。さいたま市西区の、大宮〜川越を結ぶＪＲ埼京線の駅名にもなっている。サシは日の当たる傾斜地、オギは崖とか低湿地の意味で、傾斜地の裾の低湿地とする説が、ほぼ定説になっているようである。

サシ・サスは焼き畑農業用語

現代では全く影をひそめてしまったが、山村では戦後まで行われていた、焼き畑農業の用語であるサシ・サスは、実態とともに忘れられて久しい。例の『風土記稿』の編纂に秩父を担当した幕府の役人でさえ、サスは焼き畑をいう秩父の方言だと記しているくらいだから、ムリもない事だが、焼き畑農業が盛んだった山国秩父には、サス地名がたくさん残っている。藤指・大指・小指・高指というように、場所の特徴や位置や広さなどを示した語に、サスを付けるのが、サス地名の一般的なよびかたである。

『太平記』も小手差ヶ原と書いているように、サスは〈指〉とも〈差〉とも書いたので。地名もそれが混在している。よび方も、人によってサシだったり、サスだったりというほどに併存している。

畑という字が示すように、原始的農業は焼き畑から始まった。そこに生えている樹木を伐り払って、火を点ける。〈伐畑《きりはた》〉ともいうが、それは伐り払う事に主眼を置いた言い方である。それに対してサスは火を点《さ》すことに重点を置いたもの。因みに、〈桐畑〉など、桐の付いた地名はほとんどが、〈伐畑〉だったと思っていい。

畑の肥料といえば、金肥が出回る昭和の頃までは、草を畑に敷き込む〈刈敷《かりしき》〉、俗にカッチキといったが、それと人糞尿しかなかった。『風土記稿』では、山村の畑の肥料について〈糞〉の字にコエ＝肥えと読み仮名を振っている。

町場には、農村からわずかな野菜などを代償に、肥桶《こえおけ》を積んだ荷車を引いて人糞を汲みに来た。江戸や阪神などの大都市には、川や運河を、人糞を買い付けるいわゆる汚穢船《おわいぶね》が往復した。江戸の裁判記録には、長屋の大家と店子が、糞尿代の分け前を巡って争った例が幾つもある。

平野部ではそうした肥料を使うことができても、高い山までそれを運ぶことはできなかったので、そこの肥料は焼き畑の灰に頼る他はない。そこで肥料を要しない蕎麦の栽培が中心となる。粟・稗・小豆や芋類を作ると、三年もすると地力が落ちるので、三〜五年の周期で土地を休ませる。

サシ・ソリが都市部で消えた訳

その休耕地をソリという。〈反〉と書くのが一般的だが、川越市の〈反畦《そりまち》〉や行田市犬塚の

〈反町《そりまち》〉・川島町の〈曲町《そりまち》〉など、いろいろな書き方が見える。この場合のマチは場所を表すのだが、秩父市伊古田その他に、〈反待〉と書いている例が幾つもある。

山梨県辺りではソウリと発音するそうだが、雁坂峠をはさんで山梨県と接する秩父市大滝地区には〈中《なか》っ双里《そうり》〉・〈鎌双里《かまぞうり》〉など、〈双里〉と書いた地名が多いのも興味深い。

休耕地は三～五年もすると雑木が伸びるから、再び焼き畑になる。数か所で交互にそれを繰り返すのだが、肥料の供給が可能な平地では、一度畑にしてしまえば、毎年作付けすることができる。平野部に焼き畑地名が少ない由縁である。

ただ、少ないのは、初めからなかったという事にはならない。農耕形式が変わった事と、都市化が進んだ事により、そうした小地名が消え去ったという事である。

慶安五年（一六五二）付の『小鹿野上郷検地水帳《おがのかみごうけんちみずちょう》』が残っている。そこにはソリ・コソリ・コソリマエ・ソリマなどの地名が並んでいる。上郷は現在の小鹿野町の中心部に当たるところなので、検地以降にここが町家として発展したものらしく、今ではその名はすっかり忘れられている。

因みに、小鹿野村は江戸中期頃から、上・信・甲州からの繭と生糸の集積地となって栄え、明治二二年の町村制施行時には、川越町に次いで県下二番目の町になっている。

秩父地方ではお盆の頃に赤とんぼが飛び出すと、「蕎麦《そば》蒔《ま》きトンボが飛び出したから」と言って、秋蕎麦を蒔く準備をした。そのための夏の焼き畑を〈夏地《なつち》〉と言った。秩父市大滝・小鹿野町河原沢・東秩父村などにこの地名が残るが、越生町の〈夏内《なつち》〉もこれである。東京都に属するが、多摩川の源流・奥多摩町には、〈夏内〉と書く地名が三か所ほど見える。

また、奥多摩町には〈秋焼〉と〈秋切〉という地名がある。小鹿野町河原沢にも〈秋焼〉がある。これらは秋に行われた焼き畑地を、二つの言い方で表したものである。

耕地《こうち》

新田開発した地域に集中する耕地名

〈耕地〉は〈部落〉と共に集落の代名詞

私は幼い頃から〈耕地〉と〈部落〉という言葉に馴染《なじ》んでいた。それは集落のことで、小字《こあざ》とか小名《こな》ともいうと知ったのは、かなり後のことである。それを集落と意識したのは、私の生家が山里で、数キロ先の両神山麓で行き止まる県道からも外れた、小さな谷に沿った孤立した集落だったからである。集落の名は柏沢《かしわざわ》といった。

その頃、山村の集落の子どもたちは閉鎖的で、排他的な意識が強く、事あるごとに餓鬼大将に率いられて、隣の集落の子どもたちと争っていた。川を隔てて隣接する耕地は大平《おおたいら》といった。

両者を隔てる薄川《すすきがわ》は深く谷を削っていて、互いの距離は一〇〇メートルくらいはあったのだが、向こうの県道に大平の子どもたちが現れると、互いに大声で悪口を投げかけ合って、それがエスカレートすると、石を投げ合った。届きはしないのだが、敵愾心《てきがいしん》をむき出しにして投石し合ったものである。

長じて、同級会などで話してみると、どこの耕地でもそんな風だったという。だから、橋を渡って隣の町に入るときなどは、同じくらいの年齢の子ども集団に出会いはしないかと、ビクビクしながら行ったものである。

だが、よび合う時には、柏沢・大平であって、柏沢耕地とは言わなかった。耕地は部落と同じく集落名の代名詞で、あの部落とかこの耕地とよんでいた。

耕地という言葉はいつ頃から使われ出したのか。幾らも読んでいるわけではないが、私が知る限りの古典では見たことがない。幕末の書物の記事に考証・論評を加えた、小山田与清《おやまだともきよ》の『松屋筆記《まつのやひっき》』(一九〇八)に《耕地、田畑の打《うち》つづきて見ゆる所をこうちというは、いつばかりの俗語なりけん》とあるところから、どうも江戸末期から民間で使われだしたらしいことがわかる。

文学では江戸・天保期の人情本『春色梅児誉美《しゅんしょくうめごよみ》』(一八三二)に、《耕地を通る商人の声》として、おそらく初めて登場するが、これは田畑の間に家が散在する集落を通る、振り売りのよび声を言ったものである。

〈○○耕地〉は六四〇か所も

例の『郡村誌』を見ると、小名に○○耕地と、わざわざ耕地を付けている所が、およそ六四〇か所もある。県内でも圧倒的に多いのは東部地域で、ほとんどの数はそこに集中している。特に江戸期の越谷宿をはじめ、粕壁から羽生にかけての当時の村の小名の末尾に、すべて耕地を付けて、〈○○耕地〉と称している村が六三か所もある。

明治以後その村々は何度も合併を繰り返していて、現時点ではあまりにも地域が広くなってしまったので、昭和の時点での市町村名で数えてみると、羽生市が八四か所、北川辺町七二、白岡町五四、蓮田町八〇、春日部市六七、越谷市六四と、耕地名はこの辺りに集中していて、他は図（本書一四七ページ『小字○○耕地名の数』）で見る通りである。

この図の中でも白紙の行政区がかなりあり、日常的に集落を耕地とよんでいた秩父地方にも、ほとんどそれがないのが不思議なほどである。秩父では国道二九九号線の正丸峠に近い旧定峰村に〈上耕地・中耕地・下耕地〉があるだけで、児玉・本庄地区にも唯一、美里町に同様の三耕地名が見えるだけである。

わずか二〜三の耕地名がある地域でも、小川町は〈上耕地・下耕地〉、鳩山町では〈中耕地・下耕地〉、寄居町では〈南前耕地・北前耕地〉というように、位置や方角を示して、対《つい》になっているものが多い。

耕地名が集中している東部でも、岩槻市内にある旧蓑輪《みのわ》・本宿《ほんしゅく》・金重《かなしげ》の三村や、春日部市の上大増《かみおおまし》・下大増《しもおおまし》村は、共通して〈東耕地・西耕地〉だけに、蓮田市内の旧江ヶ崎村も〈上耕地・下耕地〉に二分されているだけである。

新田開発地に多い〈耕地〉名

ここから見えてくるのは、江戸期に新田開発が進んだところほど、耕地名が多い事である。これはある時期に一斉に新田開発地の整理が行われて、その時に耕地名が付けられていったという事ではないだろうか。上下、東西、前後などの整然とした耕地名が各地にある事などが、そう考えることを後押ししてくれる。

ただし、耕地名の採用は村の意向に任せたものらしく、それがある村とない村とが歴然としているという事実がある。それは、もしかしたら、『郡村誌』を編集するときに村の小字名を上申した、それぞれの村役人の書き方によるものだったのかもしれない。

また、秩父市の旧太田村には古い小名に混じって〈上組・中組・下組〉があり、熊谷市妻沼の旧俵瀬村《たわらせむら》は〈い通〉から〈を通〉まで、村内を〈い・ろ・は〉順に一二区分に分けている。東部の吉川市の旧関新田村《せきしんでんむら》は〈一番耕地〉から二番・三番と続けて、やはり〈一二番耕地〉ま

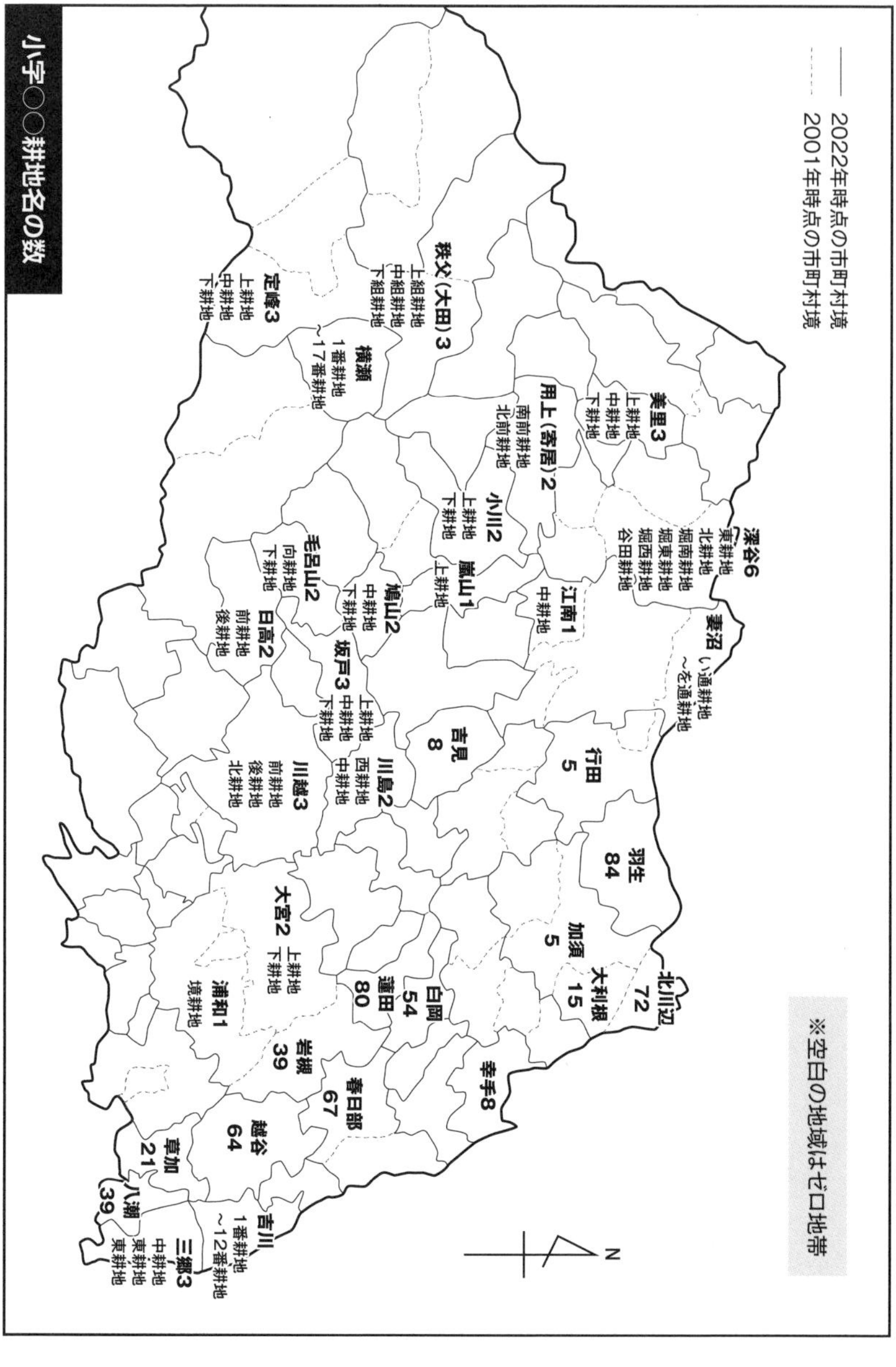

小字○○耕地名の数
2022年時点の市町村境
2001年時点の市町村境
※空白の地域はゼロ地帯
N
秩父（大田）3
上組耕地
中組耕地
下組耕地
定峰3
上耕地
中耕地
下耕地
横瀬
1番耕地
～17番耕地
美里3
上耕地
中耕地
下耕地
用土（寄居）2
南前耕地
北前耕地
小川2
上耕地
下耕地
深谷6
東耕地
北耕地
堀南耕地
堀東耕地
堀西耕地
谷田耕地
嵐山1
上耕地
江南1
中耕地
毛呂山2
向耕地
下耕地
鳩山2
中耕地
下耕地
日高2
前耕地
後耕地
坂戸3
上耕地
中耕地
下耕地
妻沼
い通耕地
～を通耕地
吉見
8
行田
5
川島2
西耕地
中耕地
川越3
前耕地
後耕地
北耕地
羽生
84
加須
5
大利根
15
北川辺
72
大宮2
上耕地
下耕地
浦和1
境耕地
蓮田
80
白岡
54
岩槻
39
幸手8
春日部
67
越谷
64
草加
21
八潮
39
吉川
1番耕地
～12番耕地
三郷3
中耕地
東耕地
東耕地

での区分。秩父郡横瀬村では、『風土記稿』記載の小名のほとんどが現在でも通用しているにも関わらず、一番耕地から十七番耕地までの区分になっていて、他の小名は一つも記載されていない。

これらを見ても、ある時期に、一斉に、このような耕地名の整理が行われたことが覗《うかが》えるのである。そのように推測する以上の資料を、私は何も持ち合わせないのだが、あるいは、これを説明する史料があるのかもしれない。御存じの方があったら、ご教示願いたいものである。

塩沢《しおざわ》・菱田《しおた》・土発田《しほった》

塩《しほ》は菱《しほ》の当て字で狭い土地

〈塩〉は旧仮名遣いでは〈シホ〉と書いた

〈塩沢〉は秩父市大滝・秩父郡小鹿野町薄《すすき》・比企郡嵐山町鎌形などにある地名。飯能市の旧前ケ貫《まえがぬき》村について、『風土記稿』は《この村の異名を塩川と唱《とな》う。前ケ貫村と唱えるよりも還《かえっ》て能《よく》通用せりという。按《あん》ずるに、村内に塩川と言える寺あるが故にや》と記している。要するに、前ケ貫村は塩川という寺があるためか、塩川村と言った方が知られているという事である。

熊谷市の旧江南町には、江戸期から明治にかけて、〈塩村〉があった。そこにある〈正木沼〉

の意味は〈塩気沼〉だろうか。

塩の付く地名は、塩分を多く含む土地とか、鉱泉質の水の湧くところなどと説明されることが多い。実際、秩父市の道の駅・大滝温泉は、塩分を多めに含んでいるので体は温まるが、出るときに上がり湯を掛けないと、肌に塩気を感じるほどである。小鹿野町小森の〈川塩〉には、かつて鉱泉宿もあって、僅かながら鉱泉質の水が湧いていた。

一方、行田市の旧南河原村の馬見塚《まみづか》には〈萎田《しほた》・士発田《しほった》〉という地名がある。この辺りは妻沼低地の東部に位置していて、古代の条里制の水田遺構がよく残されている地域だが、萎田・士発田辺りは急に地形が狭まり、通常の整然とした条里がとれない、いわゆる彦田となっている。

シオ・シボは絞《しぼ》る・凋《しぼ》む・萎《しぼ》む・萎《しお》れること。あるいは絞った結果にできる皺《しぼ》という意味である。皺は今では普通シワだが、織り方の技法によって作った布の凹凸や、皮に加工した凹凸の伝統的なよび方は、〈皺《しぼ》〉である。昔の人の見方は自然に対しても同じで、窄《すぼ》まったり、狭《せば》まったりした地形をシボといったものと思われる。

〈萎田《しほた》〉は文字通りその状態を表し、〈士発田《しほった》〉はシオタを旧仮名づかいで書いたシホタに、好感度の文字を配しただけのことであろう。なお、秩父郡横瀬町には、土地の人がシボ沢とよぶ小さな沢がある。普段は獣道と見まがうような、山襞《やまひだ》を伝う涸れ沢だが、これこそは本来の意味を残している〈萎沢〉だろう。

そのように見ると、各地にある〈塩沢〉や秩父市寺尾の〈塩谷《しおのや》〉などは、多くの場合、萎《しお》沢《さわ》・萎谷《しぼのや》ではないかと思えてくる。

昔は仮名文字に濁点を打ったり、〈ん・ン〉の字を書く習慣がなかったので、シボ沢はシホ沢と書いた。そのために、話し言葉もシホ沢となったと考えられる。

古語の「本意《ほんい》なし＝本意ではない」は、『枕草子』（一〇〇一頃）や『源氏物語』（一〇〇八頃）などに、平仮名で「ほいなし」と、〈ん〉を抜いた形でよく使われているが、それが話し言葉にもなって、秩父では「ほいねぇ」という方言として残っている。

〈塩〉も旧仮名づかいではシホである。そこからシホ沢に塩の字が当てられ、いつしかその意味は忘れられ、文字に引かれて塩分の強い土地などと解釈されることになったのではないか。

〈塩川〉＝〈萎川〉なら〈馬具錆〉＝〈馬草場〉

『風土記稿』がいう、前ケ貫村の異名〈塩川村〉について、地元には平将門《たいらのまさかど》にまつわる地名伝説がある。《天慶の頃、将門が青梅《おうめ》の三田で乱を起こしたとき、これを討つために、藤原秀《ふじはらひで》郷《さと》と共に立ち上がった平経基《たいらのつねもと》は、ここ大蓮寺辺りの川縁に陣を張った。

ところが、一夜にして武器や馬具が錆びてしまった。特に馬具の錆がひどかったので、そこを〈馬具錆《ばぐさび》〉とよび、川の名は塩川と名付けられた。地元ではこれを〈ショーガッ川〉とよび、今も農具の錆が早いという》。

『風土記稿』のいう《塩川と云る寺》とは、《塩川にある寺＝塩川の寺》のことで、大蓮寺の通称だったのだろう。〈ショーガッ川〉は〈塩ケッ川〉。今なら、塩川が塩分を含んでいるかどうかは、分析すればすぐにわかる事だが、もし特別に塩分は検出されないとすれば、それはやはり〈萎川〉になるのではないか。その場合、〈馬具錆《まぐさび》〉は〈馬草場《まぐさば》〉の転という事になるのかもしれない。

蛇崩《じゃぐえ》・蛇久恵《じゃくえ》・蛇田《へびた》・蛇喰《じゃぐい》

土砂災害は大蛇の仕業

水を司る蛇と龍

〈蛇喰・蛇崩〉とは、見るからに奇妙な恐ろしげな地名である。〈蛇久恵〉はどうやら、その意味を薄めるために〈喰・崩〉を好字の〈久恵〉に置き換えたものだろう。

『常陸国風土記』の行方郡《なめかたぐん》の項に、山裾の芦の生い茂る湿地帯を切り開いて田を作ろうとしているところへ、《夜刀《やと》の神《かみ》》が群れ集まって妨害しようとした話がある。そこで、開拓主は山と田の境界に標《しめ》を立てて、互いの領地を認め合うならば、神社を建てて夜刀の神を祀ろうと約束すると、蛇は山に帰って行った。いま茨城県行方市の玉造町《たまつくりまち》にある夜刀神社がそれだという。〈夜刀《やと》＝谷戸《やと》・谷津《やつ》〉で、〈夜刀の神＝蛇〉である。田んぼを作るような湿地帯には、蛙や水辺に棲む昆虫がたくさんいるから蛇も多い。当時の事だから、裸足で行う田作業には、これは神社に祀り込んで祈るほど脅威だったのだろう。

蛇は田作業の邪魔をするばかりではなく、実は田んぼに不可欠な水を司る神だったのである。その代表的な話が、『記紀』に出てくる八岐大蛇の神話である。稲が実る頃になると、山からのたうちながら出てきて、田んぼを呑み込む八つの頭を持った大蛇。これは、最近、梅雨時や台風が来たときにテレビでよく見るところの、堤防を押し切った洪水が幾筋もの流れになって、一気に田畑に流れ込むあの情景である。

『日本書紀』では、国作りをした夫婦神の女神・伊弉冉尊《いざなみのみこと》が火の神を生み、その火に焼かれて死んだため、男神・伊弉諾尊《いざなぎのみこと》が火の神を斬り殺したときに、その剣から滴り落ちた血から、水を司る神・靇《おかみ》が生まれたとしている。靇＝龍神＝仏教と共に渡来した龍王で、高靇《たかおかみ》が山頂で、暗靇《くらおかみ》が谷底で水を司ることになる。

中国文化の影響で、オカミの名は次第に忘れられ、専ら龍神が主役になって民間に広まり、雨乞いなどの対象になっている。源実朝《みなもとのさねとも》が、《時により過ぐれば民の嘆きなり八大龍王雨止《や》め給《たま》え》と詠んだのもその一つである。八大龍王は『記紀』の八岐大蛇である。

しかし、雨を司る神としては、親神の伊弉諾・伊弉冉に太陽の役を与えられた天照大神とともに、水神の役を命じられた素戔嗚尊を祀る雷神が中心になって、龍神の方は専ら雨乞いなどの民間信仰行事や、民話・伝説などのなかで広まり、活躍しているようである。

水害を予告する蛇地名

大雨による山崩れを〈山抜《やまぬ》け〉と言った。同じことを〈蛇抜《じゃぬ》け〉とも。大蛇が山を崩したと考えたのである。蛇抜けは〈蛇崩《じゃぐえ》〉とも言った。今では山などが崩壊することを、一般に〈崩《くず》れる〉というが、古語では〈崩《くえ》る〉が主だった。

東京都目黒区の中心になった目黒地区は、『風土記稿』が編まれた頃は上・中・下の目黒村に分かれていて、戸数は合わせても僅か三二四戸しかなかった。それでも村としては大きい方である。上目黒村の中程を流れる目黒川に、村内で合流する小流があった。その名が〈蛇崩《じゃぐえ》川《がわ》〉。『風土記稿』は《うけかひがたき説なり＝肯定しがたい説である》と断ったうえで、《古《いにしえ》、此処《このところ》より大蛇出《いで》て土地崩れしより、名付しと》と伝聞を記している。

肯定しがたいのは勿論《もちろん》のことだが、古人はそう信じていた。自然の猛威に接して、そう信じる他はなかったのだろう。秩父市太田部には諏訪神社の霊験譚《れいげんたん》として、山崩れから村人たちを救った話が伝えられていた。

《いつになく続く梅雨の大雨に困り果てた村人たちが、諏訪神社に集まって雨止め給えと祈ると、さしもの雨もぴたりと止んで青空がのぞいてきた。村人たちが喜んでいると、そこへ見慣れぬ老婆がやって来て、「蛇喰《じゃぐえ》が来るぞ。皆の衆、早く諏訪の窪に逃げるがいい」と言うなり、ふっと消えた。村人はこれは神のお告げに違いないと言って、手分けして村中に触れ回った。

村人が一人残らず諏訪の窪に集まったとき、突然、地鳴りがして裏の山が膨《ふく》れ上がったと見るや、すさまじい音を立てて崩れ出した。土煙を上げて滑り出した土砂は、家も畑も巻き込んで下の谷川へとなだれ込んでいった。

真っ青になって、震えながらその様子を見ていた村人たちは、これはお諏訪様が老婆の姿になって出て、私たちを救ってくださったのだと言い合って……》。

このような話は各地に伝えられているに違いない。『郡村誌』の中にも、私がざっと見ただけでも、蛇の付く小名が一二か所ほどあった。幾つか挙げてみると、〈蛇喰《じゃぐい》〉が深谷市の小山川流域の岡下地区に、同市の利根川筋に位置する北阿賀野地区には、〈蛇久恵《へびくえ》〉がある。所沢市の狭山湖に近い堀の内には〈蛇崩《じゃくずれ》〉があり、朝霞市の黒目川右岸の膝折《ひざおり》地区《ちく》には〈蛇久保《へびくぼ》〉がある。

熊谷市の荒川左岸沿いの平戸には〈蛇田〉があり、八潮市内で隣接する大曽根と大原地区には〈蛇田耕地〉という小名があった。これは『常陸国風土記』の例のように、蛇がたくさんいる田んぼともとれるが、ともに河畔の地域だけに、洪水が土地を浚《さら》っていくことを言ったものと考えた方がいいだろう。ほぼ同じような意味だろうが、吉川市八子新田の方は〈蛇畔耕地《じゃくろこうち》〉である。

また、新座市大和田には〈蛇口〉が、深谷市小山川左岸に沿った上手計《かみてばか》地区には〈蛇島〉がある。私が小学生のとき、学校でよく連れて行ってもらった、学校にほど近い川原を〈蛇木〉と言った。村を流れる薄川と、小森川の合流地点で、大水の時には、二つの流れがぶつかり揉み合って、周囲の土地を削るので、河原は広くなっていた。これは正に大蛇の浸食である。〈蛇口・蛇島〉も、このような場所や、このようにしてできた堆積地などを表現しているものではないか。

先人のメッセージを大切に

蛇地名というと思い出されるのが、平成一一年（一九九九）の豪雨による〈蛇崩〉で甚大な被害を受けた、広島県の安佐南区八木《あさみなみくやぎ》地区《ちく》の土砂災害である。かつては八木蛇落地悪谷《やぎじゃらくじあしや》と言ったという。地名伝説は、戦国時代のこと、八木城主が山を根城に悪さをする大蛇を退治したところ、その首が舞い上がってこの地に落ちたとする。この伝説に基づいた〈蛇王池《じゃおういけ》〉があり、傍らには由来を刻んだ石碑が建つ。地元の神社には、大蛇を退治した城主の傍らを、激流が迸《ほとばし》る様子を描いた絵馬もあるという。

伝説や池の名前と絵馬などは、地名と共に、この地の自然災害の危険性を後世に伝えようとする、先人のメッセージだったはずである。しかし、いまは伝説などは軽んじる傾向が強く、その意味は忘れられて、簡単に好印象のある地名に代えられてしまう事が多い。ここでも「蛇落地悪谷」は「上楽地芦谷」に変更されていた。その結果が、あの大災害を引き起こしたと言っても過言ではあるまい。この教訓は大事に引き継がれるべきである。

社宮司《しゃぐうじ》・ミシャグチ社《しゃ》

大和政権から排除され、民間に生き残った古代神

奇妙なオシャングリサマ

秩父市原谷の金山地区に平石を無造作に積み上げたような、しかもそれが風化して崩れたままになっていて、いかにも時代を感じさせる奇妙な石宮がある。よび名もまた奇妙な〈オシャングリサマ〉である。宮の周りには男根を象った石棒が幾つも供えられている。信仰の対象としては忘れられているけれども、水の湧く所を教えた神とか、韓国の養蚕の神という言い伝えがあり、一部では性崇拝の異神と解釈されているという。

これはどうやら信州諏訪を本拠地とする、〈御社宮司神《みしゃぐちがみ》〉を祀ったもので、〈オシャングリ〉

はそれが幾重にも訛った末のよび名のようである。ここに隣接する横瀬町には、シャグリサマとよばれる木製の小さな宮があり、荒川対岸の寺尾地区には、社宮司と書いて、シャクドサマとよばれる神社があることから、類推される。

この神は石棒と水に深く関わった信仰らしく、原谷のオシャングリサマの形態と伝承が、名称も形もずいぶん崩れながらも、その本質をよく物語っているように思う。

柳田國男、そして今井野菊の研究

この神の信仰に初めて注目したのは、民俗学者の柳田國男で、明治四二年（一九〇九）発行の『石神問答』のなかで、関西にはない神として疑問を呈している。生涯を社宮司の研究に捧げた、長野の今井野菊は、その信仰圏を調べるために全国を隈なく調査して、二三〇〇に近いミシャグチ社を洗い出した。その分布範囲は諏訪を中心とした長野から、西へは山梨・静岡・愛知・岐阜・滋賀・三重県にわたり、東は群馬・埼玉・東京・神奈川県だった。

不思議な事に、御社宮司神の祭主といわれる守矢家《もりやけ》＝洩矢家《もりやけ》は、代々諏訪神社の祭主でありながら、諏訪神社の分布が多い新潟や、古代の神話で諏訪とつながりの深い出雲には、ほとんど御社宮司の形跡はないという。

神社の呼称は多岐にわたり、神社の表記も〈御社宮司〉・〈御社宮神〉・〈御左口神〉・〈御作神〉・〈石神〉など、二〇〇余種類の当て字があるという。これはずっと古い時代に信仰は普及したものの、その後、枝社や末社を管理統制する力が薄れて、そのまま推移した結果と考える他はなさそうである。

その調査では、埼玉県内に四四社が確認されているという。明治九年の『郡村誌』に記載されている、社宮司や石神系統の名を持つ村と小名は次の通りである。

〈石神村《いしがみむら》〉＝川口市石神・新座市石神・上里町石神、以上三村。

以下は小名、（　）内は現在地名。

〈社宮司《しゃぐうじ》〉＝鷲宮村（久喜市鷲宮）・中恩田村（熊谷市大里）・山野下村（吉見町）

〈社宮寺《しゃぐうじ》〉＝江面村（久喜市）

〈射宮司《しゃぐうじ》〉＝前ヶ貫村（飯能市）

〈社具路《しゃくち》〉＝西富田村（本庄市西富田）

〈尺地《しゃくぢ》〉＝浦和宿（さいたま市浦和区）

〈石神井《しゃくじい》〉＝小針新宿村（伊奈町）

〈しゃくじ〉＝坂田村（桶川市）

〈社口《しゃぐち》〉＝今井村（熊谷市今井）・笠原村（小川町笠原）

〈蛇口《じぐくち》〉＝和田村（行田市和田）
〈石御堂《いしみどう》〉＝本郷村（川口市本郷）
〈石宮《いしみや》〉＝堀米村（深谷市堀米）
〈石神《いしがみ》〉＝贄川村（秩父市荒川）・三山村（小鹿野町三山）・桜沢村（寄居町）・古郡村（美里町）・飯塚村（熊谷市妻沼）・浮谷村（さいたま市岩槻区）・椚村（春日部市）

以上二一か所。（本書六三ページ『氷川神社、雷・雷電神社、社宮司の分布図』参照）

■ミシャグチ神が風化した理由――政治的排除（1）

地域の地名にまでなった神社は、その地域にとっては古く、大きな意味のある存在だったはずである。それが、なぜ、本来の意味を失って、風化した倒木のように、誰からも顧みられることなく、忘れ去られて来たのだろうか。

そこには二つの要因があるのではないか。一つは古代日本の統一を果たした大和朝廷の、祖先神を中心とした神社信仰の全国的な普及である。それは、大和朝廷が編纂した『日本書紀』や『古事記』に登場する神々と、それを祀る神社である。その頂点に立つのが、朝廷の祖先神・天照大神を祀った伊勢神宮である。その許にすべての神社は朝廷によって格付けされ、処遇されて、民間からも信仰を受けてきた。
『記紀』は、大和朝廷が、諸国の豪族たちに君臨するまでの統一過程を、神々の争いに託して描いた記録とされている。編纂の意図は、当然、大和朝廷の正当性を歴史的に位置づけようとするものである。そのために、抵抗して敗れた国の神々は夷《えびす》の神として蔑まれ、『記紀』の記録から抹殺されて、そのまま消えてしまうか、わずかに、その地方だけで信仰されて生き延びていた神もあるはずである。

編纂時にはまだ記憶に新しく、記録しておかないわけにはいかなかったのが、大和系の神に対する出雲系の神々の抵抗と、その服従過程である。したがって、記録とその後の実際の扱いは、あくまでも大和系の神々が主で、出雲系の神は従の立場である。

享和二年（一八〇二）編録の現秩父神社についての、『秩父大宮妙見宮縁起』には、末社の諏訪神社が垣外に置かれている理由を、《古き昔は高天《たかま》の原《はら》に仇《あだ》ない給《たま》う故に》と記している。高天の原はいうまでもなく、大和朝廷の直系の天の神々の事である。諏訪の神はこれに敵対した出雲系の神だから、末社として祀るとはいえ、境内の外に置かれているというのである。神話の伝承が、江戸末期になっても、まだこのように、現実に考え方を支配していたのである。

社宮司神もかなり広い信仰圏を持ちながらも、『記紀』には片鱗も見せていない。大和朝廷の正当性を歴史的に位置づけようとする、『記紀』編纂の意図にはそぐわないものとして、切り捨てられたか、あるいは、朝廷統一よりはるか以前に、敗北を喫して歴史の表面からは消えていた神なのか。

明治新政府の宗教政策——政治的排除（2）

もう一つは、明治維新後の国の宗教政策である。王政復古を果たした新政府は、天皇を頂点とした中央集権国家を作るために、国民の思想統一を図って、さまざまな政策を打ち出した。その一つが国家神道の制定である。

自然界のすべての物に神が宿るとして、八百万《やおよろず》の神を祀る日本古来の神道に対して、釈迦の教えを旨として、壮大な寺院を建て、そこに祀る仏像を信仰対象とする仏教が渡来すると、その混乱や対立を防ぐために、奈良時代に神仏習合《しんぶつしゅうごう》の考えが生まれた。その根幹をなすものは、八百万の神々は、衆生《しゅじょう》を救済するために、仏や菩薩の化身《けしん》としてこの世に現れるとする、いわゆる本地垂迹説《ほんちすいじゃくせつ》である。

仏の化身として現れること、またその神を権現《ごんげん》といった。例えば、春日神社は春日権現、熊野神社は熊野三所権現などとよばれ、神社に供養の大般若経を奉納することなどが行われた。

神仏習合の思想は江戸時代まで続き、家康が死後、東照宮に祀られたとき、東照大権現とよばれたのは、その考え方に基づくものである。

このように融通無碍《ゆうずうむげ》な日本人の宗教感覚の中では、さまざまな民間宗教も生まれていた。その奔放ともいえる宗教観念を一元的に統一するために、新政府は明治元年（一八六八）、祭政一致・神祇官《じんぎかん》の再興を宣言し、神仏判然《しんぶつはんぜん》の令を布告した。神祇官とは古代の律令制度の祭祀を司る官庁である。名実ともに王政復古を目指して、一挙に古代の制度にまでさかのぼって、全ての神社を国家の管理下に置き、天皇を政治と祭祀の主権者となすという政策である。

神仏判然の令は、神仏分離令ともいい、古代神道を国教化するために必要な施策として、神道と習合していた仏教色を排除することである。神社から仏像や仏具を、寺院からは神社関係の仏具を除去すること。これを受けて、各地で廃仏毀釈の動きが起こり、仏像や仏具が壊されたり、捨てられたりして、貴重な文化財が数多く失われた。

こうして成立した天皇統治体制は、伊勢神宮を宗社として全国の神社を、官幣社・府県社・郷社・町村社などと格付けして、これを国教とし、全ての国民に天皇崇拝と、地元の神社の氏子になることを義務付けた。これによって日本人は、江戸幕府の寺への帰属強要に加えて、神社への氏子という、信仰上の二重の縛りを受けることになる。

明治二二年（一八八九）、天皇は天照大神より続く万世一系の現人神《あらひとがみ》＝生きている神で、神聖不可侵《しんせいふかしん》なものとする、大日本帝国憲法が制定され、翌年、国民に天皇制国家への忠誠を命じると共に、祖先崇拝を強要する教育勅語が公布されて、国家神道の教典となった。

全国の学校には奉安殿《ほうあんでん》が建てられ、天皇・皇后の御真影《ごしんえい》＝写真が安置されて、児童生徒は毎日礼拝を強要された。この頃から各家庭にも神棚が設けられ、毎年正月には、氏子代表が、歳《とし》神《かみ》と皇大神宮《こうたいじんぐう》＝伊勢神宮の内宮のお札を受けてきて配布し、朝晩、礼拝することが習慣づけられた。神棚と並べて、天皇皇后両陛下の写真を飾る家も多かった。

体験的教育政策

体験上から言うと、私が小学校に入学したのは昭和一六年（一九四一）のこと、この年度から小学校は国民学校と改称され、その一二月八日に太平洋戦争に突入した。何も知らない私は、小学生になった嬉しさに、友だちと奉安殿の鎖を跨《また》いで中に入って、芝生で遊んでいるところを先生に見つかり、校長室に連れ込まれて厳しく叱られ、何度も頬を張られたことを覚えている。御真影を安置した奉安殿には、教育勅語も納められていて、入学式、卒業式などの式日には、それが教頭先生の手によって、漆塗りのお盆に載せて恭《うやうや》しく運び出され、式場に立った校長先生が、白手袋の手で厳粛に奉読するのだった。そのときには、私語はおろか、鼻をする事さえ禁じられた。中学年以上の子は、これを暗唱させられた。式場で緊張のあまり、その勅語を読み違えたために、降格された校長が話題になったこともある。

その頃は、天皇と天皇の統治する国家を祝う、四つの祝日が設けられていた。一月元旦の

「四方拝《しほうはい》」＝古代からの宮廷行事。天皇が早朝、正装して皇大神宮や天神地祇・天地四方を拝する。二月一一日の紀元節《きげんせつ》＝伝説上の初代・神武天皇が即位した日としての祝い。四月二九日の「天長節《てんちょうせつ》」＝天皇誕生日の祝い。一一月三日の「明治節」＝明治天皇の誕生日祝い。

この日は官庁や学校では祝典式を行い、私たちはそのたびに例の教育勅語を「拝聴して」放課になる。

天皇誕生日を祝う「天長節」の日の午後、共働きだった両親が、半日で帰って来て、祖父と共に珍しく揃って畑仕事をしているのが嬉しくて、私ははしゃぎまわっていた。三時の休みには、みんな縁側に並んでお茶を飲んだ。そのとき、新聞を広げていた祖父が、天皇一家の写真を見て、皇太子の成長を話題にした。それを聞いた私は、新聞を覗き込んで、「皇太子っていうのは、此奴《こいつ》かぁ」と言って、写真を指差した。

途端に、祖父の怒声とともに、私の体は庭先に吹っ飛んだ。叩かれた頬に痛みを感じるよりも、何が起こったのかわからず、呆然としている私に、祖父は、皇太子様に向かって、此奴とは何だと、繰り返し叱りつけて、親たちにも何か怒声を浴びせていた。たぶん、私へのしつけが悪いと怒ったものだったのだろう。

楽しいはずの家族の団欒が一挙に消し飛んで、気まずい雰囲気の中で、訳もわからず、口惜しさと屈辱感に唇をかみしめていたことを、今でも鮮明に覚えている。後で知った事だが、その時の私の言動は、皇室に対する不敬罪に当たるものだった。

法的に束縛され、社会的に相互監視の傾向が強まる中で、人々は委縮し、自粛しながら、骨の髄まで皇国思想が叩き込まれたことが、軍国主義の台頭を許し、世界無比の万世一系の天皇が統治する、神の国という妄想にまで発展して、世界制覇を目指す八紘一宇《はっこういちう》の、狂信的思想にまで立ち至ることになる。

まだ間に合う調査対象

このような国家の強権的思想統制の中で、地方的な民俗信仰は、淫祠邪教《いんしじゃきょう》の名のもとに弾圧され、切り捨てられて姿を消していったが、社宮司信仰もその犠牲の一つに数えられるものかもしれない。

社宮司に祀られている石棒は、縄文中期の信仰的産物だが、その普及範囲と社宮司の信仰範囲は、必ずしも一致しないという。したがって、生殖・生産・豊穣の願いを託そうとする、発想の根源は共通であったとしても、この信仰は別なもので、後に、石《しゃ》の字を当てた事から共通しているものとして、発掘された石棒をその神社に集めたものかもしれない。

いずれにしても、男根を象《かたど》った石棒を信仰対象とする神社など、神聖不可侵な天皇の祖神の系列からみれば、まさに許しがたい邪教だったのだろう。それを認めれば、天皇の祖先まで猿人になってしまう考古学の研究さえ、弾圧の対象になった時代である。それぞれの地元でも、子孫繁栄と豊穣を祈願してきた、先人の素朴な信仰心などは忘れて、恥ずかしい事くらいの感覚で、それを隠したり、捨て去ったりしたことは想像に難くない。

今に残る社宮司の多くは、小さな集落単位で祀られていて、社は村の台地の上や、低地である場合には谷口にあるという。伝承の多くは水に関したもので、御利益としては、五穀豊穣はもちろんのこと、安産・子育て、女性の病い、養蚕の繁栄、雨乞いなど、農村の要望をすべて期待されている。

また、その発音から御杓子《おしゃもじ》信仰にも転化して、願いが叶ったときには、穴の空いた杓子を奉納する風習なども生まれているようである。飯能市前ヶ貫の〈射宮司〉は、オシャモジサマの方が通りがいいという。

前述の行田市の〈蛇口〉・飯能市の〈射宮司〉・小川町の〈社口〉・吉見町の〈石宮地〉・桶川市の〈しゃくじ〉・久喜市鷲宮の〈社宮司〉・久喜市の〈社宮寺〉・浦和区の〈尺地〉・岩槻区や川口市と新座市と春日部市の〈石神〉の一二か所は、今井野菊の調査報告からは漏れている。

報告では埼玉県内に四四か所とあるから、これだけで五六か所となったが、この一二か所はその地域の地名になったものだけである。さすがに、オシャングリやオシャモジサマは小名にまではなっていないが、地名にまでは至らずに、各地の野に埋もれているミシャグチ神は、まだまだたくさん存在しているはずである。

いまだに謎の多い、日本民族成立の過程を解く手掛かりとして、この広範かつ緻密に根付いている民間信仰の形態を、地名から解きほぐしていくという、一つの手立てもあるのではないか。

宿《しゅく》・本宿《もとじゅく・ほんじゅく》・元宿《もとしゅく》・古宿《ふるしゅく》・新宿《しんじゅく・しんしゅく》・今宿《いましゅく》・荒宿《あらしゅく》

発展する地域の中心地

県内の三街道〈中山道〉・〈奥州・日光街道〉・〈日光御成道〉

埼玉県には〈宿〉の付く地名が大小合わせて約二一〇か所あった。大きなものでは、中山道六九次の江戸・板橋宿からのスタートを受け継ぐ蕨宿から、浦和宿～大宮宿～上尾宿～桶川宿～鴻巣宿～熊谷宿～深谷宿～本庄宿と九つの宿が設定されて、次に上州＝群馬県高崎市の新町宿へと受け渡している。

これは江戸幕府を開いた家康が、全国支配を固めるために、政治・経済・軍事上の観点から宿駅伝馬《しゅくえきてんま》の制を順次整えはじめて、寛永年間（一六三〇）に参勤交代の制度化と共に完成したものと言われている。

次は奥州街道と重なる日光街道二一次中の六駅である。スタートは江戸の千住宿＝現在の北千住駅辺りから、埼玉県の草加宿〜越谷宿〜粕壁宿〜杉戸宿〜幸手宿〜栗橋宿の六宿を経て、下野国＝栃木県の中田宿〜古賀宿へと繋いでいく。

次に日光御成道《にっこうおなりどう》。これは江戸時代・将軍の日光参詣の専用道路として制定されたもので、県内には五つの宿がある。江戸の本郷追分を基点に岩淵宿から埼玉の川口〜鳩ケ谷〜浦和の大門〜岩槻〜幸手の各宿を経て、奥州・日光街道に合するコースである。

これら街道筋の宿は大名が泊る本陣や脇本陣を備え、一般客が泊る旅籠《はたご》・木賃宿《きちんやど》・茶屋などが軒を並べて宿場町を形成していた。

宿駅の制は律令制の駅《えき》＝駅家《うまや》からはじまる。これは全国の主要な諸道＝五畿七道《ごきしちどう》に置かれた公用の旅行・通信のための施設で、三〇里＝約一六キロごとに駅家を置き、駅長・駅子・駅馬を置いて、旅行者の休憩・食事・宿泊・伝送などの任に当たらせた。渡し場には同様の水駅《すいえき》を置いて駅船を用いた。

その時代には個人の旅行はほとんどなかったが、中世になると私的な宿屋が始まり、それは駅と区別して宿《しゅく》と言った。やがて駅の制度が廃《すた》れると、併せて宿駅とよばれるようになり、中世以来の宿駅を中心に、街道の要所要所に旅人を泊めたり、人夫や馬の継立をしたりする設備を整えた宿場が発達する。

本宿《ほんしゅく》・間宿《あいのしゅく》の他に市の立つ宿《しゅく》の発達

幕府指定の本陣などのある宿を本宿といい、宿場と宿場の間の休み場所から発達した宿を間《あい》の宿《しゅく》と言った。また、その間には小休憩の立場《たてば》などもでき、それらを巡って発達した商業集落を宿場町とよんだ。

また、東国では、中世以来とくに街道筋でなくても、その地域の市や、商業の中心地となった町場を、宿とよぶようになっていった。埼玉県内には、先に挙げた街道筋の宿以外に、こうした意味の宿の名の付く村が、一八か所も数えられる。

〈本宿村〉と書いてモトシュクとよんだ村が、今の北本・浦和・東松山にあり、ホンシュクとよんだのが岩槻に、両方のよび方をした村が川越にあった。北本の場合、戦国時代にはここにあった鴻巣宿を、慶長年間（一五九六～一六一五）に後の場所に移動したために、ここを本宿とよぶようになったという経緯がある。今の大宮・浦和にまたがった地域に〈宿村〉があった。

東松山には〈新宿村《しんしゅくむら》〉があった。これは天正年間（一五七三～九二）に、市場を作ったとき、本郷を本宿として、ここを新宿と称したものである。吹上と蓮田・児玉郡神川にもかつて新《しん》宿村《しゅくむら》があった。川口の〈新井宿村《あらいじゅくむら》・西新井宿村〉と、鳩山の〈今宿村《いまじゅくむら》〉も、新宿村と同じ意味の名称だろう。

その他、〈土手宿村《どてじゅくむら》〉＝大宮・〈石戸宿村《いしどしゅくむら》〉＝北本・〈前野宿村《まえのしゅくむら》〉＝川口・〈宿篠葉村《しゅくしのはむら》〉＝草

加・〈宿根村《しゅくねむら》〉＝深谷・〈宿谷村《しゅくやむら》〉＝毛呂山がある。

県内の〈宿〉の付く小名は約一七〇か所。その内、それぞれの地域の中心的な集落を示すと思われる〈本宿《もとしゅく》〉が五か所、〈本宿《ほんしゅく》〉と称する地域が三か所、〈元宿《もとしゅく》〉が三か所、〈古宿《ふるしゅく》〉も一か所ある。対して、新しく成立した地域を示す〈新宿〉は六か所。〈今宿〉・〈荒宿〉も各一か所ある。ただの〈宿〉は三二か所にも上る。

宿地名は地域の発展の歴史を語る

こうした新・旧という成立の対比とは別に、宿地名には位置や方向を示す名称が極めて多いという特徴がある。〈上宿〉・〈中宿〉・〈下宿〉が二七・一三・二五か所という数字である。上・中・下とそろっているのは、現在の大宮・熊谷・越谷・狭山などの各市のように、比較的広い村である。江戸時代から明治にかけての村の単位は、現在から比べればずっと狭かったので、上・下だけの村が多いのも理解できる。

東・西・南・北を冠した宿も幾つか見えるが、むしろ宿を基準にして〈宿表〉・〈宿前〉・〈宿裏・宿浦〉・〈宿横〉・〈宿東〉・〈宿西〉・〈宿北〉などの地名の方が多い。中には〈東宿浦・西宿浦〉＝寄居町・〈宿下南〉＝日高など、位置をていねいに示した地名もある。

粕壁宿の地内には〈新宿組〉と〈元新宿〉という珍しい取り合わせが見える。また、同地内には〈新宿新田《しんしゅくしんでん》〉という、これも珍しい地名がある。これは新宿組が開発した新田という意味で、「采女新田」の項で見る通り、荒地の開拓が盛んに行われた江戸時代の、その新田に開発者の名を冠する命名法である。〈元新宿〉と併せて、現在の春日部市域が、江戸時代にしきりに開発されていたことを示している地名である。

あまりにも多い〈宿〉地名なので、一々現在地を挙げることはできないが、地域ごとの宿地名を調べるだけでも、その地域の発展の歴史を知ることができるといえそうである。

なお、これらの宿のよび方は、ほとんどが〈○○シュク〉であり、連濁音でジュクと発音する例はごく少数であることから、当時の人たちは判然とシュクを意識していたことがわかる。

菅谷《すがや》・須加谷《すがや》

〈菅《すが》〉と〈洲処《すが》〉とはしばしば混交する

道真の四代前、〈土師氏〉から〈菅原氏〉に

学問の神と崇められる菅原道真のルーツは、古墳の造営や埴輪などを制作した土師氏《はじし》だという。古墳が衰退すると土師氏も勢いを失った。そこで学問の家柄に活路を見出して、天応《てんおう》元年（七八一）、土師宿祢古人《はじのすくねふるひと》らが、本拠地の大和国添下郡《そうのしもぐん》菅原の地名を姓にすべく願い出て許され、

菅原宿祢の姓を賜った。古人とその子・清公《きよとも》は大学頭《だいがくのかみ》・文章博士《もんじょうはかせ》に任じられ、天皇に学問を講義する侍読《じどく》を務めて、延暦九年（七九〇）には菅原朝臣の姓を賜り、四代目に当たる道真は右大臣にまで昇格する。

添下郡菅原村は、今の奈良県菅原町に比定されている。地名の由来は、文字通り菅の群生する平原だと言われる。

日本には約二〇〇種の菅が自生しているという。山村の伝統的な背負い袋のスカリを編む岩菅などは、本州中北部の高山の砂礫地に自生するものだから、種類によってさまざまな環境を好むのだろうが、一般的に菅の自生地というと低湿地をイメージするのではないか。それは笠《かさ》や蓑《みの》など、古代より生活に密着する製品の原料になってきた菅の自生地が、低湿地に群生していることによるのだろう。

大阪市東成《ひがしなり》区《く》深江地区一帯は低湿地で、古代から大和の笠縫氏《かさぬいし》が移り住み、菅笠の大生産地となっていて、万葉集にも〈難波菅笠《なにわすげがさ》〉を詠んだ歌が残されている。江戸時代にはこの低湿地は菅の里とよばれて、さまざまな菅笠が考案され、もてはやされていた。

江戸期には越中福岡の菅笠も有名だった。今の富山県高岡市福岡町である。起源は小矢部川《おやべがわ》の氾濫で沿岸一帯が泥沼化し、菅が繁茂したことから蓑や笠作りが始まり、加賀前田藩の奨励を受けて盛んになり、幕末の最盛期には年間に二一〇万枚の菅笠の出荷記録があるという。

畠山重忠の居城〈菅谷館〉は〈菅屋・須賀谷〉とも

菅原道真は須加原道真・須賀原道真・洲処原道真などと書いたら、ずいぶん印象が違ってくる。それだけ菅原が定着しているためだろうが、鎌倉時代の畠山重忠の居城・嵐山町の菅谷館の地は、かつて菅谷・菅屋・須賀谷などと書いていた。地名としては、菅も須賀もかなり重なる部分があるということである。

利根川流域にはスカ・スガ地名が多い。地図を見渡すと行田市の利根川に面した所に須加がある。かつては須賀とも書いた。対岸の須加は群馬県邑楽郡明和町に属す。利根川の乱流がこの土地を分断したものだろうか。

羽生市の小須賀・幸手市の平須賀・宮代町の須賀・吉川市の須賀など、これらはみな〈砂《す》処《か》・洲処《すか》〉の好字化である。洲処は海の波浪や河流がつくり出した中洲や、自然堤防の砂地・砂礫地である。さらには波浪が河岸を侵食した部分をも言う。この場合は、〈スキ＝削る・剥ぐ〉の転化したものかとも言われている。なお、洲処の〈処《か》〉は、場所を示す〈処《こ》〉の音が交代したもので、〈在処《ありか》・住処《すみか》・隠処《かくれが》〉などと同じ用法である。

菅が低湿地に好んで自生するものと思えば、深谷市川本の〈菅沼〉、滑川町の〈菅田〉などは、そのまま納得できる地名であって、わざわざ〈須加田・須賀沼〉などと表記する必要はない。

そうしたはっきりとしたもの以外は、低湿地に多い洲処＝須加・須賀と、そういう場所を好んで自生する菅とは、イメージの混交があって、それが表記にも表れるものと考えられる。

〈菅谷村〉の本来の意味は〈洲処谷《すがや》〉では

嵐山町の菅谷館跡＝須賀谷城跡は国指定史跡となっているが、その所在地・旧菅谷村の名は、山野に広く菅が自生していることによると説明されている。字面だけ見れば、誰もが素直に納得しそうな説明だが、果たして、そう単純に受け止めていいものだろうか。

私は、『風土記稿』の菅谷村は《古くは須加谷と書きしが、今は仮借してかく記せり》という記述と、隣接する志賀村《しがむら》について、《古え《いにし》菅谷村の内なれば……、分村せしは寛文年中（一六六一～七三）なりと云《いう》》の部分に注目したい。古くは菅谷村と一村であったという志賀村は、市野川右岸の低地から丘陵部に位置している。このシガ地名は各地の様相からみて、洲処《すが》の転化したものと考えられているが、この地にもそれが当てはまるのではないか。

そう考えれば、菅谷村が古くは須賀谷と書いたということもうなずける。そこには、すくなくとも、菅が繁茂している土地という意識はなかったのである。

とはいえ、同じ村内でも、志賀地区は河川に接する低地を含んでいるものの、菅谷地区はどちらかというと台地上である。河川の砂処《すが》・洲処《すが》がそのまま当てはまるとは考えられない。

では、どう考えたらいいかというと、その地形である。この台地は、特にその特徴を巧みに利用した、菅谷館の構築に顕著なのだが、数多くの浸食谷が大地を刻んでいる。館跡の下を流れる都幾川《ときがわ》の、対岸の大蔵《おおくら》は岩や岩崖を表す地名である。

これらを含めて、〈須賀谷〉は、この浸食谷の様相を指したものであるというのが、私の考える菅谷村の名の由来である。異を唱えるにはあまりにも定着した地名の謂れだが、敢えて一石を投じてみる。

杉戸《すぎと》　杉の生える条件はなく

江戸初期までは下総国領《しもふさのくにりょう》

『風土記稿』は記す。《杉戸宿は、日光及び奥州の街道にて、足立郡千住宿より第五の駅亭なり。……江戸より十里半、古《いにしえ》は杉戸村と号せり。元和二年（一六一六）人馬の継立を命じられ、宿駅となりしより村を改めて町と唱え、……宿の唱えは元禄（～一七〇四）の後の事なり》。

古くは〈杉門〉とか〈杉渡〉とも書いたらしい。〈門〉も〈渡〉も出入り口や河川の渡し場を指すので、それを見る限りでは、街道の宿駅として相応しい場所の名と思われる。杉戸は

『源平盛衰記《げんぺいじょうすいき》』（一二五〇頃）に見える〈杉の渡し〉から名付けられた地名とする説があるが、『風土記稿』では、地理的にすこし無理があるとして、それを否定している。

というのは、当時、高野川ともよばれていた古利根川は、今の宮代町と杉戸町の間を流れていて、これが武蔵国と下総国の国境となっていた。したがって、杉戸町（村）は下総国領であり、その下高野＝当時の下高野村辺りを鎌倉街道が通っていた事から、渡しはこの辺にあったと推定されているのである。因みに、杉戸地区が武蔵国に編入されたのは、寛永年間（一六二四〜四三）の事という。

一六〇〇年前までは高野島を囲む海

約二〇〇〇年前には、今の上杉戸〜下高野辺りは海中の小島であり、まさに〈高野〉だった。一六〇〇年前頃から海が後退して辺りが陸地化すると、今度は古利根川や旧渡良瀬川・元荒川などが乱流を繰り返して、辺りを泥沼化したり、押し流してきた堆積物で自然堤防を作ったりした。

その上に集落が始まったが、いま日光街道から中川方面へと広がる町域は、幕府の利根川東遷策によって開発された新田村である。『風土記稿』が《宿の唱えは元禄の後の事なり》と述べているように、今の杉戸宿は新田が落ち着いた後に、新しく計画され造営されたものだったのである。

だが、もし杉の渡しに由来する地名としても、なぜ杉の渡しなのかという疑問が残る。日本武尊が東征の折にこの地に立ち寄って、鬱蒼《うっそう》と茂る杉林を見て杉門と名付けたという伝説があるそうだが、海中の小島や低湿地という土地柄から見て、かつてこの地域に杉が繁茂していたとは思えない。繁茂していたとすれば、それは菅だろう。スガの渡しがスギの渡しとなったというのなら、うなずけもしよう。

行田市・〈平須賀〉と宮代町・〈須賀〉に挟まれた土地

地図を開いて、隣接する幸手市や宮代町といった、行政的な区画のラインを取り外して、改めて眺めると、北は中川、東は江戸川、南は大落古利根川に囲まれ、町内も北から中川・倉松川が並行して南に向かって貫流していて、さらにはその分流や幾つかの用水路が、西から東方向に走るという、今でもまさに碁盤の目のように水路をもった川の町である。

町の本島地区から幸手市の戸島地区にかけて、大島新田調整池がある。江戸時代にはこの辺りは大島村といった。『風土記稿』によると、《大島新田は……もと安戸沼とて渺々《びょうびょう》たる＝広く果てしない池なりしを、享保八年（一七二三）江戸柳島に住する商人清兵衛と云《いう》もの開闢《かいびゃく》せり》という。安戸沼については今もそこに安戸落悪水路の名が残る。

広大な沼を新田に変えるのは、だいぶ難工事だったらしいが、清兵衛は地元の名主の協力もあって成し遂げ、幕府や住民からの評価も高く、没後五〇周年にはその功績をたたえた記念碑が建てられた。どちらも時代の要請によったものだが、いま、そこに再び調整池が設けられたことは、近代的な装いを以て元に戻されたということである。

現代の調整池は対岸まで一五〇メートルという広大なものだが、その地域に相応しく、町内やその周辺で目につく地名は、本島・大島・戸島・茨島・中島・天神島などという島地名である。これは低地のなかで多少目立つ、微高地の集落に付けられた名称である。シマはいわゆる島とともに、集落の意味合いをもつ言葉である。大島や茨島の西方は、やや広い高地になっているので、ここは文字通り〈高野〉である。因みに〈高野台〉は後から付けられた美称である。

こうした土地だけに、もう一つ目立つのが〈須賀〉地名である。これだけ河川に囲まれていれば当然考えられる地名だが、この調整池の幸手側のかなり広い地域の名称が〈平須賀〉である。この平須賀とわずかな距離を置いて、杉戸町の高野地区を挟むように接しているのが、宮代町の〈須賀〉地区である。

かつての杉戸町の中心地ともいえるこの辺りは、行政的には幸手市の平須賀と宮代町の須賀地区に挟まれた狭い地区となっている。つまり、行政の線引きを外して地勢的にみれば、この辺りは広大な〈須賀＝洲処〉地帯である。

川の町である杉戸宿の名称の本来は、〈杉処〉ではなく、〈菅処《すがと》〉または〈洲処《すがと》〉だったのではないか――、というのが私の見方である。

堰《せき》・関《せき》・道祖土《さいど》

水・人・疫病・悪霊などの動きを阻む所

関守の元祖は記紀に出て来る〈岐神《ふなどのかみ》〉

堰・関は動詞セクの連用形で、水の流れを塞き止める所を〈堰〉といい、道路上に設けて通行人を検問したり、通行料を徴収したりする所を〈関〉という。明治以降、日本には関はなくなったが、国際空港の入国審査場や、高速道路の料金所などは、現在の関ということになるだろう。

日本で最古の関の話と言えば、記紀神話の岐神《ふなどのかみ》である。亡くなった妻・伊弉冉《いざなみ》を黄泉国《よみのくに》に尋ねた伊弉諾《いざなぎ》は、見ないでと言われた妻の醜い死体を見て、思わず逃げ出す。怒った妻は悪鬼の姿になって追いかけるが、伊弉諾がすでに現世との境界・黄泉比良坂《よもつひらさか》を越えて、その入り口を大岩で塞いでしまったのを見ると、呪いの言葉を投げかける。

「この恨みを以って、今日よりは毎日、あなたの国の人を一日に一〇〇〇人縊《くび》り殺《ころ》してやりますからね。覚えていらっしゃい」。

伊弉諾はこれに答えて、「それなら、私はこの国の人たちに、日に一五〇〇人の子どもを産ませることにしますから、構いませんよ」。

強がりは言ったものの、伊弉諾はドッと疲れが出て、《此《これ》よりな過ぎそ＝この境より入るな》と叫ぶなり、そこに杖を投げ捨ててへたり込んでしまった。

『古事記』は、この杖が《衝立船戸神《つきたつふなどのかみ》》になったと記し、『日本書紀』はこれを《岐神＝フナドの神、またはクナドの神》と説明している。

岐神《ふなどのかみ》の《岐》とは分岐点で、三叉路のこと。フナドは〈経勿所〉、クナドは〈来勿所〉で、三叉路に立って疫病神や悪霊に対して、ここより先には〈経《ふ》るな・来るな〉と立ち塞がっている神、後世の塞《さえ》の神《かみ》・道祖神《どうそじん》である。

上代から中世にかけては、朝廷では道饗《みちあえ》の祭《まつ》りといって、六月と一二月の二回、京都の四隅の道で久那戸《くなど》の神を祭り、疫病神や悪霊が都に侵入するのを防ぐ行事を行っていたことが、『続日本紀』（七九七）や俳諧の書『増山の井』（一六六三）などに記されている。

なお、来勿所《くなど》に似た名称に、古代から歌枕として有名な、福島県の〈勿来《なこそ》の関《せき》〉がある。これは大和朝廷が蝦夷の侵入を防ぐために、〈来るなかれ〉と名付けて設けた関で、蝦夷討伐に向かった平安時代の武将・源義家をはじめ、紀貫之・小野小町・和泉式部・西行法師などの有名歌人が、この関の歌を残している。

〈道祖土〉は塞《さえ》の神《かみ》を祀った所

埼玉県内では、さいたま市緑区に道祖土《さいど》という地名がある。これは人の出入りを検問する関ではなく、本来は〈塞土《さえど》・塞処《さえと》〉といって、疫病や悪霊の侵入を防ぐ塞の神《さえのかみ》・岐の神《ふなどのかみ》を祀った所が地名になっているものである。道祖土には道祖神が祀られている。その道祖神を小名にした土地が県内にはいくつかある。深谷市の国済寺・同市上増田・熊谷市妻沼の西野・羽生市の下岩瀬地区などである。

正月・小正月、また節分祭などの折に、神札を付けた青竹を、村外れや橋のたもとに立てるのも、病魔・悪霊除けの道祖土の行事である。

また、塞の一つに道切りといって、集落の入り口の道の両側に立てた青竹の先に縄を張り、その真ん中に大きな草鞋を吊るして、悪霊を威嚇し退散させるという習俗も各地に残っている。この村には、こんなに大きな草鞋を履く巨人が居るぞという、悪霊に対する示威行為である。豊作を祈願し、家内安全を祈る虫送りという農村の呪術的行事《じゅじゅつてきぎょうじ》も、この発想に繋がる行事である。これはすでに侵入した害虫や疫病神を、村人こぞって村外れまで送り出そうというものである。

そのような行事がどこでも行われていた時代には、村境には必ずどこの村にも属さない、原野や森のような緩衝地帯《かんしょうちたい》があった。その境界に塞の神を祀る。それを祀った場所が道祖土である。それがあるから、村人は安心して悪霊や害虫を村の外に送り出すことができた。もし、それがなかったら、悪霊や病魔を隣村に押し付けることになってしまって、これは互いの紛争の種になる。

その緩衝地帯は病死した家畜の捨て場にもなっていた。馬捨て場などの小地名が残るところは、大体そのような場所と思っていいようである。また、そこはときに、村から放逐された人の住む場所でもあった。当然、食うためには何でもする人が住む怖い所でもあったから、普段、人はなるべく近寄らない場所でもあった。

明治の合併史に残る、危険な村境

その片鱗を思わせるような話が、明治二二年（一八八九）の現川越市に残る町村合併史の中に見える。明治新政府の度重なる地方制度の改革によって、その頃、連合役場制度がとられ、江戸期から続いていた高麗郡の笠幡村《かさはたむら》・的場村《まとばむら》・安比奈新田《あいなしんでん》・柏原村《かしわばらむら》の四か村の連合役場は、笠幡村の旧名主宅に置かれていた。

しかし、旧来のままの連合では事務量がかさむばかりで、経費上からも無駄が多いことから、政府はその合理化を図って、明治二〇年（一八八七）市町村制施行を目指して、「町村郡市区画案」を作成し町村合併にとりかかった。

新町村編成の基本方針は、原則、現戸長役場区域を単位として、一町村三〇〇～五〇〇戸を標準に合併するというものであった。郡内各地の編成案を作成した郡長は、笠幡村連合はそのまま一村として合併し、新村名を柏原村の「霞ヶ関址」に因んで「霞ヶ関村」にするという案を示した。笠幡・的場・安比奈三村はこれを了承したが、柏原村はこれに反対する上申書を提出した。

その第一の理由は、《当村は連合役場から三拾余町（約三・二キロ）も離れているうえ、しかも山林の間を通らねばならないから、往来に不便なだけでなく、税金など多額な金円を持って往来するときもあるから、非常に危険である》というものであった。

上申書は、続けて合併希望対象として隣接する根岸村を挙げ、その第一の理由として《地盤の形も宜しく、ことに各村落の中間に山林もなく、わずかに耕地があるだけで、ほとんど人家に接しているといってよい》と述べている。

これまで連合していた笠幡村他二村も、柏原村の主張をもっともな事として認め、その三か村だけで合併して、霞が関村として出発することとなった。

柏原村は、地域の名所の名を、これまで組んでいた連合村に進呈して、そこから離脱する。因みに、この時に誕生した霞ヶ関村は、昭和三〇年（一九五五）に川越市に合併し、霞ケ関・霞ケ関東という町名と、東武東上線の駅名にその名を残している。

ここで村が合併するに当たって第一に考えていたことは、税金を納入する場合の安全の確保である。多額の現金を携えた、村外れの山林の通行は極めて危険であり、わずかな耕作地を隔てて人家がある所は、安心して通行できると述べているあたりは、たいへんリアルに、当時の世相を語っていると見ることができるのではないか。

文明開化が叫ばれ、急速に近代化に向かって進んだ明治期に、まして、埼玉県内で最初に町制を施行した川越地区であってさえ、まだこのような状況だった事を考えると、江戸時代以前の人たちが、村外れの通行の安全を、道祖神に祈った心境も理解できるというものである。

秩父には三つの関所があった

江戸期から明治二二年の町村制施行期まで、〈関〉の付いた村が八か所あった。まずは現幸手市の〈関宿《せきじゅく》〉である。ここは利根川と江戸川が分流する地点で、古くから水運の関と宿が置かれたために関宿とよばれて、たいへん賑わった土地である。ここから物資を運んで江戸を往復する船を関宿船といった。

現児玉郡神川町の〈関口村〉は神流川の右岸に位置し、安保用水の堰口があったための名称である。現行田市の〈関根村〉も用水の堰口に由来し、現鴻巣市川里の〈関新田村〉は、後に〈関村〉となったが、これも星川の堰に由来するというように、他のいずれも通行上の関所ではなく、河川の堰に由来する村名である。ただ一つ、現坂戸市の〈関間新田村〉の名は開拓者・関間三郎兵衛の名をとったものと言われている。

埼玉のセキがほとんど河川の堰であるだけに、県内には小字の〈堰場〉は、〈関場〉の表記も含めると七か所、〈堰郭〉が一か所ある。それに伴って〈関の上〉が三、〈堰下・関下・堰根〉が各三・三・一か所、〈関外・関向〉が各一、〈関沢〉が二、〈関沼〉も一か所ある。

ただし、県内に関所がなかったわけではない。秩父市大滝の栃本の関所は、戦国時代に、武田信玄が金山の秘密を守り、かつ甲州・信州への通行を取り締まるために設けたと言われていて、江戸時代を通して関所の役目を果たしていた。

最盛期の寛政二〇年（一六四三）には、その近くに麻生《あそう》の加番所《かばんしょ》とよばれる補助的な関所も作られて、通行人を取り締まった。そこを通って甲州側に抜けると、川浦加番所があった。三つの関を設けるという事は、この街道がそれなりの要路であったことがわかる。

ここで捕らえられた罪人は、秩父往還古道の強石《こわいし》地区の土壇場で処刑された。そこは今でも土壇場とよばれて、わずかにその遺跡を止めていて、そこに立つ首切り地蔵の前には花が供えられている。**（詳しくは拙著『秩父の地名の謎101を解く』参照）**

もう一つは、大里郡寄居町末野地区の〈関根・関口〉である。末野地区の外れに秩父鉄道・波久礼駅がある。国鉄・上越線の熊谷駅から発した秩父鉄道は、長い間ここが終着駅だった。というのは、ここから秩父郡野上町《のがみまち》に向けての約五〇〇メートルの区間が、荒川になだれる断崖になっていて、鉄道の敷設を阻《はば》んでいたのである。そこは地元では〈破崩《はぐえ》・端崩《はぐれ》〉とよばれていて、歩行さえ困難な場所だった。それは駅名としてはそぐわないので、〈波久礼〉という駅名にしたものである。

この難所が秩父往還として開削《かいさく》されたのは、寛永年間（一六二六〜四四）のこと。しかし、開削とは名ばかりで、急傾斜の山腹を削っただけだったために、路傍に苔生して立つ、たくさんの牛馬の供養塔が、事故が絶えなかったことを物語っている。

それでも、大里方面から秩父に入り、さらには甲・信に通ずる唯一の道として、かなりの利用者があったようである。難所であっただけに抜け道はない。通行人改めや、関銭を徴収するにはもってこいの道として、ここに簡易な関所が設けられた。末野地区の〈関根・関口〉の小名はこれに由来する。

歴史的に著名な〈霞ヶ関〉にあやかって

先の四村合併案から離脱した高麗郡柏原村は、その後、狭山市に合併したために、歴史的に話題のある「霞ヶ関址」は狭山市に属することになった。

ついでながら、かつて連合村だった的場村は、『伊勢物語』(九二八頃）の三芳野の里に擬せられ、今は狭山市内となった堀兼村には、清少納言が『枕草子』に記し、藤原俊成《ふじはらしゅんぜい》が歌に詠んだ「堀兼の井《ほりかねのい》」がある。

『伊勢物語』の主人公が、《はるばると来つるものかな》と、望郷の念に駆られて涙を流したという、京の都からほど遠い片田舎の武蔵野の原に、これだけ纏まって都人から注目された名所があるのも珍しいが、それだけに、今まで多くの学者や研究者がその所在地については論じているので、今さら、論じるまでもないし、私はその資格も有しない。

ただ、そのエリアには、都人の美意識や賛美の気持ちに迎合したような、いかにも文人好みと思われる地名が、集中していた事だけを挙げておきたい。

川越市域で見ると、堀兼村の小名に霞野・芳野・嵐野・月見台・雪見台・尾華台・富士見台・富士見里・富士隠など。上赤坂村に、霞の丘・月見の丘・富士見丘・鶴の台・立帰。上松原村に、三保野・内三保野。下松原村に、上千代盛・下千代盛・辰見野。今福村に、霞ノ窪・逊水・武蔵野上・武蔵野下。

今はふじみ野市になっているが、亀久保村に亀居・鶴ヶ舞・立帰。所沢市に入った下富村には、霞ヶ台・月見原・雪見原・駒ヶ原などの小名があった。

これらは現在三つの市にまたがってはいるが、いずれも隣接した地域である。

これを見ると、かなり昔から、都人の憧憬《しょうけい》の思いに便乗したような地名が、これでもかとばかりに並んでいることがわかる。恐らく地元の文人や知識人たちが知恵を絞った命名だろうが、ここには「来勿所《くなど》」どころか、今で言えば懸命な「地域興し」の気持ちが透けて見えるようである。

征矢《そや》・前ケ貫《まえがぬき》・矢颪《やおろし》・岩淵《いわぶち》・矢ケ貫《やがぬき》

一連の伝説から

三本の矢が繋ぐ地名伝説

飯能市の入間川と成木川の合流する地点が〈落合〉地区。〈川合・川俣〉などと共通する、河川合流地点の典型的な地名である。落合の合流部の内側で二つの流れに挟まれた三角の地域に、〈征矢町《そやまち》・前ケ貫《まえがぬき》・矢颪地区《やおろしちく》〉があり、成木川の対岸に〈岩淵地区《いわぶちちく》〉がある。

征矢町の名は前ケ貫地内にある征矢神社に由来するという。『風土記稿』では、祖矢神社と書き、《矢下風・前ヶ貫・岩淵三村の鎮守なり》としている。神社の由緒については、『埼玉の神社』(埼玉県神社庁)が詳しいので、次に必要な部分を抄出してみる。

《大字前ケ貫の字砂の宮に鎮座し、高皇産霊尊《たかみむすびのみこと》・日本武尊《やまとたけるのみこと》・誉田別尊《ほむたわけのみこと》の三神を祀る。……内陣には当社創建に関わるとされる二筋の矢が納められている。鎮座地の地名および当社の別名を砂の宮というのは、昔は入間川が現在よりも西を流れており、当社の辺りはその河川敷で砂原になっていたことに由来し、現在でも当社周辺を掘ると砂が出て来る。社伝によれば、日本武尊が東夷討伐《とういとうばつ》のために下向した時、この地に千束の征矢を備えて戦勝祈願を行ったことに起源する社であるという。その後、天慶《てんぎょう》の乱《らん》に際して、将門追討のために下向した六孫王経基《ろくそんおうつねもと》は、その旧跡を拝し、日本武尊と誉田別尊とを合わせ祀ったと伝えられる》。六孫王経基は、清和天皇の第六皇子貞純の長子だったので、六孫王とよばれ、清和源氏の始祖となった人物である。

社伝に将門追討の件が出て来るためか、地元の口伝には次のような話もある。《追討使・経基を迎え撃った将門は、岩淵の八幡宮に戦勝を祈願して三本の征矢を放った。すると、一本の矢が成木川を越えて目の前の山を貫いて落ちた。将門は矢の落ちた土地に前ケ貫と名付け、社殿を立ててその矢を祀った。それが今の征矢神社である》。

『風土記稿』では《祖矢神社は矢下風・前ケ貫・岩淵三村の鎮守なり》としているとおり、征矢町の記述はない。当時はまだ、今の征矢町は前ケ貫村の一部だったのだろう。

〈前ケ貫〉は洪水が地先を洗い流した土地

また、『風土記稿』では矢下風村についても、《此村、正保の国図及田園簿に見えず、元禄の国図には載たり。何の頃か、いづれの村を割《さき》て一村とせしや、按《あん》ずるに隣村前ケ貫村、正保の村高を今の村高に比すれば半《なかば》を減ず。是《これ》をもて考れば、恐くは前ケ貫を割きて矢下風一村とせしものか＝この村は正保（一六四四〜四八年）頃の国図にはなく、元禄（一六八八〜一七〇四年）頃の国図には載っている。この四〇年の間にどこかの村を分割して一つの村にしたのだろうが、前ケ貫村の正保の村高と今の村高とを比べてみると半減している。これを見ると、恐らく前ケ貫村を割いて矢下風村を成立させたものだろう》と、矢下風村が前ケ貫村の分村だったことを記している。

征矢町が前ケ貫地区の一部なら、まず前ケ貫という珍しい地名を考えるのが順序だろう。その地形について見ると、『風土記稿』が、《地形、西は平地にて矢下風村へつづき、南北の二流東の方にて落合て、村の地さき細く尖れり》と記しているように、ここは入間川と成木川が落ち合うところを頂点として、三角形に広がっている微高地である。

そこから考えられることは、前ケ貫の〈前〉は、『風土記稿』がいうところの《細く尖った地先》のことで、〈貫〉は〈抜く・抜ける〉で、〈川浪が地先を洗い流していく〉という意味である。『蛇喰』の項で記したとおり、大雨で土砂崩れが起こり、激流が河岸を押し流し、洗い流していく現象を、昔の人は〈蛇崩《じゃぐえ》・蛇抜《じゃぬけ》〉と言った。また、そのように山が崩れることを、〈山抜《やまぬけ》〉という事もある。河川改修も護岸工事もなかった時代、二つの川に挟まれたこの地点は、洪水の度に地先＝前を洗い流された。それを〈抜《ぬき》〉と言い、〈貫〉の字を当てたものである。『風土記稿』によれば、対岸の岩淵村の小名にも前ケ貫地名があった。これは以前には同じ村だったのが、そこを流れる河川の流路の変更によって二分されたことを示している。川の流域の地ではよく見られることである。

征矢の地名については、社伝のいう《砂の宮》の説明にヒントがある。河川の流域の変遷はどこでも見ることだが、この河川敷の痕跡は征矢地名を見事に証明していると言えるだろう。征矢は後から当てた文字で、本来の意味から言えば〈逸谷《そや》・外谷《そや》〉なのである。

▒ 秩父颪《ちちぶおろし》が〈矢下風〉の地名に

矢下風の地名伝説も、将門の射た三本の矢に続く。一本は前ケ貫だったが、次の一本が落ちたのがここ〈矢下《やおろし》〉である。三本目が落ちたのは、いまの南飯能病院の近くの小名〈矢の根〉だという。

矢颪の地名伝説は、もう一つある。《昔、東の方に二つの太陽が現れたのを怪しんだ天子様が、京の弓の名人に偽の太陽を退治するように命じた。名人は武蔵国に至って偽の太陽を見抜き、矢を射掛けた。矢は見事に太陽を射抜き、偽の太陽はたちまち真っ黒になり、三本足のカラスになって落ちた。その矢が飛んできて落ちた所がここで、それを見た人々は矢下《やおろし》とよび、後に矢颪と書くようになった》。

因みに、この二つの太陽伝説は千々に分かれて、この辺り一帯の地名伝説を生み出している。

〈入間＝射る魔〉とするなどが、その代表的な話である。

伝説はそれとして、〈矢下風〉の地形について見ると、『風土記稿』は《地形、巽乾《たつみいぬい》＝南東・北西の二方は平地続きにて、坤《ひつじさる》＝南西の方には山値《あた》り、この山より西は山々連なりて秩父郡に接せり。東の方は頗《すこぶ》る打開《うちひら》けたる地形なり》と。つまり、南西より西に重なる連山から吹き下ろす風は、突然開けたこの平野を吹き抜けるわけである。その強風を真っ先に受けるこの地では、その風を矢のように疾い風と強調して、矢下風とよんだものであろう。同じことだが、連山からの強風が谷に吹き下ろして来るという意味なら〈谷下風《やおろし》〉である。

今、〈矢下風〉は〈矢颪〉の文字になっている。因みに、山から吹き下ろす風を意味する〈颪〉の文字は、国字＝和製の漢字風の文字である。

最後に〈岩淵〉だが、この村名の由来も、『風土記稿』が次のように説明しているとおりである。《村の西成木川の南岸・磐岩の中腹に堂あり。これを土人＝土地の人、岩井堂と云。巌《いわお》堂《どう》の横訛りなるべし。盤岩高さ五、六丈＝一五、六メートル。その下に深淵あり。深さ一丈二、三尺＝約四メートル。村名の起り是《これ》によるものならん》。

なお、前ヶ貫地名に関しては、入間市に〈上矢ヶ貫・下矢ヶ貫〉がある。ここはかつて霞川の流域にあった矢ヶ貫村が、新田開発によって広域化し、寛文五年（一六六五）に上下に分村したものである。ここも本来は〈谷ヶ貫〉で、前ヶ貫と同様に、霞川が洗い流した場所を言ったものと考えられる。

コラム ▒ 吹上

山から風が吹き下ろすのが〈颪〉なら、下方から風が吹き上げるのが〈吹上〉である。代表的なのが、皇居内の吹上御苑である。江戸城西の丸の近くに作られ、吹上奉行によって管理されていた。名の由来は池に臨んで下から風が吹き上げる地勢によるという。

鹿児島には吹上浜がある。県西部のいちき串木野市・日置市・南さつま市にかけての、全長約四七キロにも及ぶ弧状の海岸砂丘で、日本三大砂丘の一つに数えられている。この吹上は強風と波浪が浜に砂を吹き上げることを表す。同様な理由で、兵庫県あわじ市にも吹上浜がある。

埼玉県内では平成の大合併で鴻巣市と合併した〈吹上町〉があった。元荒川右岸の自然堤防上にあり、強風が砂を吹き上げることに由来する地名という。県内で吹上の小名を持つ地域は次の通りである。

行田市谷郷・蓮田市閏戸・川越市下老袋・狭山市下奥富・和光市下新倉・越生町大谷。行田市中里には〈川原吹《かわらふき》〉、小川町奈良梨には〈吹付〉の小名があった。

なお、川島町〈吹塚《ふきづか》〉はかつては吹塚村だった。吹塚の由来は、吹は深田・低湿地を意味するフケの転で、そこを目標としてある塚のことと説明しているようだが、何故そんな漠然としたところを目標とした塚が築かれたのか、いかにも不自然な説明である。ここは越辺川左岸の地。河流が土砂を吹き上げた自然堤防を指す、と考えた方が自然ではないだろうか。

高鼻《たかはな》・高輪《たかなわ》・半縄《はんなわ》・小花輪《こはなわ》

みな〈塙〉を書き換えたもの

現在、さいたま市大宮区の〈高鼻町〉は、さいたま春日部線の信号・氷川神社入り口、大宮図書館のある辺りから、氷川参道を中心に神社と大宮公園を含む一帯を指すが、鎌倉時代から室町頃までの高鼻郷は、現代の上尾から浦和までの広大な地域を指していたという。高埇郷とも書いた。

地域を俯瞰《ふかん》すると、芝川右岸の大宮台地上に位置し、北部から中央部にかけては見沼の低地となっていて、台地の端は急崖状をなしている。

高鼻は他に例を見ない地名だが、武蔵一宮と称される氷川神社を取り巻く社地だっただけに、祭りのときに催される、神楽の天狗の面を連想する人が多いらしい。他にはどうにも考えられない地名である。

そこで、文字は脇に置いて、その音に類似した地名を県内で探すと、表記の他に〈十半縄・

上縄・花輪下・助縄・縄面・大縄崎〉などが散見される。そこから抽出されるのは〈塙《はなわ》〉である。土が高いと書いて、ハナワ。山の端が突き出ているさまを言う。見れば右の地名はみんなそのような土地に付けられている。

高鼻・高埇の指す場所も、まさにそのような形状を呈している。タカハナはタカハナワを言いやすく約《つづ》めたものに、高鼻・高埇の文字を当てたものだったと考えて間違いはないだろう。

なお〈塙〉が示す高台の下の土地が、別項・「悪土・阿久戸・明戸・秋津」に部立てした〈圷《あくつ》〉である。

血《ち》洗島《あらいじま》・大《おお》血《ち》川《がわ》・黒《くろ》血《ち》川《がわ》

凄惨な印象、想像をかき立てる地名

渋沢栄一の生誕地――地洗いか、地荒れか

血洗島――渋沢栄一の生涯を描いたNHKの大河ドラマ『青天を衝け』で、栄一の生誕地として一躍有名になった地名である。見るからにおどろおどろしい地名なので、一度目にすると忘れられないが、その前に想像をかき立てられ、その謂れが知りたくなる地名である。実際、栄一も行く先々で出身地の名の由来を尋ねられたというが、未だにこれといった定説はない。

一つにはアイヌ語で岸を意味するという説がある。二つ目は、上代の風土記が説く類の地名伝説である。昔、赤城の山霊が他の山霊と争って片腕を拉《ひし》がれ、血の流れる傷口をここで洗ったというもの。また、八幡太郎義家が奥州討伐の際に、ここで小競り合いがあり、家臣の一人が斬り落とされた腕を洗ったとする説もある。

アイヌ語説では〈ケッセン＝岸〉に、血洗の文字を当てたのが誤解の始まりと説くが、腕の傷説はその血洗の字から連想した、世俗的な物語である。

それらに対して現実的な解釈としては、利根川縁の氾濫原であるために、洪水時に地先が洗われ、荒れ地になるところから〈地洗い島〉、また〈地荒れ島〉であろうというものがある。

この利根川と小山川の間に位置する低地で、『風土記稿』によれば、天正年間（一五七三〜九二）に開拓され、五軒の家から始まった村だという。まだ大規模な治水の技術もなく、川の氾濫に任せていた時代には、人の住まない土地であったことから見れば、これは〈地荒れたシマ〉とするのが妥当ではないか。

傍証として、近くの流域には〈石荒《いしあら》・石蔵《いしぐら》・砂田《すなだ》・荒句《あらく》〉など、荒れ地を表す地名がたくさんあることが挙げられる。〈荒句〉は〈新墾《あらき》〉の転で、血洗島同様に新しい開拓地のこと。付近の地名とともに、荒の文字を当てたことに、よほどの荒れ地だったことがしのばれる。

シマは中洲をはじめ一定の区画をいう古語だが、この場合はまさに二つの川に挟まれた島である。

大血川と黒血川

〈大血川〉は秩父市大滝の荒川支流の一級河川である。上流の山中には昔、女人高野とよばれた太陽寺がある。大血川の名の由来は、平将門伝説に彩られている。秩父には将門伝説がたくさんある。これもその一つで、上・武山境の城峯山《じょうみねさん》に立て籠もった将門勢が、藤原秀郷《ふじはらひでさと》に攻め立てられて落城した時、妃の桔梗の前は従者たちに助けられてここまで落ち延びたが、追手に囲まれて妃は自害した。

妃を慕った従者たちも次々と自害して、そのおびただしい血が流れて、七日七夜にわたって谷川を赤く染めた。それが大血川の由縁という。

また、秩父に所縁《ゆかり》の深い畠山重忠が太陽寺で生まれて、この川で産湯をつかったので、於乳《おち》川《がわ》といったものが、いつしか大血川と書き換えられたという説もある。これも詳しくは、寺の僧と蛇の化身である娘との間で生まれた赤子を、川に流したところ、荒川を下って畠山で拾われ、長じて重忠になったという、一種の貴種流離譚《きしゅりゅうりたん》である。

単純なものでは、川の流れを大蛇《おろち》に見立てて、〈おろち川〉といったのが、〈おおち川〉に訛ったものという。

私はこれは〈魚落ち川《よおがわ》〉だとみる。魚《うお》は秩父ではヨーと発音する。魚釣りはヨーツリ・腰に吊るす魚籠《びく》はヨートリッコシゴと言った。魚の上れない山中の滝を〈魚留の滝〉というが、魚落ち川はそれと同じで、単に落川ともいって、何らかの理由で上流に魚の棲めない川のことである。〈黒血川〉は秩父市下吉田の石間地区を流れる沢の名前である。将門が立て籠もったという城峯山に続く麓で、沢の上には比丘尼ヶ城《びくにがじょう》という砦《とりで》があったと伝える。比丘尼ヶ城というだけに、ある比丘尼が指揮を執って、城の女性たちの隠れ処《かくが》的な意味を持つ、見張り城だったともいう。

城山が落城したとき、追い立てられ、切り伏せられる夫や兄たちを見て、ここに詰めていた女性たちは次々と自刃した。その血が流れて下の沢を黒く染めたので、黒血川の名が付いたという。

同様の伝説が白岡市篠津の赤池にもあるという。隣地の菖蒲町にあった菖蒲城の武士たちが戦いに敗れ、ここまで逃げてきたが敵に追い詰められ、全員討ち死にした血が流れて、池の水を真っ赤に染めたために赤池とよばれるようになった――と。実際には、土質が鉄分を含んでいることから、赤池の名が付いたとのことである。

血洗島の義家の家来の傷ついた腕洗い説もそうだが、このように、人の血が川を染めた事によって川や海の名がついたという発想は、古く『古事記』や『風土記』の時代にさかのぼることができる。

大阪湾南部の和泉灘を古くは茅淳海《ちぬのうみ》といった。茅淳の名の由来について、『古事記』は、神武東征の折に、日下《くさか》の蓼津《たでつ》で長須泥毘古《ながすねひこ》の矢を受けた五瀬命《いつせのみこと》が、その手傷を洗ったので血沼海《ちぬのうみ》＝茅渟海というと説明している。

次は、『播磨国風土記』の〈臭江《くさえ》〉の里の由来についての説明である。《応神天皇の時代、この村の人たちは互いに争って混乱を極め、どうにも収まらないので、天皇は刃向かう者どもを追い集めて斬り殺させた。その死臭がひどかったので臭江の名が付いた。そのとき、その血が黒く流れて川を染めたので黒川と名付けた》。

大げさな発想だが、想像をかき立てる物語性があるために、この種の話は各地でその土地の歴史に準えて語られ、人々に受け入れられてきたものとみえる。

町張《ちょうはり》・丁張《ちょうはり》・風張《かざはり》

新田開発と空っ風

利根川・江戸川筋に集中する〈張〉地名

〈町張・丁張・長張〉など、字は違うが、おそらく同じ意味と思われる地名が、県北東部から南東部にかけての、加須市の旧北川辺町・久喜市の旧栗橋町から、杉戸町、吉川・草加・川口の各市に集中して存在する。これはほぼ栃木・茨城・千葉県の県境、つまり利根川や江戸川に沿った地域に集中しているという事である。

また、旧北川辺町には、向古河と本郷地区に〈風張耕地《かざはりこうち》〉の地名が見える。熊谷市妻沼の永井太田と、深谷市幡羅《はたら》にも〈風張〉の小字があった。それらに似た地名としては、行田市皿尾に〈外張《とばり》〉、越生町に〈北外張〉が、本庄市の児玉町下浅見に〈後張《こはり》〉、東秩父村安戸に〈浮張《うきばり》〉という地名が見える。

〈風張〉は東北地方に多い強風地帯

私が調べた限りでは、全国にも町張・丁張の地名も苗字も見当たらなかったが、〈風張〉の地名は青森県八戸《はちのへ》市是川《しこれかわ》にあり、ここには〈風吹切《かぜふっきり》〉という地名もあった。また、同市櫛引地区には、〈大吹張《おおふきばり》・吹張平《ふきばりたい》〉という地名もある。秋田県大館市葛原《くずわら》には〈風張《かざっぱり》〉が、同県北秋田市には〈風張城址〉がある。

岩手県九戸郡《くのへぐん》九戸村にも風張があり、風張を苗字とする家も何軒かあるという。その他には、宮城県登米《とめし》市南方町と長野県飯田市上久堅《かみひさかた》にも風張が、東京都西多摩郡桧原村《ひのはらむら》には〈風張峠〉がある。

このように並べてみると、〈風張〉は強い風が吹くとか、風の吹き荒れる土地という事になりそうである。〈張る〉とは、〈腫る・脹る〉にも通じて、膨《ふく》れたり、はち切れそうになったり、弛《ゆる》みなく延び広がることである。

また、出張《しゅっちょう》という言葉がある。海外出張、出張所など。昔は兵を進めた先に陣を張ることを〈出張《でばり》〉といったが、その音読だという。江戸吉原の大店の高位の遊女は、夕刻になると仲の町の引手茶屋まで客を迎えに出張る慣習があったが、それを仲町張《なかちょうばり》とよんだ。ついでに、その資格のある遊女は、仲町張とよばれたという事である。この場合の〈張る〉は、人が通常の生活や仕事の圏内から、外へはみ出す事である。

〈丁張〉は町請開発か、建築用語か

風張や吹張は風が吹きまくる土地というと、〈町張〉はそれには当たらないようである。そこで改めて見直してみると、利根川から江戸川に沿った半月形の地域の共通点は、江戸時代を通して新田開発の盛んな土地だったという事である。

杉戸町を例にとると、〈東丁張・前丁張・裏丁張〉の字名をもつ茨島《ばらじま》地区と、〈丁張〉の才羽《さいは》地区は、ともに江戸初期の開発地で、村になる前は茨島新田・才羽新田とよばれていた。蓮沼地区では〈長張〉と書くが、ここも同じく初めは蓮沼新田という開発地域だった。堤根地区は中世に堤根郷の名を持つ古い土地だが、江戸時代に盛んに新田開発をした記録がある。ここでは〈町張〉と書いている。

〈丁〉と〈町〉は同じ意味である。〈丁〉が元だが、田んぼの面積を言う事から〈町〉の字ができた。今、市街地の小区分として〈〇〇町〇〇丁目〉と使うのはそのためである。古代の律令制で農民に田地を分け与える（貸与する）ときの単位は、一町は一〇段＝三六〇〇歩だったが、太閤検地以後三〇〇〇歩＝九九・一八アールとなった。

因みに、距離としては約一〇九メートルである。また、昔から丁は長とも書く慣習があったので、〈丁張＝町張＝長張〉は、当て字でもなく、書き換えでもなかったわけである。

では、〈丁張〉は何を意味するのかというと、新田開発の共通点に加えて、本庄市児玉の〈後張〉地名がヒントになると考える。『角川・埼玉県』によれば、ここに残る宝暦七年（一七五七）の検地帳に、元和九年（一六二三）の新開畑等の改めの事が記載されているという。〈後張〉は〈後丁張〉を略したもので、検地の後に開発された土地という意味ではないか。

そうだとすれば〈張《はり》〉は〈墾《はり》〉で開墾の事になる。〈丁〉を〈町請け・村請け〉とみれば、町張は町村で請け負って開拓した土地という事になる。ただし、市教育委員会編の『本庄市の地名②』では、児玉町の下浅見が村として独立していた時代に、この地域が隣接する四方田村に食い込んだように位置していたことから、後張の名が起きたのかと推測している。

もう一つは、領主の計画のもとに、一定の区画を区切って新田開発をすることを、丁張といったという事も考えられる。もともと丁張とは建築用語で、工事に着手する前に、建物の正確な位置を出すための測定作業をいう。その言葉を援用して、開発する場所に水縄を張って位置を測定し、そこに杭などを打ったりする作業を、丁張と言ったものではないか。

その土地の開発作業を通して、そこを丁張とよんでいるうちに、それが仲間内の共通のよび名になって、やがて新田開発が済んだ後にも、そのまま〈丁張〉として定着した――と考えるのだが、どうだろうか。

〈外張・北外張〉は建物や屋敷、あるいは何かの一区画からはみ出した所を指したものと考えて間違いないだろう。そう考えれば〈浮張〉は飛び地の開拓地化と思えてくる。

わずかな知見をもとに私見を述べてみた。確かな資料をお持ちの方がいたら、噴飯ものと笑われることは承知の上で、気になる地名の解明を目指して、あえて独断的な仮説でもって一石を投じてみたものである。とにかく歴史的な意味を持つ地名と思われるので、どなたかに教えを請いたいものである。

築比地《ついひじ》

泥土を突き固めた土地

〈築比地〉姓と〈対比地〉姓と

〈築比地〉は江戸川右岸に位置する北葛飾郡松伏町《まつぶしまち》の一部で、江戸期から明治にかけては築比地村だった。明治二二年（一八八九）、近隣の金杉・魚沼の両村と合併して金杉村となり、昭和四四年（一九六九）から松伏町の大字になる。

中世、古利根川が武蔵国と下総国の境界だったときには、下総領だったが、寛永一八年の江戸川改修によって、武蔵国に属することになった。

築比地は文字通りツキヒジということもあるが、いまは音便によって、ツイヒジが正式な名称になっている。江戸後期に書かれた『遊歴雑記《ゆうれきざっき》』では、〈弐十五里村《ツイヒヂムラ》〉という表記になっている。ともあれ、ここは希少ではあるものの、〈築比地〉姓の発祥の地であることは確かである。

ツイヒジといえば、群馬県邑楽郡《おうらぐん》にかつて築比地郷があり、戦国時代に築比地氏が築いた築比地城があったという。群馬県を中心に、埼玉・東京・神奈川・千葉に散在する、〈対比地《ついひじ》〉という苗字の発祥の地とされているところを見ると、ここもかなり古くからツイヒジとよばれていたことがわかる。

因みに、これもほとんど同じ地域に散在する〈築比地《ついひじ》〉姓より、〈対比地〉姓の方がやや多いそうである。

〈築地〉＝〈突地〉・〈築く〉＝〈杵突く〉

〈築地〉はツキジとも読むし、ツイジとも読む。いま、ツキジと言った時には、沼や海を埋めて築いた土地を指す。代表的に知られているのが、かつての東京都中央区の築地市場である。

ここは明暦三年（一六五七）の大火の後の復興計画で、隅田川の河口にあたるこの一帯が開発されたとき、その一部を佃島《つくだじま》の住民たちが、焼失した浅草の西本願寺の代替地として、自力で開発した。開発地は築地《つきじ》とよばれ、大半が武家屋敷だったが、再興した築地本願寺の周辺は、寺町のような景観を呈していたという。

大正一二年（一九二三）の関東大震災で焼けた、日本橋魚河岸がここに移転したために、戦後は都民の台所と言われ、世界最大の水産物流通量を誇る築地市場となった。

土塀をいうツイジは、ツイヒジを約《つづ》めた言い方である。ここの地名では築比地と書くが、普通名詞では〈築泥《ついひじ》〉。昔、盛り上げた土を突き固めて築いた塀を築泥《ついひじ》といい、約めてツイジと言った。泥《ひじ》は古語である。高級な屋敷の築泥は、土を突き固めた塀の上に瓦を葺いた。

『竹取物語』（九二三頃）のかぐや姫の住む屋敷は、そんな塀に囲まれていたという事だろう。

姫が天に帰ることを知った帝が、かぐや姫を迎えに来る天人たちを防ごうとして、《ついぢのうえに千人、屋のうえに千人》の弓矢を持った兵を配置する場面がある。

また、清少納言は『枕草子』に《人に侮《あなど》られるもの》として、《ついぢのくづれ》を挙げている。築泥を巡らすほどの屋敷の住人の没落を言ったものだろう。

これは築地塀《ついじべい》とか築垣《ついがき》とも言った。秩父方面では訛ってチイジともいう。なお、築泥に適した泥の少ない秩父地方では、代わりに石垣を積み、これをツイジ・チイジと言うのが普通だった。私など子どもの頃は、チイジとは石垣の事とばかり思っていた。

ならば、松伏町の築比地は土塀の事だったのか。そうなると、地域を代表するような、豪華な土塀を巡らした屋敷でもあったのかという事になる。だが、縄文前期から平安時代にかけての遺跡が幾つも確認されているというこの地域にも、土塀の遺跡や伝承は何もない。

大河の畔にあって下総国に属したり、武蔵国に編入されたりと、その流路によって翻弄されていた築比地地区は、いまの言語感覚では、ツイジよりツキジと読み解く方が相応しいように思われる。この地は江戸の隅田川河口の築地のように、泥土で埋め立てたり堤防を築いたりした地域である。

〈築地《つきじ》〉は〈突地《つきじ》〉である。〈築《きず》く〉は古くはキヅクと発音し、〈杵《き》突《づ》く〉ことだった。どちらも土を突き固める事。『出雲風土記』に〈杵《き》築《つき》の里《さと》〉の説明がある。今の島根県出雲市大社町《たいしゃちょう》の辺りのことだが、大国主命の宮＝出雲大社を建てようと神々が《宮処《みやところ》に参集《まいつど》いて杵突き給いき＝宮の敷地に集まって、地面を杵で突いて地固めをなさった》とある。

いまでも出雲大社の南側の土地は杵築南とよばれ、西側が杵築西である。これは大社の地が杵築であるという認識を示したものに他ならない。

風土記類には池を作る話が幾つも出てくるが、特に『常陸国風土記』には《池の堤を築《つ》かしめき》とか、《堤を造《つ》きて池を成《な》せり》などという言葉が頻《しき》りに出てくる。さらには造った池を《築《つ》きし池なり》と言っている。つまり、自然の地形を利用して池を造るという事は、堤を杵突くことに集約されるのである。また、土を盛り上げて杵突き固めたものが、〈築処《つか》＝塚〉である。

そういう原点に帰れば、後に分かれたツキジとツイジの言葉にこだわることなく、ここの築比地は古利根川縁の築地と解釈できることになる。

塚《つか》越《ごし》・塚《つか》崎《さき》

〈津《つ》処《か》越《ごし》〉で、川を渡る地点のこと

■〈塚〉の文字に惑わされた伝説

江戸時代から明治にかけて、県内に〈塚越村〉が二つあった。一つは現坂戸市内に、もう一つは現蕨市内である。

坂戸市の塚越村は戦国時代から記録に現れているというが、その地名の由来については、『風土記稿』も記している。それを基にした地元の口伝によると、《今、塚越地区にある塚越神社、別名・義家塚がその由来である。源義家が奥州に向かう途次、この地に差し掛かったとき、越辺川の氾濫によって進軍を阻まれた。義家がこの塚に腰かけて大宮住吉神社に祈願したところ、たちまち川の水は退いて、大軍は難なく渡河して、戦勝を果たすことができた。よってこの塚を塚の腰と呼んだのが、後に塚越となった。神社は文治三年（一一八七）、頼朝が先祖義家を偲んで勧請したものと伝える》。

もちろん、これは神社縁起が説く伝説だろうが、この話のキーポイントは塚と川越しである。蕨市の塚越は、これも『風土記稿』も述べているが、《戦国時代に現在の芝田中後に落ち武者を埋めて弔った塚があり、その向こうの村を向こう塚越と言ったのが、後に塚越になったという言い伝えがある。また、旅僧が経塚を築いた故の地名とする説もある》。

ここでは〈塚〉にはこだわっているが、〈越〉についての説明は、せいぜい塚の辺りを通る程度のことで、あまり説得力はない。もっと言えば、各地の小字で塚越地名でありながら、周辺に塚の存在が認められない所もかなりある。そこでは塚をどう説明したらいいいか。

伝説が伝える別な意味

私が注目したのは、多くの塚越地名が〈川縁にある〉という点である。つまり、〈塚越＝津処越《つかごし》〉で、川を渡る地点を指した地名ではないかと考えるのである。

〈津〉は河川の渡し場・海川の船着き場をいい、そこから交通の要所や人の集まる場という意味になった。〈津がいい〉とは交通の便がいいという事だが、いまでも秩父にはその言い方が残っている。

県内に二つの村以外に〈塚越〉を小名とする土地が八か所、〈塚の越〉と表記する所が三か所あった。その中には、実際に、塚・古墳などに関係する所もあるかもしれないが、ほとんどは河川の近くにみる地名である。

比企郡川島町の旧北園部村には〈墳の越《つかのこし》〉の小名があった。当地は市野川の決壊でしばしば水害を被るところなので、水難防止のために氷川神社を祀る。両隣の村にも氷川神社がある。〈津処越〉地名があってもおかしくない村である。

〈塚崎〉地名も、その考証を補強してくれるようである。坂戸市の塚崎は先の越辺川筋の旧塚越村とちがって、同じ市内でも高麗川左岸に沿った低地である。『風土記稿』は例によって、当地にある古墳の先であり、塚崎は〈塚先・塚前〉の仮借であると述べている。

しかし、春日部市の江戸川沿いで、その河川敷の大凧揚げで有名な、宝珠花《ほうしゅばな》地区に並ぶ〈塚崎〉や、幸手市の川向こう、茨城県猿島郡境町《さしまぐんさかいまち》の〈塚崎〉が、利根川と宮戸川に挟まれた三角地帯であることなどを見ると、これはやはり〈津処先《つかさき》〉と考えざるを得ないのである。ならば、〈塚崎〉は〈川崎〉とどう違うかというと、広い意味では重なる部分が大きいけれども、〈川崎〉は河川または川俣などの前にある集落をいい、〈塚越＝津処越〉は渡河するところを意識した言い方である、と区別する事ができるのではないだろうか。

コラム　塚越と津処越

塚越を〈津処越〉とか、塚崎を〈津処先〉などと書き換えると、それはこじつけではないかと訝る人もいるが、それは日常的に漢字に接しているうちに、すっかりその漢字に慣れてしまって、逆に言うと漢字に拘束されてしまっている結果として、ムリもない事である。しかし、〈塚〉とはもともと〈築処《つか》〉であり、塚を〈築く〉とは〈杵築《きつ》く〉ことだとおもえば、津処越も納得できるのではないか。

流路が湾曲して自然に水に包まれている地形を〈袋＝池袋・沼袋〉などというが、人工的に水を引いて袋状にしたものが池で、これを〈池を包む〉という。川の流れなら〈淵を包む〉。水を包む作業は〈土積《つっ》み〉で、それによってできたものが、形から言えば〈包〉であり、意味から言えば〈堤〉である。

『常陸国風土記』には、池を造る話がしきりに出てくるが、《堤を築《つ》きて池を成《つく》れり》とか、《築《つ》きし池なり》と言っている。また、堤を造ったり、家を建てるための地固めは《杵築く》と記す。

　このように、漢字は表意文字だから、意味がぴったり合えばそのまま意が通じるし、音を仮借した場合には、長年のうちに漢字のもつ意味が表に出てしまって、真意が隠されてしまう事がある。

鶴《つる》ケ《が》島《しま》・鶴《つる》舞《まい》・鶴《つる》巻《まき》・鶴《つる》ケ《が》曾《そ》根《ね》・鶴《つる》柿《かき》・鶴《つる》梅《うめ》

蔓に通じて

鶴は優雅でめでたい鳥

〈鶴〉のつく地名で名高いのは、京都府の〈舞鶴市〉である。舞鶴は優雅な名称だが、実はその通り、江戸時代にそこを統治していた田辺藩の居城・田辺城の雅名を取ったものだったのである。

江戸時代この地は田辺といって、山城と紀伊にも田辺があった。現在の京田辺市と、和歌山県田辺市である。明治二年（一八六九）廃藩置県の折に、太政官から紛らわしい名称を避けるためとして、改名を命じられた田辺藩は、田辺城の雅名を採って舞鶴と改名した。

横浜市の〈鶴見区〉の名も知られているが、この地名の由来は、民間では例によって、頼朝が鶴を放した故事によって名付けられたとしているが、本来の意味は市内の鶴見川の流れにあるらしい。

県内には〈鶴ヶ島市〉がある。市の名称は明治二二年（一八八九）の町村制施行時の〈鶴ヶ島村〉の誕生から始まり、その名は市内の脚折《すねおり》地区の伝承に由来する。旧脚折村は、一二村二新田で合併して、鶴ヶ島村を構成した内の一つの村だった。

この村には雷電池という大きな池があり、ここから流れ出す幾筋もの小流が辺りの水田を潤し、広い湿地帯とたくさんの沼を作っていた。池の中に小島があり、男松・女松とよばれる二本の老松が生えていたが、五〇〇年ほど前のこと、その松にひとつがいの鶴が巣づくりして、やがて雛鳥が空高く羽ばたいていった。以来この島は鶴ヶ島とよばれていた――という伝承がある。今、そこには市名発祥の地の記念碑が立つ。

因みに、鶴ヶ島村は昭和四一年（一九六六）に単独で町制を敷き、平成三年（一九九一）にやはり単独で市になった。

〈亀久保村〉から分村して〈鶴ヶ岡村〉に

明治二二年の町村制施行以前には、県内に鶴の付く名の村が三つあった。一つは〈鶴ヶ岡村〉。

後に大井町になり、現在はふじみ野市に属す。『風土記稿』は、この村について、正保（一六四四〜四八）の検地帳には記載がなく、元禄（一六八八〜一七〇四）になって初めて出た村名なので、その間に開発された新しい村であると記している。続けて鶴ヶ岡の村名について、《亀久保村の隣村なれば、其対《そのつい》をもて名づけしと云《いう》》と紹介し、《滑稽《こっけい》に渉《わた》りたることなれど、姑《しばら》く土人の伝えるままを記せり＝おどけ話の範囲を出ないような説明だが、とりあえず土地の人が語ったまま記しておく》と、感想を付記している。

当時、村の周辺の開発によって新田が増えると、分村して上・下に分けたりしたものだが、ここでは〈亀久保村〉からの分村なので、縁起を担いで〈鶴ヶ岡村〉と佳名をつけたものだろう。本書「堰・関の項」で述べたとおり、この辺りは霞ヶ関をはじめ、たくさんの雅《みやび》を気取った地名が集中していた所なので、そのような地名を付ける風潮が満ちていたものとも察せられるのである。

なお、別な由来として、この地に土着した小田原藩の武士が、鎌倉の鶴ケ丘八幡宮を勧請して社を建てた事によるという説もある。

鶴の付く小字は三〇か所以上

次は現八潮市の〈鶴ケ曽根村〉。中川右岸の自然堤防上にあり、南北朝の文書に、中川の渡しの関銭の徴集権についての記述がある事から、古くから交通の要所で、関が設けられていたことがわかるという。

『風土記稿』は《今、村内に僅《わずか》の塚ありて鶴塚と呼ぶ。村名もこれより起これりといえども覚束《おぼつか》なし》と、これも自信なさそうに紹介している。

三つ目は富士見市の〈鶴間村〉。戦国時代から見える地名で、〈鶴馬〉とも書いた。明治二二年に合併して〈鶴瀬村〉の大字鶴馬となり、現在は市の住居表示実施により、分割・改名が行われ、わずかにその名を残すのみとなった。

地名の定めとして消えるものも、新しく生まれるものもある。坂戸市の〈鶴舞一丁目〜四丁目〉は、昭和五一年（一九七六）の住居表示施行によって、成立したものである。

鶴のつく小名は、『郡村誌』で数えると、県内におよそ三〇か所ある。同じ地名もあるなかで、最も多かったのが〈鶴巻〉で一〇か所。内の一つは〈鶴蒔〉と書く。続いて〈鶴舞〉が〈鶴ヶ舞〉と合わせて七か所。〈鶴塚〉〈鶴指〉が各二か所で、あとは一つずつ〈鶴ヶ峰・鶴ノ台・鶴の谷・鶴土居・鶴見山・鶴泊・鶴間竹・鶴柿・鶴梅〉などである。果たして、これらが今どれだけ残っているか。

鶴は松の木には止まらない

ところで、このツルは地名として、どんな意味を持っているのだろうか。文字通りなら、あの首の長い、大型の白い鳥にまつわる事になるが、果たしてどの地名がそれに関わり、あるいは関わらないのだろうか。

まず、鶴ヶ島市の雷電池の鶴伝説だが、これは池の小島の老松の梢に、鶴が営巣したという話である。鶴は世界には二八種もいるというが、日本で見られるのは三種のみ。マナツルとナベツルはシベリアから山口県や鹿児島県に飛来する。たまには越冬してニュースになることもある。もう一つのタンチョウツルは、日本で繁殖する唯一の野生鶴である。漢字では丹頂鶴と書く。丹は赤、頂は頭頂で、頭の天辺が赤い鶴の特徴を表す名である。

北海道東部のクッチャロ湖やサロベツ湿原・十勝川流域などに群生し、地上に営巣して産卵する。越冬期には釧路地域に集中するが、常に湿原・草原に棲み、樹上に止まることはない。ましてて、松の梢に営巣などあり得ないことなのだが、松と鶴というめでたい取り合わせが好まれて、その図柄の絵が正月の床の間などに飾られる。鶴ヶ島市の市名発祥の地の記念碑も、その事は十分承知の上で、先人の思いを大切にする意味で建てられたものだろう。

その思いに水を差すようだが、しかし、地名の解明というならば、これもまた承知の上で、事実は事実として指摘しなければならない。老松のような高木の樹上に好んで営巣するのは、鶴に似たコウノトリである。脚が赤く、頭頂が赤くないことで、タンチョウツルとの識別ができる。これはかつては日本各地で繁殖していたが、明治以降に激減したという。

ツルは蔓・綱に通じ、長いもの・巻くもの

ツルは鶴の他に〈蔓〉・〈弦〉・〈吊る〉・〈釣る〉などの言葉がある。これらの共通するところは、〈長く繋がっている〉事である。〈繋がる〉・〈繋ぐ〉・〈綱〉も同義だろうが、〈連る〉は〈連るばる〉・〈連れる〉・〈連なる〉・〈貫く〉・〈つるむ〉・〈つるび〉・〈伝う〉・〈伝い〉・〈伝《つて》〉・〈蔦《つた》〉・〈氷柱《つらら》〉・〈つらつら〉などの派生語を生み、いずれもが長く伸びたり、連携して空間を占めることを示している。

その意味から、川が蛇行して地域を取り巻いている地形をツルマキという。ツルマキとツルマイは同義だろう。その例として、山梨県の都留市がよく挙げられる。

東北地方では、山脈の繋がりをツルといい、山の嶺伝いをツルを越す・ツルを渡るというそうである。連なる・繋がるから考えれば、〈鶴ケ曽根〉は〈曽根＝小石混じりの痩せ地〉の続いている所と、解釈することができる。ただし、ソネは自然堤防のような微高地を指す事もあるというから、そこが痩せ地でなかったら、長く続く自然堤防という事になるだろうか。

九州では、川の両岸の山が急に開けて、やや広い平地になる地形をツルというそうである。

そこでは川の流れが急に緩やかになる。それは瀞《とろ》と同じ流れである。横浜の鶴見区が、鶴見川の流れに由来するという説を採っているのは、そこに着目しているものである。鶴見川の川床は、海に注ぐ辺りで傾斜が緩やかになり、流れはたゆたうようなかたちになる。その形状がツルである。その場合〈水流《つる》〉と表記することが多いようである。

〈鶴柿〉は、「柿の木」の項で述べたように、〈柿〉は〈欠け＝崩れたところ・崖〉を表す事から、川が蛇行する地点の崩壊地を指すものと思われる。また、〈鶴梅〉はおそらく、蛇行した川縁が崩落したか、または上流からの土石流によって、埋め立てられた場所である。地名の〈梅〉はほとんどが〈埋めた・埋められた〉場所を指す。

その他の鶴地名は、それぞれの現地を見なければ何とも判断できないので、他の方の考察に委ねたい。

舎人新田《とねりしんでん》・采女新田《うねめしんでん》

開拓者の名を冠した新田

〈舎人《とねり》・采女《うねめ》〉ともに古代の律令制度の職名

〈舎人〉は天皇や皇族のそばに仕えて、公務や生活上の雑事にたずさわる者のこと。舎人にも身分的職掌があって、内舎人《うどねり》・大舎人《おおとねり》・東宮舎人《とうぐうとねり》・中宮舎人《ちゅうぐうとねり》と分かれ、内舎人は貴族の子弟から選ばれ、それ以下は下級官人の子弟や一般人からも選任された。『古事記』を編纂したことによって知られる、稗田阿礼《ひえだのあれ》も舎人の一人だったことが、その序文に記されている。《時に舎人有りき。姓は稗田、名は阿礼》。

時代が下るにつれてその用例が広がり、平安時代になると、貴人に仕える牛車《ぎっしゃ》の牛飼いや、馬の口取りなど雑用をこなす者を、総じて舎人とよぶようになった。鎌倉時代の軍記物などでは、軍や武将に随行する人夫たちを、慣用句的に《とねり牛飼いなど》と記している。宮廷での職名は、地位や職掌は変化しながらも、明治政府の宮内省まで引き継がれていた。

天武天皇の第三皇子に舎人親王がいる。太安万侶《おおのやすまろ》と協力して『日本書紀』を編纂した。もちろんこれは固有名詞である。この時代には珍しいが、後には個人の名前にも舎人が使われるようになっている。

東京都足立区には、この舎人親王に由来すると説く、舎人という地名がある。〇八年に開業した、新交通システムの日暮里・舎人ライナーで知られた名称である。

〈舎人新田〉は、桶川市の元荒川右岸の低地に位置する、江戸時代の開拓地である。そこは元、近くの護摩堂寺《ごまどうじ》所有の護摩堂沼とよぶ沼地だったが、元和元年（一六一五）に、舎人と名乗る者が開拓したためにその名が付いた。低地の沼だったために、周囲の村の悪水が流れ込むので、堤防を築いたりといった苦労が続いたようである。文化・文政期（一八〇四〜三〇）の戸数は一〇戸余りだった。これでわかるように、江戸時代には舎人は個人名にも使われるようになっていた。

天皇・皇后のお世話をする女官

〈采女〉は宮中の奥向きの殿舎に住み、天皇・皇后などの日常の世話をする女官の一つ。『日本書紀』に《凡《およ》そ采女は郡の少領《しょうりょう》より以上の姉妹及び子女の形容端正《かおきらきら》しき者を奉《たてまつ》れ》とあるように、律令制では諸国の郡司一族の一三歳から三〇歳までの容姿端麗な女子を選んで出仕させた。《郡の少領》とは郡司に次ぐ、郡の次官のことである。

『古事記』には、雄略天皇と采女の話がある。ある日、天皇は奈良の長谷《はつせ》に行幸して、一本の大きな槻《つき》の木の下影に宴席を張った。随行した三重《みえ》出身の采女が天皇に酒を捧げようとしたところへ、槻《つき》の葉が一枚落ちてきた。槻とはいまの欅《けやき》のこと。采女はそれに気付かず、欅の葉の浮かんだ大杯を天皇に献じた。

それを見て怒った天皇は、酒杯を投げ捨てて、采女を足蹴にした。天皇はそれでも怒りが収まらず、剣を抜いて采女の首を斬ろうとした。采女はとっさに、伊弉諾《いざなぎ》・伊弉冉《いざなみ》二神が天《あめ》の沼矛《ぬぼこ》で海水を掻き回して、国土を固めた話を引いて、酒杯に槻の葉が浮かんだことは目出度い兆《きざし》だと歌うと、天皇はそうだったのかと機嫌を直して、宴会を続けた……と。

奈良の興福寺の五重塔を映す、猿沢の池の畔に采女神社がある。『大和物語』(九五二頃)が伝える、天皇への思慕の余りに、この池に身を投げた采女の霊を弔ったもので、今でも毎年九月には、華やかな天平衣装《てんぴょういしょう》を身にまとった采女たちが、町を練り歩く采女祭りが行われている。

七世紀末に明日香《あすか》の宮《みや》から藤原京に都が遷《うつ》ったときに、志貴皇子《しきのみこ》は明日香京を懐かしんで、『万葉集』にこう歌った。《采女の袖吹き返す明日香風都《みやこ》を遠みいたずらに吹く＝今までは采女のはなやかな袖を吹き返していた明日香の風も、都が遷《うつ》って遠くなり、ここはすっかりさびれてしまったので、今はなんのかいもなく、ただ虚《むな》しく吹いていることよ》。

これらをみると、采女の役割や存在がどんなものだったか、断片的ながら浮かんでくるが、役柄なども変化しながら、名目的には江戸時代まで続いていた。それが舎人と同じように、いつしか個人の名前にまで使われるようになった。しかも、女官の職掌が男性の名前にもなっている。

さて、采女新田だが、三郷市の中川左岸に位置し、これも江戸時代に、姓は森で采女を名前とした人物が開拓した所である。『風土記稿』はこの新田について、開拓した当時は、采女が居住する彦糸村に属していたが、元禄八年(一六九五)の検地のときに、分村して采女新田村になったとのことと、伝聞的に記している。

新田に付けた開拓者の名前

江戸時代、税収を挙げるために幕府も藩も新田開発を奨励したので、開発地が盛んに起こった。個人で開拓した所は、開発者の名を冠して、舎人新田とか、采女新田とか、与左衛門新田（草加市）などと名付けるのが通例だった。

なお、中世までに開拓した土地は〈墾田〉とよび、それ以降の開拓地は〈新田〉とよぶ習わしになっていた。

中島《なかじま》　河川の中州と村境の緩衝地帯など

川中島の合戦――なぜそこに拘《こだわ》ったか

川中島の合戦の古戦場には、今、上杉謙信と武田信玄が、互いに旗指物《はたさしもの》を背に、馬上で対決している像が立つ。守り神とする毘沙門天《びしゃもんてん》の毘《び》の旗を背負った謙信は、名刀謙信景光《けんしんかげみつ》を腰に、太刀を振りかざし、風林火山の信玄は、得意の軍配でそれを受けようと身構える像である。

川中島の合戦は、天文二二年（一五五三）から永禄七年（一五六四）までの一二年間にわたって、五回の戦闘が繰り広げられた。中でも激しい死闘が展開されたのが、第四次の合戦だった。像の姿は、そのとき謙信が、一騎で信玄の陣営に斬り込んだという、逸話《いつわ》を再現したものである。

両陣営がそこまで川中島にこだわった理由は、一にその地形にある。ここは犀川《さいかわ》と千曲川が合流する地点で、越後と信濃を結ぶ交通の要所である。その上、土地は肥沃《ひよく》で、豊かな土地だったから、鎌倉時代から、ここを領土と狙う土豪たちの争いも絶えなかった。両雄にとってこの地を押さえ、周辺の土豪たちを配下に置く事は、関東の攻略にも欠かせない要件だった。

しかし、一口に川中島の合戦というけれども、実際に両陣営が全軍でぶつかり合って、併せて八〇〇〇もの戦死者を出すほどの激闘を展開したのは、永禄四年（一五六一）の第四次合戦だけで、あとは両岸に対峙《たいじ》して睨《にら》みあったり、多少の小競《こぜ》り合《あ》いをしただけで引き揚げている。

その理由は、三次までの合戦は、その場を巡っての局地戦だったが、四次の合戦は、幕府をも巻き込んだ、政局絡みの戦いだった事によるとする説が有力である。しかし、歴史に残る合戦としては、きわめて史料が少ないのも、この事跡の特徴だという。長年にわたる多大な消耗戦の割には、共に痛み分けの状態で、誇るべき戦果もなかったために、両軍とも積極的に記録を残そうとしなかったのではないかと評されている。

「幕張の杉」――そこは緩衝地帯

資料がないだけに、口碑や後の創作めいた逸話はたくさん残されているようである。その一つに、「幕張《まくはり》の杉《すぎ》」の伝説がある。第四次の合戦に臨んで、両陣営が川中島で対峙したとき、地元の六か村の長《おさ》たちは両陣営に対して、村を戦場にしないようにと申し入れた。

戦国の習いで、村はいつ戦場にならないとも限らない。川中島にしても、両者の領有地ではなく、互いが出張って来て戦場にされただけである。こんなとき、どちらかに就《つ》いて保護してもらうか、両者に頼み込んで、合戦を避けてもらうしか、非力な村には術《すべ》はない。それには食糧を調達して差し出すか、金を出すしかない。

それによって認められれば、軍令によって保護の制札が立てられる。永禄一〇年（一五六七）、東大寺は三好義継と三好三人衆が陣を張ったために、松永久秀に攻められて焼失する。法隆寺は、翌年、上洛した信長に七〇〇貫文を献上して、寺に対する乱暴狼藉《らんぼうろうぜき》を禁ずる制札を貰った。一貫文を一〇万円に換算すると、七〇〇〇万円の保険を掛けたことになる。当時はこの慣習を「礼銭」といった。

川中島の六人衆が何を差し出したかまではわかっていないが、とにかくこれが功を奏して、甲・越両軍はそこに停戦ラインを引き、目印として、代表の青木家の庭の二本の杉の木に幕を張った。両軍は、近くに〈陣場川原〉という名を残す合戦を展開したが、約束通り村は戦場にはならなかった。

〈中島〉は、川中島の名が示す通り、川の中州《なかす》をいうことが多いが、ときに村と村との境の、緩衝地帯をいうことがある。この川中島は村長たちの働きにより、地名通りに、中島＝緩衝地帯となったわけである。

河川の中州＝中島と合併地名も

川の中州としての大規模な例は、大阪市北区の〈中之島〉が挙げられる。淀川下流の堂島川と土佐堀川に挟まれた中洲で、江戸時代から栄え、今は大阪市の都心部となっている。

埼玉県には、かつてナカジマを名乗る四つの村と、およそ六〇の小名があった。内、現越谷市内の中島地区は、地先で大落古利根川と、元荒川が合流する三角州状の土地で、信州の川中島と相似する地形である。

幸手市に属する旧中島村の名は、中川の乱流により、島状になったことに由来すると言われている。古くは下総台地の北端に位置していたが、寛永一八年（一六四一）に、利根川の改修工事によって、江戸川右岸に位置付けられたというのだから、まさに中島である。

吉川市は江戸川と那珂川《なかがわ》に挟まれた地域だが、市内の旧中島村は、その中でもさらに、東大場川と西大場川の間の土地である。

これらの村は、本来の中島の形状を、そのままに示しているが、もう一つの、さいたま市桜区の旧中島村は、荒川左岸の低地に位置しているものの、地域の変貌が激しく、何の中島なのかその意味が読み取れない。

明治になってから、現羽生市内に中島村が誕生している。明治三四年（一九〇一）に中手子林《なかてこばやし》村《むら》と北荻島村《きたおぎしまむら》が合併して、両村の一字ずつを取って中島とした合併地名である。しかし、この村は、昭和一八年（一九四三）には、再び手子林村に合併して村名を解消し、元の村の名で手子林村の大字となり、昭和二九年（一九五四）に羽生市の誕生と共にその一部となった。

四本の沢の〈中島〉と二つの村の間の土地

秩父市上吉田に、〈中島〉という小字がある。ここは戦国時代、北条氏が家臣に対して発した土地を宛う《あてが》文書に、〈中嶋〉として登場する。村とは書いてないが、他の村名と並べているので、当時の一村だったことがわかる。今は中島と書いているが、こんな山の中で、なぜ中島なのかと話題になることがある。しかし、それは地図を開いて見れば、すぐにわかる事である。たしかに、ここは山に囲まれた村だが、地域に沿って流れる吉田川を、水という文字の最初の縦の一画とみると、その両側から迫る山襞《やまひだ》を斜めに流れ下る、それぞれ二本の沢が、この流域で縦線に対して〈水〉の字型に合流しているのである。この地形が中島の由来とみて、間違いはないだろう。

小鹿野町にも中島の小字がある。この地は、旧小鹿野村と、旧下小鹿野村の中間地帯にある。

この小名は『風土記稿』には記載がない。つまり、それが編纂された一九二年前には、まだ、その地は村外れの緩衝地帯で、集落はなかったものと思われる。これは二つの村の間の中の島である。（本書『堰・関』の項参照）

シマは自分（たち）が占めた土地

シマは、現代では、海や湖沼の中の陸地と解されているが、遠く語源を探ると、自分に属する土地を中心に、自分の周辺にある土地を指す言葉だった。それは今でも「オレのシマ」と言うように、縄張りの内という意味で使われることがある。

神社の境内に張る〈注連縄《しめなわ》〉は〈占め縄〉で、神の領域を示すものである。空き地の回りに縄を張ったり、休日のガソリンスタンドなどで、ポールを立てて縄を張ったりするのも、所有者のシマを示すための占め縄である。この標識を昔は標《しめ》と言った。

さらに言えば、自分の狙う物が手に入りそうになると、シメシメといい、手にしたとたんにシメタと叫び、失敗するとシマッタと悔しがるのも、すべて〈占め・占ま〉である。

戦国時代から、城の周りに堀を巡らすようになった。これは水で囲むことが、城《しま》を守る最高の手段という事を学んだからである。大阪城が堀を埋めたことによって、簡単に落城したことがそれをよく物語っている。

そんな経過から、本来のシマの意味が忘れられていくうちに、最も相手に奪取されにくい条件を備えた水に囲まれた陸地だけが、シマという言葉を独占することになったものである。しかし、古い言葉を伝える沖縄や、会津地方などには、今でも村や集落をいうシマが残っているということである。

そうした意味から、〈中島〉地名は、二つの村の緩衝地帯として、両者の真ん中にあるシマを指すこともある。

県内に六〇か所もあった中島の小名が、今どれだけ残っていることか。現存するそれぞれの中島地名が、どんな地形によってそうよばれることになったのか、一つ一つ当たってみるのも興味深いことである。

島間《しまあい》・間の谷《あいのや》・合の谷《あいのや》・会の谷《あいのや》・相の谷《あいのや》・間の田《あいのた》

〈問〉に集約される地名

行田市の旧上池守村に〈下島間《しもしまあい》〉という小名があった。下《しも》があるなら上《かみ》もあるだろうと探してみたが見当たらない。そこで下は別として、〈島間〉を考えてみると、それは前項の〈中島〉

とほぼ同じ意味だろうと思われる。なお、行田市には、旧皿尾村に〈野《の》合《あい》〉という地名があるが、これは共同草刈り場のような、共有地を指すものと思われる。

行田市の旧荒木村には、もう一つ、中島と同じ意味合いを持つと思われる、旧佐間村に〈入合《いりあい》〉、〈相《あい》の谷《や》〉という小名がある。これは同じものや、文字は違うが同じ意味と考えられるものが各地にあるので、『郡村誌』の「小名一覧」から拾ってみると、ざっと三四か所もある。

書き方はさまざまだが、〈会野谷〉九か所・〈会の谷〉五か所・〈相野谷〉六か所・〈相の谷〉五か所・〈合野谷〉一か所・〈合の谷〉五か所・〈間の谷〉三か所といった具合である。

数は三か所しかなかったが、本来の意味は〈間の谷〉だろう。〈間《あい》〉は〈合間・間合〉というように二つのものの間の事である。宿場と宿場の間にある休憩所を、〈間の宿〉といい、仕切りに設けた垣を〈間の垣〉という。寺社建築などで、主要な部屋を繋ぐ小部屋を〈相の間〉と書くのは、〈間の間〉では紛らわしいので、書き換えたものである。つまり、〈相〉は〈間〉に通ずるというわけである。それを拡げれば、〈合〉にも〈会〉にも通ずることになる。

ここまでは〈谷〉だったが、同じような〈田〉も少なからずある。〈間の田〉・〈合の田〉が各五か所・〈会田〉が四か所・〈相田〉・〈愛田〉がそれぞれ一か所の計一六か所である。

これを地図に落としてみると、ある特徴が浮かんでくる。それは〈アイノ谷〉地名が古利根川筋に集中し、〈アイノ田〉地名が荒川筋に集中していて、その区分が不思議なほど明確だと

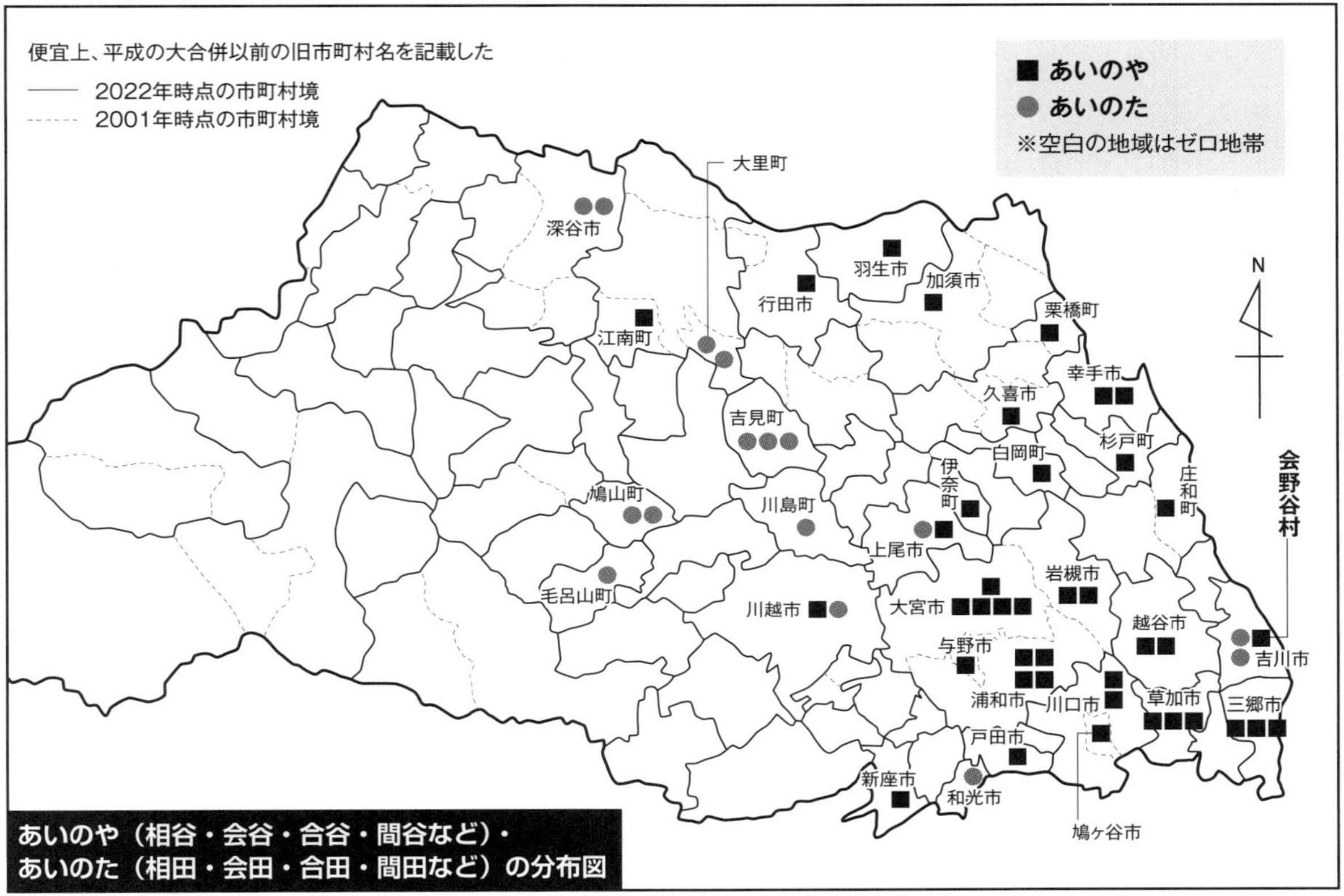

あいのや（相谷・会谷・合谷・間谷など）・
あいのた（相田・会田・合田・間田など）の分布図

いう事である。

両者の共通点は河川敷の低地であるということ。考えられるのは、新田開発である。〈アイノ谷〉は谷間として低地を指すのか、または耕地の間の谷＝低地を言うのか。

そして、〈アイノ田〉の方は、河川敷、つまりこれまでは手の付かなかった低地＝谷間《たにあい》の開発田とでも言うのだろうか。そう思うもう一つの理由は、深谷市・鳩山町・毛呂山町を繋ぐラインの北部、つまり、山岳を擁する地帯にはそれらの地名が一つも見当たらないことである。

これはまったくの推測に過ぎないが、この地図に沿って厳密に現地を踏査すれば、もっと確実な答えが得られるかもしれないので、ここでは資料提供ということにしておいて、後の研究に俟《ま》つことにしよう。

名栗《なぐり》　名栗渓谷の両岸の岩壁の切り立った形状から

県立奥武蔵自然公園に指定されている飯能市名栗地区は、平成の合併で飯能市に属する以前は入間郡名栗村。それより一〇〇年前＝大正一〇年（一九二一）までは、秩父郡の内で外秩父とよばれていた。

名栗郷の名は、元享四年（一三二四）の大宮郷妙見宮＝現秩父神社の造営に際して、近隣の郷村に建材を割り当てた古文書に見えるが、そこには那栗郷と記されている。例によって、発音に合わせて適当に当てた地名の漢字表記だから、〈名〉でも〈那〉でも、本来の意味を表すものとは限らないと考えるべきである。

地名の由来について、『風土記稿』は、当地の妙見・諏訪社の神職の説明として、村には栗の木が多く、特に両神社の辺りには栗の大木が多いので、そこに起因すると記している。その他には、この辺りはかつて、高句麗からの渡来人の集団移植があったところなので、韓国語の〈ノグリ〉＝狸に由来するという説、また、アイヌ語説もあるという。

しかし、〈栗〉は本書「栗原・栗橋・栗坪」の項で述べたように、〈刳り〉を語源としたものと思って間違いないだろう。この名栗渓谷は、かつては東国を代表する景観を有する地として、あずま渓谷ともよばれたとおり、両岸の切り立った岸壁に囲まれた渓谷は、子持ち岩とか弁天岩・かぶと岩などの奇岩に彩られて、自然公園の名をほしいままにしている。

目につくところすべてが、自然の力によって刳り裂かれ、刳り削られた岩壁がそそり立ち、谷底の激流は巨岩に泡立ち、岩盤を洗いたてているのである。日々、自然の力による刳り・刳る作用が行われているこの地域は、栗地名の典型的な地形と言っていいだろう。

次に名栗の〈な〉だが、これは切り立った両岸の断崖や渓流に座る幾つかの大岩などから、漢字を当てるなら〈双〉ではないかと思う。見るとおり双の字は又が二つ並んでいることによって並《なみ》と読む。山並み・並木道のナミである。

私がそう考えたのは独創ではない。ヒントは『角川・埼玉県』の名栗郷の解説にあった。地名の由来についての説を幾つか紹介した部分に続く、《ただ「ナ」をどう解するか。山城の殖《な》栗《くり》のナグリ神社は双栗《なぐり》神社と書くのが注目される》という一文である。

解説はそう述べただけで、話題を変え、それ以上は考証しようとしていない。

そこで〈山城の双栗神社〉を調べると、京都府久世《くせ》郡《ぐん》の九御山町《くみやまちょう》に鎮座する雙栗神社《なぐりじんじゃ》とわかった。神社は町内佐山双栗にあり、『延喜式』に載る神社で、本殿は国の重要文化財に指定されている。よび方は、かつては〈ナミクリ〉と言ったのだが〈ナグリ〉と約めていうようになり、また〈サグリ〉ともいわれているという。

社伝によれば、社名の由来は、久世郡の羽栗郷《はくりごう》と殖栗郷《なくりごう》の鎮守社なので、両方の郷の栗を併せて雙栗と称したのだという。それについては、羽栗氏《はくりし》の祖神を祀った氏神としての羽栗が、双栗と書かれるようになったとか、ハクリの読み方がサクリに変化したという説もあるという。

ところで、ナミクリがナグリになったというのはごく自然な音韻上の変化だが、それがサクリに変化したというのはあり得ないことである。そこで、よく考えてみると、〈雙〉は〈双〉の旧字である。その文字を使っていた時代には発音も旧仮名遣い的なもので、雙の音読みは

〈ソウ〉ではなくて〈サウ〉だった。〈サウクリ〉を早口で言えば〈サグリ〉になる。社名の〈サグリ〉は〈サウクリ〉の約だったのである。つまり、この神社の名は訓で読めば〈ナミクリ⇩ナグリ〉で、音読みすれば〈サウクリ⇩サグリ〉だったというわけである。

それがどう飯能市の名栗につながるかと言えば、ここのナグリの意味は〈双栗《なみくり》〉で、並び立つ切り立った岩崖を表しているという事である。一対の宝玉を双璧《そうへき》というが、名栗渓谷の美はまさしく双璧によって形作られている。地域を代表する名栗渓谷は〈双栗《なみくり》＝並剞《なみくり》〉の名に最もふさわしいではないか。

さらに言えば、名栗にほど近い飯能市内には、〈双柳《なみやなぎ》〉という地名がある。地域が近いだけに、名付け方に何か関連を思わせるものがある。

なお、西武池袋線や八高線の飯能駅と東飯能駅の辺り一帯を〈柳町〉というが、双柳はこの柳町との関係を匂わせるものの、私は推定するに足る資料を持ち合わせていない。

仁手《にって》・仁田山《にたやま》・粥仁田《かゆにた》・粟怒田《あわぬた》・野田《のだ》

元は沼田

『出雲国風土記』が解説していた〈ニタ〉の意味

〈仁手〉は本庄市内の地名である。利根川右岸の沖積低地の自然堤防上に位置し、戦国時代には上野国那波郡《なばぐん》に属する土地として見えていたが、寛永年間（一六二四～四四）の利根川の洪水時の流路変更により、武蔵国児玉郡の所属となった。

利根川沿いの仁手地区の上流域には〈久々宇〉・〈沼和田〉地名が並び、下流域には〈小和瀬〉・〈宮戸〉地名が続く。〈久々宇〉は別項で述べた通り、水を被《かず》くという意味であり、〈沼和田〉は沼の水が淀んでいる土地である。〈小和瀬〉は静かな流れ、〈宮戸〉は〈澪処《みおど》〉で水の湧く低湿地を表す。

このように並べてみると、その共通した土地の特徴から、仁手は沼地や湿地を表す〈ニタ地名〉であることが考えられる。

『出雲国風土記』の仁多郡《にたのこおり》の項に《仁多と号《なづけ》くる所以《ゆえん》》が述べられている。《大神・大穴持命《おおあなもちのみこと》、「この国は……にたしき小国《おぐに》なり」と詔《の》り給いき。故《ゆえに》、仁多という》。

出雲国の大神・大穴持命とは、因幡《いなば》の白兎の神話で有名な大国主命《おおくにぬしのみこと》、またの名は大黒様である。しかし、これではニタの意味はわからないが、もう一つ、同書の《沼田《ぬた》の郷《さと》》の項の地名伝説がこれを解いている。《沼田の郷、……宇乃治比子命《うのじひこのみこと》、「爾多《にた》の水もちて、御乾飯《みかれいい》爾多に食《お》しまさむ」と詔《の》りたまいて、爾多と負《おお》せ給いき。然《しか》れば則《すなわ》ち、爾多の郷と謂《い》うべきを、今の人、猶《なお》怒《ぬ》多《た》というのみ。神亀《じんき》三年、字《あざな》を沼田《ぬた》と改む＝（この地に至った）宇乃治比子命が弁当に持って来た乾飯《かれいい》をこの爾多＝沼の水で、爾多＝粥のように柔らかい飯にして食べる事にしようと言って、この地をニタと名付けた。だからこの地はニタと言うべきを、今の人は訛ってヌタと言っている。七二六年に地名表記を沼田に改めた》。

乾食《かれいい》とは飯を干し固めた携帯用弁当で、水や湯を注いで粥のようにして食す、今風に言えばインスタント・ライスである。宇乃治比子命は《ニタ＝沼の水》で乾飯を《ニタにして＝粥にして》といっていることから、大穴持命の《ニタしき小国なり》とは、沼のような水気の多い小さな土地という事になる。そうなると、これは前後の関係から、水田開発の適地であることを指しているものとわかる。

酢味噌和《すみそあ》えと猪のヌタ場と

この頃から沼や湿地をヌタ・ニタとよんでいたことがわかるが、今はさらにノタとも言って、多岐にわたる言葉を派生している。魚肉や野菜を細かく刻んで酢味噌であえた料理を、〈ヌタ合《あえ》〉とか、〈ヌタ膾《なます》〉という。あのねっとりしたところがヌタである。その状態をヌメル・ヌメリ、ノメル・ノメリという。やさいが腐った状態をナメルというのもこれである。

中世には湿気で粘り気があることをニタメクといった。塗《ぬ》るというのも、ねっとりした液状のもの＝ヌルヌルしたものを擦り付けることである。

鹿や猪が好んで寝転ぶ湿地をヌタバ・ノタバという。体に付いた虫を払うとか、熱冷ましとか言われるが、猪などは湿った泥地＝ヌタ場・ノタ場に身体を擦りつけて泥を身にまとう。その様をヌタウツとかノタウツというが、そこから身をくねらす事をノタスとかノタル・ノタクルというようになった。ただ寝転んでいる様までノタスというようになったために、寝転んでばかりいる怠け者を蔑《さげす》む、ノタ（者《モノ》）という言葉まで生み出した。

このように見てくると、『出雲国風土記』ではニタが訛ってヌタになったと述べているが、ニタ・ヌタ・ノタの語源はむしろ〈沼田《ぬた》〉ではないかと思えてくる。利根川沿いの仁手地名も、沼田状の湿地を指したものと考えていいのではないか。

〈粥仁田・仁田山〉峠＝湿地の多い滑りやすい峠

〈大仁田山〉と〈仁田山峠〉はともに飯能市にある。前者は標高、五〇六メートル。後者は四〇一メートルで旧名栗村との境にある峠である。〈粥仁田峠〉は、秩父郡皆野町と東秩父村を結ぶ峠で、標高五四〇メートル。『風土記稿』では〈皆新田峠《かいにたとうげ》〉と記している。これは東秩父側の麓が、当時の皆谷村《かいやむら》だったことによるのだろう。

明治一七年（一八八四）、社会の改革を目指して蜂起した秩父困民党の乙大隊長・落合寅一は、鎮圧に向かった憲兵隊を迎え撃つために、隊員約五〇人を率いて粥仁田峠の頂上に布陣した。後に捕らえられた寅市は、尋問に対して「ケーニタ峠」と秩父方言そのままに答えた事が、調書に記されている。

この峠の皆野寄りにすこし下がった所には、榛名《はるな》の池《いけ》とよぶ自然湧水池があり、大蛇伝説があるとおり、大雨の時には時々溢水《いっすい》して水害を起こす。その一事でもわかるように、この峠は湧き水の豊富な泥土質地なのである。因みに、麓の三沢地区には〈五十新田《いごにた》〉という地名もある。

寅市のいうケーニタ峠のケーは、皆や粥の文字を当てているが、本来は〈崩《く》え〉であって、崩仁多峠＝崩れた地面に水が浸みだして滑りやすい峠という意味だろうと思われる。仁田山も同然である。

なお、〈五十新田〉も示唆的な地名である。〈五十《いご》〉は伊古《いこ》・渭後《いご》・池《いけ》にも通じて、水を表す古語である。〈新田〉をニタ・ニッタと読むときには、多く〈仁多〉と書くニタ・ヌタ地名である。その点では〈五十新田〉は二重表現とも思われるが、よほどの湿地帯なのだろう。

この地名が示唆しているように、新田の表記は文字通り新しく開拓された田畑とは別に、ニタ・ヌタ地名を示している場合があることに注意する必要がある。その点からいえば、野田地名にもヌタ・ニタと同義という場合が考えられるようである。

春日部市の芦橋地区《よしはしちく》には〈粟怒田《あわぬだ》〉というちょっと変わった地名があるが、これも素直に読めばニタ地名だという事がわかる。傍証として、近くに〈小沼〉という地名もある。

峡《はけ》・𡶌《はけ》・垰《はけ》・赫《はけ》・岾《はけ》・岾《はけ》

方言なので国字で表記

関東方言〈ハケ＝崩れた土地〉は剥《はけ》から

岸壁や山の斜面、また台地の端などが崩れているところを、ガケと言うが、関東ではハケという言い方が優勢である。だが、本書九四ページの〈欠〉の項で見たとおり、ガケは江戸期からの言い方で、元はカケ（欠け）だった。では、ハケはというと、〈剥ぐ・剥が・剥げ〉から出たものと考えられる。岩壁・山の側面・台地の端などが剥げたところである。

そうした所は地肌が剥き出しになっているので、水捌《みずは》けがよいところから、捌《はけ》とする見方もある。たしかにそのような側面もあるにはあるが。

ハケのイメージを表すのに、なるほどと思わせる文字を当てているのが、朝霞市浜崎の

〈峡《はけ》〉である。旧浜崎村について、『風土記稿』は《土地高卑交《こうひまじ》りて水旱《すいかん》ともに憂《うれい》あり＝土地は高低入り組んでいて、洪水・旱の災害が多い》としている。そして小名には〈谷《やつ》〉と〈はげ〉を並べて、土地の《高卑》の存在を追補《ついほ》している。

現行の〈峡《はけ》〉が『風土記稿』の〈はげ〉の地を指すのであれば、これは〈剥ぐ・剥げ〉の考えを補完するものになる。なお、浜崎に隣接する旧溝沼村の小名には〈向峡《むこうはけ》〉がある。浜崎村の峡に向かい合っている土地なのだろう。

ところで、ガケにはそれに該当する〈崖〉という漢字があった。だが、関東方言とされるハケ・ハゲには、これにうまく当てはまる文字がなかったらしく、漢字風に表記するために、いろいろな造字を工夫している。

ハケの当て字〈𡶌《はけ》〉・〈岾《はけ》〉・〈砧《はけ》〉

川越市の旧山城村と藤倉村は新河岸川流域の低地に隣接しているが、両村にはともに〈𡶌下〉と書いてハケシタとよぶ小名があった。この造字はここでしか見られないが、これに似た〈𡋽〉と書いたハケ地名が、やはり川越市の新河岸川と不老川の流域に集中して見られる。

挙げてみると、旧野田村に〈𡋽上《はけうえ》・𡋽上東〉、旧新宿村《あらじゅくむら》に〈𡋽下《はけした》〉があり、旧中福村には〈大𡋽・小𡋽下〉、今福村にも〈小𡋽下〉があった。この〈𡋽〉は国字として、漢和辞典などにも収録されている。

これらの造字は崩れた傾斜面が赤土を剝き出しにしていることを示したものなのだろう。狭山市堀兼村には『郡村誌』には記載がないものの、『入間郡誌』に〈𡋽下〉があり、いまは変じて〈赫下〉となって、西武バスの停留所名にその名を残している。

〈岾〉は漢和辞典にはヤマとしてある国字だが、これをハケと読んでいる地域もある。新座市の旧大和田村に〈岾上《はけがみ》・岾下《はけした》〉、所沢市の旧南永井村に〈大岾《おおはげ》・岾野《はげの》〉、三芳町の旧北永井村に〈大岾《おおはけ》〉がある。

同じ〈大岾〉と書いても、三芳町北永井はオオハケと清音でよび、所沢南永井ではオオバケと連濁音でよんでいた。新座市大和田の〈岾上《はけがみ》〉は、いまはハケウエといっている。文字も所沢市の南永井の〈岾〉は、現在は〈岾〉と変わって、〈大岾《おおばけ》・岾野《はげの》〉という小名になっている。同市坂之下にも〈岾〉がある。同じ所沢市でも三ケ島・堀之内では、漢字は使わずに〈二階ハケ〉と表記し、三芳町北永井に近いふじみ野市の旧大井村でも、〈大河ハケ〉と書いていた。

萩平《はぎだいら》・押剥《おっぱぎ》

地滑り・洪水が地表を剥いだところ

川の氾濫による〈萩平〉・〈押剥〉地名

前項で見た、〈ハケ・ハゲ〉と〈カケ・ガケ〉とは同じものなのか、それとも違いがあるのかというと、ほとんど同じものと考えられていたようである。というのは、同じ字を当てていても、その土地によってハケと読んだり、ガケとよんだりしているからである。小鹿野町の清水崖などもガケ・ハケのよび方が混じり、近くには地質学上有名な〈ヨーバケ〉がある。

各地を見比べて、あえていえば、〈欠け⇩ガケ〉の方が高さも幅も大規模なところを指し、〈剥げ⇩ハケ〉の方がやや小規模な場所を指しているのではないか、という気がするのだがどうだろうか。

ガケが〈欠け〉、ハケが〈剥げ〉なら、ハギも〈剥ぎ〉ではないかと、例の『郡村誌』からハギの付く地名を探すと、県内に唯一、児玉郡神川町に旧〈萩平村〉があった。ここは神流川の流域で、近隣の地名が〈池田《いけだ》・小浜《こばま》・肥土《ひど》〉であり、対岸の群馬県側が〈川除《かわよけ》・牛田《うした》〉などであることをみると、時々大水に脅かされていた土地である事がうかがえる。出水が地表を剥いでいく土地なのである。

そのことをずばりと言い表しているのが、比企郡吉見町の小名、〈押剥《おっぱぎ》〉である。荒川右岸の低地で、押剥が〈上砂・中曽根〉地名に隣りする地域と言えば、これは荒川の洪水に悩まされた地域とわかる。〈砂・曽根〉は川の氾濫による砂礫地帯をいう代表的な地名である。

なお言えば、上砂・中曽根の隣の上細谷の小名には、〈おそろし〉という小名があった。何が恐ろしいかと言えば、地域の繋がりによって、それは水害に極まった感じである。旧上細谷村の鎮守は氷川神社と、飯玉氷川明神社。どちらも治水の神で、後者は当村のほか周囲六村の鎮守でもあった。広域にわたって、いかに治水に苦しんでいたかがわかる。

萩神社創設の洪水伝説

山際でも川縁でもハギ＝萩の付いた小地名は、皆、地滑りや洪水時に土地の表面を洗い流される土地である。それを象徴した地名伝説が、秩父郡皆野町の出牛地区にある。

〈昔、日本武尊が東征の帰途、武蔵国から上毛国《かみつけのくに》を目指して、見馴川《みなれかわ》の畔にさしかかった時、折からの大雨で川は増水し、対岸に渡ることができなかった。尊一行が困惑していると、目の前の渦巻く渕から、突然一頭の黒牛が現れて尊を背に乗せ、難なく対岸に渡してくれた。尊は水を司る素戔嗚尊のお導きと感じて、そこに社を建て、萩神社と名付けて祀り、上毛国に向けて旅立って行った。そこから、この淵を〈牛ヶ渕〉とか〈牛出渕〉といい、この土地を〈出牛〉とよぶようになった〉。

牛ヶ渕の対岸のやや引き上がった杉林の中に、萩神社の石宮がある。いつかそのすぐ下まで洪水の水位が達した事を証す、丸い川原石が杉林の中に幾つも転がっている。萩神社の本社は明治の神社統合令によって移転して、いまは反対側の峠の頂上に立派な社殿を構えている。

河岸の牛地名を見ればわかるとおり、〈牛〉は〈押し〉に通じて、出水が強い力で、土手や堤防を破壊する現象を表す言葉である。それを収め、治めるのが氷川神社の主神・素戔嗚尊である。出牛地区では牛ヶ渕より溢れ出した大水が、何度も町並を襲って地表を洗い流している。渕の畔に素戔嗚尊を祀りながら、敢えて氷川神社と言わずに萩＝剥神社と称しているのは、その実態を示したものと言えるだろう。

ガケ・ハケが縦の崩落現象を指すなら、ハギは横に地表を剥ぎ取っていく、災害現象を指した言葉と言えるようである。

兀《はけ》・岾《はけ》・岍《はけ》・禿《はげ》・金室《かなむろ》

天辺が平らなこと・剥げること

〈兀〉のもつ二面性

〈兀〉と書いて、崖や崩壊地を表すハケと読む地名は、所沢市に集中している。昭和四八年

（一九七三）に大字所沢並木町に編入されるまでの、旧所沢村に〈兀〉という小名があった。同所の〈兀下〉は昭和五七年（一九八二）に北原町になる。大字上新井には〈兀〉と〈東兀〉が、下新井には〈兀ノ上〉・〈中台兀〉、さらに牛沼に〈下原兀〉がある。

大字上安松では文字が変わって、字〈向屼〉があり、下安松には〈屼下〉、大字北秋津には字〈岏山〉と〈岏西久保〉がある。

〈兀〉は、音ではコツ・ゴツと読み、字義は〈高い・山などの高くて上が平らなさま〉をいう。さらに、山の平らな部分に草木のないこと＝ハゲ山などを指す。草木がない事を示すときには、〈兀山〉よりは〈禿山〉と書くので、その〈禿げる〉が〈剥げる〉に転じると、全く別な意味を持ってくる。

〈兀〉をハケに当てたのは、その傾斜面が剥げ落ちて、土が剥き出しになり、草木も生えないさまを表したものである。秋田県鹿角市《かづのし》十和田に赤兀があるが、これは〈埗〉と同様に、赤土の崖を表しているものと思われる。

その意味で、兀は〈剥げ〉や〈禿〉にも通じている。岐阜県高山市の荘川《しょうかわ》筋に〈阿弥陀禿《あみだはげ》〉とよばれる、通行の難所があった。阿弥陀の念仏でも唱えなければ通れないほど、危険な崖路という意味なのだろうが、このハケには〈禿〉を当てている。草木も生えないほど常に崩落を繰り返している、もろい岩肌に付けた小道を感じさせる、妙に実感のわくネーミングである。

金室《かなむろ》は禿《かむろ》の好字的表記

福島県会津《あいづ》地方では、山で雪の消えている所をハゲというそうだが、これももっともな見方で、山の形状から禿《かむろ》＝神室山地とよばれている山塊もある。秋田・山県・宮城の三県にまたがる山地で、神室山《かむろやま》・鏑山《かぶらやま》・禿岳《かむろだけ》などの山がある。

ここから考えられるのが、秩父市の荒川流域に沿った〈金室〉地名である。少し下流に行くと、和銅と改元し、日本最初の銅銭・和銅開放を鋳造した銅採掘の遺跡があり、付近には金崎・金沢・金尾などそれにまつわる地名がある。

そのため、金室もその関連かと思われるところだが、どうもその形跡はなく、地形からいって禿の方がより近いようである。そこは荒川の河川敷を含む河岸段丘上の地域で、河川整備が行われる以前には、洪水の度に河川敷部分は洗い流されて、禿状になっていた地域である。

花《はな》ノ木《のき》・花影《はなかげ》・花彦《はなひこ》

イメージとは別な危険信号

〈花ノ木〉地名は県内に一八か所以上

〈花ノ木〉。富士山の姫神とされる木花之開耶姫《このはなのさくやひめ》でも出てきそうな、美しい地名である。おそらく、そこに住んでいる人たちは、ご自分の住む地域の名称に、満足していることと思う。

江戸時代には、埼玉県域に〈花ノ木村〉が二つあった。一つは現入間市の霞川右岸の狭山丘陵にあり、もう一つは現北本市の荒川中流左岸に位置している。

入間市の花ノ木名の由来は、花ノ木とよぶカエデ科の落葉喬木が多生していたことによると、説明されている。北本市の花ノ木は、〈花野木〉とも書いたが、その由来について『風土記稿』は、頼朝がこの地に寺を建て、ここを《香花《こうげ》の料》＝寺領にしたことによるとの説を紹介したうえで、《証《あかし》なければ信じがたし》とこれを退けている。

この二村の他、『郡村誌』に載る小名としては、和光市の旧上新倉村の三か所をはじめとして、一六か所もある。外に、秩父郡横瀬町芦ヶ久保に〈花ノ木平〉がある。これらの小名はいまでも残っているだろうか。

地名は広域化すると、その名が示す土地の特徴がわからなくなるものだが、小地名ははっきりとその特徴を示しているものである。

〈花ノ木〉の《花》は〈端《はな》〉の好字化

花ノ木とよばれる小地名を尋ねてみると、そこは必ずと言っていいほど、河川がつくった段丘の崖の上の土地である。

そこでわかることは、花ノ木の〈花〉は〈端〉であるということ、〈突端《とっぱな》〉のハナである。岬には〈鼻〉の字を当てることが多いが、これは海に出っ張っているという意味で、顔の中で特に突き出ている鼻を意識したものだろう。さすがに海なし県の埼玉や栃木・群馬県にはないが、東京都の伊豆諸島には神渡鼻《かんどはな》をはじめ二九か所・小笠原諸島には一六か所もある。最も多い県は広く海に面した地域を擁する愛媛県で、八〇か所以上の鼻地名をもつ。

同じハナでも〈花〉を当てたのは、好感度の高さもあるが、花は木の枝の先端に咲くという意味を込めたものだろう。ということで、〈花ノ木〉＝〈端ノキ〉、言い換えれば、〈崖っぷち〉ということである。なお、花ノ木の〈木〉は〈柿の木〉の木と同様に、地名について場所を表す接尾語である。

こう言ってしまうと、花ノ木のイメージは幻滅だが、逆に、危険な場所をきれいな言葉で表記しているのは、生活の知恵というものだろう。

坂戸市浅羽は、高麗川右岸の台地から低地を擁する地域である。ここには〈花影〉という、詩情漂う美しい地名がある。そのせっかくのイメージをぶち壊すようで申し訳ないが、これも意味に沿って書き換えるならば、おそらく〈端欠《はなかけ》＝台地の先端の崩落地〉か〈端ケ下《はながけ》＝崖下の地〉だろう。

川口市の〈花彦〉は〈彦＝引〉と見れば、段丘の縁が長く引いている所、〈彦＝低〉なら低い段丘か段丘の下ということになる。

都市計画や宅地造成などによって、地名が広域化したり、消滅したりする傾向が強い。自分が住む土地の地名の意味がわかっていて、そう表記するのはいいとして、得てして漢字表記は本来の意味を隠してしまうきらいがある。

自然災害が多発する今、それに備えるためにも、自分が住む土地の元の地名を調べたり、その特徴を、地名その他から知っておく必要がある、ということを強調しておきたい。

花園《はなぞの》・花田《はなだ》・お花畑《おはなばたけ》

実際の花畑と合併地名と〈端〉の場合と

歴史的に意味を持つ〈花園〉地名

〈花園〉は楽園を思わせる美しい地名である。花園で有名なのは、東京都新宿区の総鎮守といわれる花園神社だろうか。一一月の酉《とり》の市《いち》の賑わいが知られているが、この社は江戸幕府のできる前からあった古社だという。事情があって幕府の肝いりで移転した場所が尾張藩下屋敷《おわりはんしもやしき》の庭の一部で、花が咲き乱れていたために、花園稲荷とよばれたのが社名の由来とされている。

茨城県華川町《はなかわちょう》の花園神社は古く、桓武天皇《かんむてんのう》・延暦《えんりゃく》一四年（七九五）に、征夷大将軍《せいいたいしょうぐん》・坂上田《さかのうえのた》村麻呂《むらまろ》が勅定《ちょくじょう》により奥州下向《おうしゅうげこう》の折に創建したと伝える。大同二年（八〇七）平城天皇《へいぜいてんのう》の勅額《ちょくがく》を掲げて花園山萬願寺を開闢《かいびゃく》する。

前九年の役（一〇五一）に際しては、安倍貞任《あべのさだとう》・宗任《むねとう》の追討《ついとう》に向かった、源頼義《みなもとのよりよし》・義家《よしいえ》が立ち寄って必勝を祈願したという華々しい社歴を持つ。家康の信仰も厚く、神仏混交時代には、花園大権現と称し、明治の神仏分離令以後、花園神社となった。地域には花園川も流れている。

合併地名や〈端〉を示す場合も

県内の花園といえば、平成の大合併により、深谷市の一部になった花園町がある。しかし、この名はあまり古くはない。明治二二年（一八八九）の町村制施行に際して、近隣の武蔵野・小前田・荒川・黒田・永田・北根の六村が合併して花園村と称し、花園町になったのは昭和五八年（一九八三）からの事である。

明治の合併時に付けた花園村の由来は、平安後期から戦国時代にかけて、武蔵七党のひとつ・猪俣党《いのまたとう》の藤田氏が、荒川左岸の現寄居町に、花園城を構えて拠点としていたことに因んだものである。今でも町内藤田と末野には花園の地名が残る。

また、飯能市の高麗川の源流域に位置する旧南川村にも花園の小字がある。

〈花田《はなた》〉は越谷市にある地名で、かつての花田村である。明治の町村制施行の折に増林村《ましばやしむら》になったが、現在は共に越谷市の大字になっている。普通、連濁音でハナダと読みたいところだが、ここはハナタと清音で読む。因みに、〈増林〉もマスバヤシではなくマシバヤシである。『風土記稿』に《古《いにし》え小林村の界《さかい》に元荒川続きの川ありしが、寛永三年新開の地となりて》とあるように、かつては当地を迂回していた元荒川を、寛永年間（一六二四～四四）に天獄寺《てんがくじ》前から直道に改修して川跡を新田開発したために、その地形が変わった。

〈花田〉は、河川改修前に地続きだった、越谷郷の突端であることを示したものだという。花は梢《こずえ》＝木の末に蕾《つぼみ》を付けるので、その意味から地名では端・末などを示すハナの音に好んで当てられた。つまり、〈花＝鼻＝端〉地名である。

なお、地名の「田」については、必ずしも田んぼとは限らず、場所を示す接尾語的に使われることが多い。この場合もその例である。

お花畑——お端の下の土地

〈お花畑〉。辺り一面に花が咲き乱れている花園を思わせるような、夢のある地名である。当地は秩父市、秩父鉄道の駅名にもなっている。大正一四年（一九二五）に編纂された『埼玉県秩父郡誌』（秩父郡教育会）には、次のような記述がある。

《秩父神社本社の南方に数町に及ぶ御花畑と云《い》う一区の地あり。往古、柞原《ははそはら》と唱《とな》えられたと云う。毎年一二月例祭の当夜、神輿此地《しんよこのち》に渡御《とぎょ》あり。町内の七区域より屋台を引き出して御花畑に集合し、鼓吹歌舞《こすいかぶ》して神慮《しんりょ》を慰む。御花畑の中央に一段小高き所あり。亀形の石を据《す》う。里人、亀の子石と称す。御神輿《おみこし》渡御の際はここに安置奉《たてまつ》るなり》。

今でもこのとおりに行われている秩父夜祭の様子を説明したものだが、お花畑と柞原の呼称は、地元の古老が知っているかどうかというくらいに、今ではほとんど消えてしまった。

明治二二年（一八八九）、町村制施行により大宮郷から大宮町になり、大正一五年（一九一六）に秩父町に改名。昭和二五年（一九五〇）に市制が敷かれて秩父市になったときに、小字名が整理されたが、そのときお花畑は秩父公園とよぶようになったらしい。その頃から盛んになった野球の大会が、そこを会場によく催されていた。いまは秩父市役所の駐車場になっているため、お花畑の印象はさらになく、すぐ近くの秩父鉄道の駅にその名を止めているだけである。

お花畑は祭り屋台の集結場

町から市に移る頃、私は戦後の学制改革で、新制中学校と言われた、いまの中学校の一期生で、公園の近くに住んでいたので、ここでよく遊んだ。その頃はまだたいへん貴重だった野球のボールを拾っては、公園の隅にあった駐在所に届けて褒められたものである。

一方、その頃は秩父夜祭は〈六日待ち＝秩父神社の神霊とされる妙見星の出を待って拝礼する祭〉といって、一二月三日を中心に前後六日間続いていたが、屋台が公園に勢ぞろいした三日の翌朝、そこへ行くと小銭がおもしろいほど落ちているものだった。

公園の外周にサーカスのテントが幾つも掛かり、屋台店がひしめいたので、暗闇の中で酔っ払いなどが小銭を落としていったのだろう。霜のために地面にしっかりとへばりついている、たくさんの小銭はありがたく頂いて、屋台店に還元したものである。それを目当てに四日の早朝に早起きするのが、お祭りの何とものの楽しみだったことを覚えている。

その頃、私たちは公園やその周辺を〈オハナ〉とよんでいたが、今思えばそれはお花畑を略して言っていたものなのか。普通ならそう考えるところだが、地名として考えるとき、ここは荒川が長年にわたって四～五段の河岸段丘を形成したところの、第二段丘の端に当たる地平であるという事が浮かんでくる。

秩父鉄道の秩父駅～御花畑駅間の線路は、その段丘線に添うように、その直下を走っていることがわかる。そのために、公園に勢ぞろいする二基の笠鉾と四基の屋台は、線路を越えると目の前に立ちふさがる団子坂の急勾配を、一気に駆け上るために、いったん止めて態勢を整える。なにしろ一〇トン以上もある屋台である。坂の途中で止まってしまったら、どうにも身動きができなくなる。

そんな事になったら町内の名折れだとばかりに、秩父囃しの笛や太鼓と、囃し手の振る提灯や掛け声に合わせて、一同は気合を入れるので、ここが屋台のいちばんの見せ場である。その代り、見事に公園に引き上げると、観衆の大喝采と、祝福の打ち上げ花火が待っている。となると、オハナは〈お花〉ではなくて、崖の〈お端〉ではないかということになる。前項の〈花園・花田〉の項で述べた、〈花＝鼻＝端〉である。

そう思えば、確かに花の咲き乱れるお花畑に、サーカスや屋台店がテントを張り、一〇トンもある屋台・笠鉾が六台も勢ぞろいして、その間を観客がひしめき合うなどという事は、考えられないことではないか。いかに花の閑期とはいえ、これだけ踏み固めたら、来春に花畑を復活するのは並大抵のことではない。

では、仮に、〈お花〉が〈お端〉だったとしたら、〈畑〉はどう解くかという問題が残る。それについては、次項の〈旗下〉に繋いでいくことにする。

旗下《はけのした》 〈旗＝端〉で崖端《がけっぱた》の下の土地

■地元の寺の御詠歌に由来を解くカギが

〈旗下〉はかつて秩父市内にあった小名である。これをハケノシタと読める人はまずいないだろうと思われる、不思議な地名である。秩父市に隣接する、横瀬町宇根の小地名にもそれがあって、今はほとんどある家の屋号のようになって残っている。

この不思議な地名の謂れを解くカギは、秩父札所一三番・旗下山《きかざん》慈眼寺《じげんじ》の御詠歌《ごえいか》＝巡礼などが詠う寺の賛歌に潜んでいた。

『風土記稿』は大宮郷の小名としてその地名を記しているが、今はない地名なので、市内の知人に聞いてみるかぎり、誰もその所在を知らなかった。そこで慈眼寺の山号から、その寺の辺りと見当をつけて調べてみると、市制以前の秩父町にはその地名があった。その資料には地図はなく、ただ町内の小名を列記しただけのものだったが、その並べ方の順序と、今残っている小名とを照合してみて、その見当が正しいことがわかった。

その記述には、前項〈お花畑〉の秩父夜祭の屋台が結集する、段丘上の公園の所在地が、今も変わらぬ〈熊木〉とあり、その下段にあたる小名として、〈番場・東横町・旗ノ下〉の名が並んでいた。

いまの市内で並ぶ小名は番場・東町である。これで、町名変更時に〈東横町・旗ノ下〉を統合して、〈東町〉にしたということがわかる。慈眼寺はその東町町内にある。

御詠歌は《御手《みて》に持つ　蓮《はちす》の箒《ほばき》　残りなく　浮世の塵《ちり》を　はけの下寺＝観世音菩薩様がその御手にお持ちなさる清浄な蓮の箒《ほうき》は、この世の塵を余すところなく掃き清めてくださる、ありがたいお寺であります》と、箒で〈掃く・掃け〉と〈ハケ〉を掛詞にして詠んでいる。ハケは関東方言で崖のこと。

山号は〈旗下山《きかざん》〉だが、この歌はハタノシタと読まずに、寺の所在地がハケノシタであることを承知で、このように詠んだものであろう。とすると、旗ノ下がなぜハケの下になるのか。

その点について、諸本が伝える寺の由緒は、《往古《むかし》、日本武尊が東征の途次にこの寺に立ち寄り、錦の御旗を立てたことに由来してハタノシタと称していたが、次第に訛ってハケノシタと呼ぶようになった》と説明する。音韻上からは、ハタがハケに訛るという事は、かなり無理があるような気がするのだが。

むしろ、音韻上からは、一般的に身近な漢字である〈畑・旗・端〉などは皆ハタなのである。本書〈大畑〉の項で見たとおり、あの場合は〈畑＝端〉だった。

〈端《はた》〉を〈旗《はた》〉に置き換えて

前項の秩父公園がお花畑＝段丘の〈お端《はな》〉だとすれば、段丘の下の地域は〈端下〉になるはずである。〈崖《がけ》の端《はた》〉は下から見れば〈崖＝ハケ〉そのものである。ここでは〈端下《はたした》〉を〈旗《はた》下《した》〉と書き換えて、意味の上からハケノシタと読ませたただけの事だったのではないか。夜祭が最高潮になる、公園＝お花畑に向けて六台の屋台・笠鉾を一気に引き上げる団子坂の下に、秩父鉄道の御花畑駅があり、旗下山・慈眼寺がある。

河岸段丘が作りだしたハケ＝崖の下の地域だから、そこを〈崖端の下＝旗《はけ》ノ《の》下《した》〉といい、そこにある寺だから〈ハケの下寺〉と称したと考えて、間違いはないだろう。

こう考えると、前項の〈お花畑〉は、〈段丘上部の崖の端とその崖下〉全域を総称したよび名ということになる。生活圏として段丘の上下は一体のものだったはずである。こんな解釈をすると、華麗な花園をイメージする夢を奪うようで申し訳ないが、元々地名は夢を語るものではなく、現実に即したものだったのである。

それにしても、旗下は、寺の縁起が日本武尊を引き合いに説明しなければならないほど難解な地名だった。というよりも、秩父札所は室町時代前後に成立したと言われているが、御詠歌はいつ頃に作られ、その意味が忘れられて、誤った解釈がまことしやかに伝えられるようになったのは、いつ頃からの事だったのだろうか、興味深いことである。

それはさておき、慈眼寺はいま眼を守る薬師様として崇拝され、そのお祭は別称・飴薬師とよばれてたいそうな賑わいを見せている。信者や飴の屋台店に群がる子どもたちにとっては、まさにお花畑といえるだろう。

コラム　竹ノ花・竹の鼻

竹は一年でたいへん丈が伸びるので丈に通じ、丈は背丈というように高さを表す言葉。地名で〈竹〉というと、たいがいは台地や岳のように高い場所を表し、〈花〉は枝の先端に付き、〈鼻〉は顔の突端だから、〈竹の花・竹の鼻〉地名は〈岳の端〉ということになる。生活上必要な地名で、そこはたいがい崖下の川の渡し場や、橋のたもとをいう事が多い。小地名なら無数にあるわけだが、小名となっていたのは次の一二か所である。

〈竹花〉＝坂戸市森戸・行田市長野・騎西町中之目。〈竹の花〉＝行田市中里・同市持田・寄居町鷹巣・越生町大谷。〈竹之花〉＝川越市大仙波・越谷市大道・同市恩間新田。〈竹の鼻〉＝小川町高見・東秩父村白石。

鳩ケ谷《はとがや》

大宮台地の突端の下の低地を示す地名

合併を繰り返した歴史

〈鳩ケ谷市〉は昭和四二年（一九六七）に市制を敷き、平成二三年（二〇一一）、いわゆる平成の大合併に際して、川口市に編入合併して川口市の一部になった。

江戸期の元和《げんな》八年（一六二二）、徳川秀忠《とくがわひでただ》の代に、鳩ケ谷は日光御成街道の岩淵宿・川口宿に次ぐ三番目の宿駅に定められる。正保《しょうほう》年間（一六四四〜四八）に幕府は鳩ケ谷を町と定めたが、後の市域となる当時の村は、鳩ケ谷の他に浦寺村《うらでらむら》・里村《さとむら》・辻村《つじむら》・前田村《まえだむら》・中居村《なかいむら》・小渕《おぶち》村《むら》・上新田村《かみしんでんむら》の七村に分かれていた。

明治以来の行政区画の変遷をたどると、明治一〇年（一八七七）中居・小渕・上新田の三村が合併して三ッ和村と称す。続いて明治二二年（一八八九）の町村制施行に伴って、江戸期から続いていた浦寺・里・辻・前田の三村と三ッ和村が合併して、北平柳村《きたひらやなぎむら》となる。村名の由来は、江戸期に浦寺村・里村以外の村々が平柳領に属していたことによる。

明治三四年（一九〇一年）鳩ケ谷町は北平柳村を編入したが、昭和一五年（一九四〇）には、鳩ケ谷町が川口市に編入合併となる。しかし、この合併は、戦時期の経費削減を目指す政府の強引な推進政策によるもので、合併直後から各地にひずみが出て、戦後、合併解消の動きが現れ、鳩ケ谷もその例として合併を解消し、再び町として独立した。その後は、前述のとおりである。

〈鳩谷《はとがや》〉は〈鳩井《はとがい》〉とも

鳩ケ谷の地名の文献上の初出は、『吾妻鏡』の寛元《かんげん》元年（一二四三）三月一二日条の「武蔵《むさしの》国足立郡内鳩谷地頭職事《くにあだちぐんないはとがやじとうしょくのこと》」であるとされる。鳩谷郷地頭職の相論《そうろん》＝訴訟の争いに敗れた鳩谷《はとがや》兵衛尉重元《ひょうえのじょうしげもと》という人物が、鎌倉幕府に再審議を求めたとする記録である。なお鳩谷兵衛尉は別の記事では鳩井《はとい》兵衛尉と書かれている。

川越市・喜多院に国の重要文化財に指定されている古い銅鐘がある。これはその銘文により、正安二年（一三〇〇）、現鳩ヶ谷地内の浦寺村地蔵院に奉納されたものと推定されているが、奉納者は足立郡鳩井郷の住人と記されている。別にも幾つか鳩井郷の記録が認められることから、鳩谷はしばしば鳩井ともよばれていたことがわかる。

だが、これは意識的に二つのよび方があったわけではなく、熊谷が市名はクマガヤだが、しばしばクマガイとよばれているのと同じことで、ハトガヤ・ハトガイという発音上の音通現象に添って「谷《や》・井《い》」の文字を当てたものに過ぎない。クマガヤの住人・クマガイ次郎直実は歴史上有名な人物である

ルーツは古代の〈発戸郷〉

さて、その鳩ケ谷地名の由来だが、『角川・埼玉県』では、《「和名抄」の郷名発戸郷《はっとごう》とする説（旧県史）と、谷の多い地形、また谷地の井とする説などがある》と紹介している。

その発戸郷については、平凡社の『埼玉県の地名』によると、《当市域に直接かかわる古代資料はないが、「和名抄」所載の足立郡発度郷を現川口市から鳩ケ谷市辺りに比定する説があ

る（「日本地理志料」など）》ということである。

以上は地名説についての紹介に留めているが、さらに由来の考察についていくつかの説を見ると、『日本地名基礎辞典』（池田末則・日本文芸社）では《鳩は鳥というより、波止場のハトで船着場をもつ谷地の意と思われる》と述べている。

船着場が鳩ケ谷地名の語源というならば、それなりの舟運が行われていた事になるはずである。江戸期に河川の整備が行われるまでは、利根川と荒川が今の越谷市で合流して、そこから江戸までの低地を自在に乱流していたことを思えば、どこかに船着き場があった事も考えられる。現状で見る限りでは、鳩ケ谷地区には芝川と見沼代用水がある。しかし、見沼代用水は江戸期の享保年間に開削された灌漑用水なので、荷上場や通舟の記録はあるが、これは語源の由来にはなり得ない。では芝川はというと、これは舟運も開けていて、江戸期には里・辻・前田の三村にはそれぞれ荷上場があったことがわかっている。けれども、その三村は前述のとおり、明治になってから合併して北平柳村となり。その後に鳩ケ谷町に編入された地域である。これでは、やはり鳩ケ谷地名の語源にはなり得ないことになる。

『埼玉の地名の由来を歩く』（谷川彰英・ＫＫベストセラーズ）の一〇五ページでは、次のように解説している。《「〇〇ヶ谷」という地名は「世田谷」「熊谷」「越谷」などのように関東にはどこにも見られる地名で、地形の「谷」（ヤ、ヤツ）を指している。これは疑いのないところ。ただし、読み方は「ハトガヤ」『ハトガイ」と定まってはいない。

問題は「鳩」という文字だが、「和名抄」にある武蔵国足立郡発度郷がルーツであるという説が強い。おそらくその説でいいであろう。また、窪地を意味する「ホト」が訛ったとする説もある》。

「谷（井）」については、お説の通りで異論はない。発度郷をルーツとする解釈にも同感だが、残念なのは、ここにはそう解釈する理由が述べられていないことである。

なぜ〈発戸郷・発度郷〉なのか

そこで、ひとつ踏み込んで鳩ケ谷の地勢をみると、その特徴は鳩ケ谷台地と荒川低地との接続である。その形容については、前出の角川版『埼玉県』の記述を借りると、《海抜は最高20m、最低4mで市域は南北に細長く、北部の大部分は標高15mのほぼ平坦なローム層の台地の上で、これは大宮台地の南東部の突出した部分で、鳩ケ谷台地とよばれている》ということである。

これによって〈発戸・発度〉は〈端処〉で、〈台地の突出した部分=端〉を指していることがわかる。角川版の記述は続けて、《南部は荒川低地に連なる沖積低地である。この低地には大昔の入間川の流路跡がよく残されており……》という。鳩ケ谷の〈谷・井〉は、この荒川低地の湿地帯を指している。これが〈発戸・発度〉と、それに続く〈鳩谷・鳩井〉の由来である。

鳩谷の地名が鎌倉時代の記録に残ることからすれば、すでに平安の頃にはその文字が当てられていただろうと考えられる。

なお、鳩は《窪地を意味する「ホト」が訛ったとする説》には同調できない。なぜならば、確かにホトは窪地を示す地名語だが、それならばここで改めて〈谷＝ヤ・ヤツ・ヤト〉を付ける必要はないわけである。

彦糸《ひこいと》・彦江《ひこえ》・彦音《ひこね》・彦倉《ひこくら》・彦沢《ひこさわ》・彦名《ひこな》・彦成《ひこなり》・彦川戸《ひこかわと》

開発者名か、定まらぬ地勢か

かつての江戸川・中川の乱流地帯

この地名はみな、三郷市の中川左岸に沿った自然堤防の微高地の上に横並びに集中している。地理的には東京外環道路の三郷ジャンクションのある辺りである。地誌によると、江戸前期までは下総国葛飾郡に属していたのだが、寛永年間（一六二四〜四四）に、武蔵国に編入になったらしいという。この辺りを流れる江戸川や中川の、今では考えられないほどの乱流は、総・武の国境を常に移動させていたようである。

『風土記稿』によれば、この地域は《今も……総て郡中沼地多く、或は水涯《すいがい》の閑地《かんち》＝水際の遊休地も少からず。南の端の海涯《かいがい》＝海岸には年々に寄洲《よりす》つきて＝砂地ができて地先《じさき》出張る勢なり》といった状態だったという。そのために風土記稿編纂当時は、新田開発が進み、石高も検地ごとに飛躍的に増加していて、《其後も新墾の地闢《ひら》けて今は若干の石高増加せり》と記す。

自然の力とそれに呼応する人の働きによって、刻々と地域は変貌していたのである。このようにして河川が作った自然堤防の内側は低湿地が広がっていて、水田耕作には適していたのだが、さすがに治水技術の未熟だった古代人には、ここを開拓することはできなかった。昭和六二年（一九八七）から二か年にわたって、自然堤防上の遺跡調査を行ったが、例外的に古代の土器片は見つかったものの、中世の遺物もごくわずかで、ほとんどの出土品は近世以降のものだったという。つまり、肥沃な土地だけに、治水技術の発展と共に開拓は一気に進んだわけである。

これら彦地名の一帯は中世には下川辺庄《しもかわべしょう》に属していた。この地域に関して、『吾妻鏡』の建長五年（一二五三）八月晦日の条に、《下総国下川辺庄の堤を築固《つきかたむ》べきの沙汰＝指示ありし事》の記事を見るなど、断片的ながら、当時から開発を目指していたことがわかる。

ヒコには完全でないという意味も

ずらりと並んだ彦地名について、彦成にある香取神社の社伝は、中世に荘園を開いた藤原氏の一族である、下川辺次郎彦成の名をとったものとしている。それなら一番わかりやすい。開発が進むにつれて、名を世襲する一族の者が分家して新しい土地を開き、また分村したりして、彦地名を拡げていったと考えられるわけである。しかし、これも口伝ということなので、はっきりしたことはわからない。

ヒコは動詞〈引く〉の連体形で、自然堤防が引き連なった場所を指す、古代東国方言であるという説を唱える人もいるようである。

地名の由来を考えるとき、表記された漢字に捉われてはいけないというのは鉄則だが、これだけ彦が並ぶと、それを無視することはできない。彦の本義は〈優れた男子・男子の美称〉である。和語では男子の美称は〈日子《ひこ》＝太陽の子〉である。そのために漢字では同じ意味を持つ〈彦《げん》〉の字を当てた。因みに、女子の美称は〈日女《ひめ》〉で、〈姫《き》〉を当てた。記紀神話の神々に多く彦名・姫名が付くのはそのためである。略しても、海幸彦・山幸彦の物語などがある。七夕の星も彦星である。

ところが、和語のヒコにはもう一つの意味があった。日本最初の漢和辞典とされる『和名抄』に、孫は和名で〈無万古《むまこ》、別に比古《ひこ》〉とある。今はムが落ちてマゴ、ヒコは孫の子という意味になった。平安末から鎌倉初期に編まれたとされる『名義抄』には、孫はムマコ、鄙＝都から遠い僻地ではヒコというとあって、すでに当時、ヒコは田舎に残る言葉で、都では言わなくなったことを示している。

〈ヒコ帯〉という言葉がある。幼児の着物に、帯の代わりに縫い付けた紐の事である。付け帯ともいう。普通の帯より短い帯だからヒコ帯。子には届かない孫帯の意味である。

ヒコの同じ遣い方に〈ヒコ作〉がある。畑の隅の短い作の事である。畑が正方形でない限り、同間隔に作を引けば、必ず隅に半端な作ができる。一人前に満たない孫作ということである。京都や和歌山県辺りでは、これをはっきりと孫作と言っているそうである。ナスやキュウリの最盛期が終わる頃に、後から実がついて成長しきらずに終わるものを、ヒコ生りというのもこれである。

こうなると、〈彦作＝優れた作〉とはとても言えないが、〈ヒコ帯・ヒコ作・ヒコ生り〉ともに、『名義抄』の鄙にあたる埼玉の秩父をはじめ、隣接する群馬県多野郡・東京都南多摩・山梨と静岡の一部ほどのまとまった範囲では、今も使われている言葉である。

このヒコが三郷市のヒコ地名に当てはまらないだろうか。年中行事のように起きる洪水と水害のために、川縁の土地は定まらず、常に地域はヒコ成の状態であった。洪水によって常に堤を押し切られる土地を、〈押し〉と言い、憂しという思いを重ねて〈牛〉と名付けた命名法が各地にあることを思えば、このヒコの遣い方もないとは言えないと思うのだが、どうだろうか。

なお、これら彦地名の村々は、明治二二年（一八八九）の町村制施行時に、周辺の村と併せて一五村で合併し、中で最も大きな面積を占める彦成を取って村名とし、昭和三一年（一九五六）に東和村・早稲田村と合併して三郷村となり、現在の三郷市の基となった。〈三郷〉とは合併した三村の三と、江戸期のその辺りの領名・二郷半領の郷を併せた合成地名である。

儘上《ままうえ》・儘下《ましした》・高間々《たかまま》・真々上《ままうえ》・間々下《ましした》

崖や台地の端をいう関東方言

萬葉集の「真間の手児奈」の歌で有名に

ママの付く村や小名について、『郡村誌』では、一一か所記している。村名はひとつ、熊谷市の旧妻沼町の小山川が利根川に合流する地点に間々田村があった。あとの一〇か所は小名である。具体的な所在地は後述するが、地名は同じママでも表記はいろいろ。〈まま・儘・侭・真々・間々〉などである。

ママといえば、全国的に知られているのは、『万葉集』で有名・無名の歌人たちに歌われた〈葛飾のまま〉現千葉県市川市の伝説である。地元では大変もてはやされた話らしく、その巻一四の東歌に二首見えるが、伝説の内容を詳しく紹介しているのは、巻第九の《勝鹿の真間娘子を詠む歌一首》と題した、高橋虫麻呂の長歌と反歌一首である。

《鶏が鳴く吾妻の国に》と始まる長歌の大意は、《吾妻の国に昔あった話として、絶えず語り継がれてきた葛飾の真間の手児奈という娘は、麻衣に青い襟を付け、麻の裳を着るという粗末な身なりで、髪に櫛もいれず、履物さえ履かずに貧しくしているのだが、高級な綾錦に包まれて育ったどんな豊かな家の子も、遠く及ばない美しさだった。

その子が満月のように欠けるところのない顔立ちで、花のように微笑んで立っているので、若者たちは夏虫が火に飛び込むように、港に入ろうと舟を懸命に漕ぐように、寄り集まって求婚しようと、あれこれと言いさわぐので、長い人生でもなかろうに、どうした事か、手児奈は自分の身を思い知って海に身を投げ、波の音のざわざわする港を自分の墓と選んで臥せっているという。昔の出来事が昨日実際に見たように思われることである》。

そこには手児奈という娘が毎日水を汲んだという、伝説の井戸があって、この歌の反歌はそれを詠っている。この伝説を知った万葉の代表歌人のひとりと言われる山部赤人も、追悼の長歌と反歌二首を詠ったので、話はさらに有名になったようである。

万葉集には、手児奈に関わって真間を詠んだ歌が、合わせて一〇首も載っている。当時、東国のこんな片田舎の伝説が、遠く大和の都にまで知られたのは、いまでも市川市の真間の近くに国府台《こうのだい》という地名があるように、当時ここに下総国府が置かれていて、都の役人の交流があったためである。

因みに、虫麻呂の長歌の冒頭の《鶏が鳴く》は《吾妻・東》の枕詞で、当時の大和国及びその周辺の人々にとって、関東の人たちの方言混じりに話す様子が、鶏が鳴くように騒々しく聞こえたためと解釈されている。

ママは崖や土手・堤などの崩れたところをいう、古い関東方言とされているが、アイヌ語のメメが訛ったものという説もある。

『万葉集』には葛飾の真間の他に《足柄のまま》を詠んだ東歌もある。

県内では朝霞市の目黒川左岸に位置する浜崎地区と、上尾市の荒川左岸の小敷谷に〈儘上《ままうえ》〉がある。富士見市の新河岸川と荒川に挟まれた大久保地区には〈まま上〉が、越生町の越辺川右岸の津久根地区には〈真々上《ままかみ》〉。同町渋沢川に沿った鹿の下に〈高儘《たかまま》〉があり、川越市の新河岸川流域の松郷にも同じ〈高儘〉がある。〈高間々《たかまま》〉はさいたま市見沼区染谷に。深谷市岡部の志戸川左岸に〈儘下《ましした》〉が、秩父市高篠の栃谷に〈間々下《ましした》〉がある。

いずれも川が浸食した崖や河岸の低地・台地の根に当たる場所などである。この項はここで終わるが、次の〈大豆戸・大波見〉の項を続けてお読みいただきたい。

大豆戸《まめど》・大波見《おおはみ》・大浜《おおはま》・桃《もも》の木《き》

自然の力で噛み取ったところ

〈大豆《まめ》〉地名は崖《まま》の転化したもの

比企郡鳩山町に〈大豆戸〉という珍しい地名がある。ただし、これと全く同じ地名が横浜市港北区にある。

大豆と書いてマメと読む地名は、地図専門の会社ゼンリンの調査によると、一番多い県が福島県で一四、次いで宮城県が九、秋田県が四、岩手・山県・長野・奈良県が三、青森・新潟・山梨県が二、栃木・千葉・埼玉・神奈川・富山・石川・大阪が各一か所で、他の県はゼロだという。

大豆をマメと読むのは、昔はマメといえば大豆だったからなのだろう。節分の豆撒きでも、他の豆で代用することはまず考えられない。

地名に豆だけを使うときにはズと読むことが多く、小豆を使うときには、たいがいアズとかショウドである。

大豆地名は皆、崩壊地についている。その範囲はほとんどが、関東方言とされるママの使用範囲と一致していることから、マメはママの転化したもので、大豆は誰でも知っている、好感度のある文字として当てたものだろうと言われている。

それは、そのとおりだろう。だが、ママの語源は何か。ママは崖などを指す関東方言だということは、関西方面に使用例がないことから、以前から言われているが、その語源を述べた例は聞いたことがない。

崖《まま》は浜《はま》＝食《は》んだ処

そこで、敢えて一石を投じてみると、私はママの語源はハマではないかと思っている。つまりママはハマが転化した言い方である。

ハマを動詞としてみると、終止形はハム。漢字を当てるなら〈食《は》む〉である。『万葉集』で山上憶良が詠った有名な子偲びの歌にある、《瓜《うり》食《は》めば子ども思ほゆ　栗《くり》食《は》めばまして偲ばゆ……》の〈食む〉。これは現代語の〈食う・くわえる・噛む〉などに当たる古語である。

日本を代表する咬みつく動物は蛇である。そこで古代日本人は蛇をハミ＝食みと言った。ハミがヘミになり、今ではヘビになっている。

ハムという古語はウワバミとか、沖縄のハブなどの形で残っている。ウナギに似たハモは攻撃的な性質で、鋭い歯ですぐに咬み付くので、やはりハムといったが、室町時代からハモになって、今では両方のよび方がある。鳥がくちばしで〈突食《ついば》む〉、虫が〈虫食《むしば》む〉などもそれである。

秩父市上吉田に〈大波見《おおはみ》〉という小名がある。そこは大きく湾曲した岸壁に囲まれた吉田川の激流が、その岸壁を噛んでいるところである。また、京都府宮津市に〈波見崎〉がある。〈波見川〉が若狭湾に注ぐ河口一帯の地名が〈里波見〉である。波見川流域には〈中波見・奥波見〉地区もある。〈中波見橋〉をはじめ流域の橋は何度も流されたので、今ではみな頑丈な石造りの橋になっている。波見川はハミ現象を起こす急流・激流地点の多い川からつけられた名称ではないか。

そこで連想されるのが〈ハマ・浜〉である。パンやリンゴをガブリとやると湾曲した歯型が付く。海の波がザブリと噛んでできた湾曲した砂地が〈食《は》ま＝浜〉である。海岸の岩場は波がいくら噛んでも歯型ができないから、これは磯《いそ》＝石《いし》・岩《いわ》といって区別する。

激流が川縁を抉《えぐ》った深みや滝壺・海岸の岩の窪みなどをいう〈カマ・釜・鎌〉は、〈噛む・噛ま〉を語源とするという説が、いま主流となっていることを思えば、〈ハマ＝食ま＝浜〉も言えるのではないか。それならば、ママはハマの転化と考えることができる。もちろんハマは海浜のような横の現象だけではない。崖のように縦にも噛《は》むこともできるのである。

山間地の浜地名は崖《まま》地に

そう考えると、海から遠い所にある浜地名も理解できる。春日部市の〈浜川戸〉・蓮田市の

〈黒浜〉・加須市の〈北小浜〉や〈浜町〉・朝霞市の〈浜崎〉などは、東京湾が後退する前の記憶を残した地名かもしれないが、山国の秩父にも〈大浜・若浜・浜平〉地名があり、寄居町に〈赤浜〉、さらに群馬県境の児玉郡上里町には〈長浜〉がある。

これら海から遠く離れた山里の浜地名についても、かつて入江があった所などと説明する向きもある。たしかに今は山深い秩父地方にも、かつて古秩父湾と言われる海があった。しかし、それは人類が生まれるよりもはるかに遠く、約一五〇〇万年も前に消滅しているのである。年代のずれを無視して、平面的に謂れを説く誤りは戒めなければならない。

では、海の痕跡のない地域の浜地名は何かというと、それは崖地である。皆野町の大浜は、荒川の流れが深く刻んだ崖地であり、かつて渡し舟の大浜の渡しがあった地点である。寄居町の赤浜も荒川右岸の河岸段丘の土地。それが象徴しているように、山地の浜地名はみな崖のある土地を指している。

この考え方を支える有力な証拠が、山梨県から神奈川県相模原市辺りにかけて、土堤の斜面や小さな崖などをハマとよんでいたことである。

朝霞市の浜崎の地名の由来について、『角川・埼玉県』では、《「東南の方、地の低き処は昔入り江なりし故」(新編武蔵)とあるが、ハマ(土堤・川岸)とサキ(川の屈曲点)は、流路を転ずる川の沿岸の意で、これに由来すると思われる》と、注目すべき解説を付けている。

注目点は《ハマ（土堤・川岸）》としているところである。ここでは既定の事実として《ハマ＝土堤・川岸》としているが、それをママの語源とまではいわないものの、言外にハマはママと同様な意をもつものと言っていることになる。

私は結論として、〈大浜・浜崎〉は〈大ママ・ママ崎〉であり、しかもママの語源を残した地名だったと思っている。

〈桃《もも》〉地名も〈崖《まま》〉・〈浜《はま》〉の仲間

ときがわ町の山間部には旧〈桃木村《もものきむら》〉があった。小鹿野町の山間部には〈桃の木平〉という小名がある。いま国道二九九号線が通っているが、かつては崖に付けた道がときどき崩落して、通行不能になる地点だった。

飯能市の旧高山村は、明治二二年（一八八九）の町村制施行時に、いま西武鉄道秩父線の駅に名を残す、吾野村《あがのむら》になったところで、文字通り秩父山地に属する山岳地帯で、修験で有名な高山不動堂がある。社僧《しゃそう》・御師《おし》・宿坊《しゅくぼう》経営の他は、林業で生計を立てる雪深い村だった。

この村に〈桃の木久保〉という小字があった。村の所在地からして、小鹿野町の桃木平の下の窪地が連想される地名である。

その他、越生町の旧鹿下村《かのしたむら》に〈桃島〉があり、熊谷市にはかつて〈桃塚郷〉があった。これらの地形の共通点から、モモもハマを語源とする崖《まま》が転化したものと、考えるのが妥当ではないかと思われる。

水越《みずこし》・打越《うちこし》・討越《うちこし》・乗越《のっこし》・大越《おおごし》・押切《おしきり》・押砂《おしすな》・押廻《おしまわし》

洪水を記憶する地名

水が堤を越えて来た

〈水越《みずこし》〉地名は文字通り、土手や堤防を水が乗り越えたという、災害記憶・災害予知地名である。熊谷市と行田市にまたがる中条地区は、どこまでの範囲かは不明だが、鎌倉時代に〈水越郷〉とよばれた記録がある。その範囲だろうが、熊谷の上中条《かみちゅうじょう》には、上水越・下水越がある。ここは荒川と利根川に挟まれた低地であるため、しばしば洪水被害を受け、何度も大規模な水害を受けている。水越はそれを物語る地名である。

熊谷市妻沼の市ノ坪と飯能市の下川崎にも水越がある。妻沼の市ノ坪は利根川右岸の自然堤防と流路跡に位置する地域なので、水越の地名があって然るべき土地である。妻沼には〈水越台〉もある。ここは旧上須戸村の内で、村そのものが須戸＝須処《すど》というように、地域は福川両岸の低地と、自然堤防の上に位置している。須は洲とも書き、河川や海水が運んだ砂礫が溜まって、陸地となっている所である。水越台は水越現象が作り上げた台地という意味だろう。

打越は討越に・築越は月越に

〈打越《うちこし》〉地名は五か所に見える。まずは、比企丘陵北部の滑川町の〈打越〉。滑川の右岸で、市野川流域の低地に位置している羽尾地区にある。地区には大沼・五里沼など沼地・溜池が点在し、大雨の時には滑川・市野川ともに氾濫して、しばしば水害を受けている。次は富士見市の旧水子村の打越。新河岸川と柳瀬川に挟まれた地域である。三つ目の打越は明治二二年の町村制施行の折に廃され、現東京都大泉地区に編入された、旧新座郡橋戸村にあった。橋戸村というくらいだから、打越地名があっても不思議はない。四つ目は、よび方がすこし変わって、〈打越《うちごえ》〉である。前述の滑川町の市野川の少し上流に位置する、嵐山町杉山地区。ここは市野川左岸の低地であり、やはり水が越水することを示す地名である。

打越はウチコシ・ウチゴエと読み方も違えば、違う書き方もある。毛呂山町の大谷木《おおやぎ》地区《ちく》には〈討越《うちこし》〉がある。大谷川の流域にある地区である。その川を塞《せ》き止《と》めた鎌北湖《かまきたこ》は観光地になっている。

さらに、言い方にも多少変化がある。坂戸市多和目《たわめ》地区《ちく》は〈打越《おっこし》〉である。多和目は江戸期には田波目とも書き、『風土記稿』ではタバメと仮名を付けている。打越地区は、高麗川が大きく蛇行している流域の低地に位置し、地名は、洪水の折には溢れた高麗川の水が、堤防を打ち越してくることを示している。

〈築越《つっこし》〉は行田市の旧北河原村と、さいたま市大宮区の旧砂村の地名。砂村には〈築地〉もあり、築越は堤防の築地を越えた意味と、〈突越〉を掛けたような表記である。それを、さいたま市中央区の旧与野町では〈月越〉と書いた。水害のひどさよりも風流感が先に立ちそうな地名である。

〈乗越《のっこし》〉は、富士見市下南畑地区にある地名。古くは難畑とか難波田と書いた。荒川と新河岸川に挟まれた低湿地に位置する。『風土記稿』は、難波田村について、保元平治の頃の武蔵七党の一つ村山党の難波田小太郎高憲《なんばたこたろうたかのり》の名を挙げて、古くから開けた土地としている。そのうえで、川沿いの地でしばしば水損に遭うのは、難波田の文字が悪いためとして、安永元年（一七七二）住民が幕府に訴えて南畑に改めた事を記している。乗越はその水損の記録である。

〈大越《おおごえ》〉という地名もある。旧大越村で、今は加須市の一部になっている。地域は利根川右岸で、自然堤防上に位置している。地名の由来は、かつてこの村から大河を越えて下総国と行き来していたことによる、とされているとの事だが、果たしてそうだろうか。

水越・打越・乗越と、洪水の被害を記憶する地名を並べてみると、この大越もそれに類する地名ではないかと思えてくるのだが。地形を見ても、利根川に接していて、しかもこの辺りの水流は乱流を極め、いくつもの中洲をつくっている。これは出水のたびに形を変えているはずである。その余波で河岸が洗われてきた歴史は、長い間繰り返されていたのではないかと思う。

〈越〉は山を〈越す〉ことも

ただし、〈越〉地名には山や峠を越す意味でも使われる事がある。これまで挙げた越地名のなかでも、滑川町の〈打越〉については、現地の地名研究家の高柳茂氏は、『滑川町の地名』のなかで、同町内の〈追越《おっこし》〉とともに、《丘陵を越える場所》と説明している。その後に、打越について、《明和三年（一七六六）の石仏では、内越の文字が使ってある》と紹介している。内越なら水が内に越して来たとも読めて、すこし気になるところだが、すべてを実見したわけではないので、このように、なかには峠越えを指すものがあるかもしれないことを付記しておく。

実は、所沢市上山口にも旧打越村があった。『所沢市史　地誌』では、《丘陵地帯の中にあるので、どこへ行くにも尾根を越さなければならなかったと考える》と、その由来を考察しているので、それに従えばこれも山越えの〈打越〉になる。

だが、視点を変えれば、ここには柳瀬川が流れていた。当時の河辺村～氷川村を流れた柳瀬川が打越村に入り、堀之内村へと続いている。

川辺村は文字通り、柳瀬川の川辺の村だろうが、『風土記稿』によれば、村の中間を貫く川幅は四〜五間＝約九メートル前後だが、村には〈とうとうめき〉という小名があるところをみると、かなりの激流だったことがわかる。〈とうとうめき〉とは、ドドメキとかトドロキなどともいって、激流の擬音を表した地名である。

次の氷川村には地名の由来となる中氷川神社があって、延喜式内社にも擬せられている古社である。いうまでもなく、氷川神社は治水の神を祀る。当然それは古来からの柳瀬川の治水である。『風土記稿』は、氷川村の《川添に堤あり。高さ六尺＝一・八メートルほど》として、《ついじきわ・中土手》などの小名を挙げている。

そして、打越村に入った柳瀬川は川幅が二間＝約三・六メートルと急に狭くなっている。もしかしたら、村名は柳瀬川の洪水の打越に由来するのではなかろうか。

そんな事を思って、柳瀬川の水害の記録を尋ねてみると、やや下流ではあるが、安永元年（一七七二）二月、旧城村の総代たちが、柳瀬川の普請を願い出ている文書があった。（所沢市史・近世資料2　城村長倉家文書）同資料には、寛政三年（一七九一）九月の、《柳瀬川堤《つつみ》等《とう》大雨《おおあめ》破《は》損《そん》につき御普請願書》や、文化九年（一八一二）七月の《柳瀬《やなせ》川通川欠《がわとおりかわかけ》御普請願》などの関係文書もあった。前者は願いの理由として、《八月中、大雨打ちつづき、出水にて柳瀬川満水、堤押切り田地へ欠込み＝駆け込み、蛇籠押し流し……》と、洪水の被害を述べ、後者も《六月中より度々出水仕《つかまつ》り》と同様の事を並べている。文中の蛇籠とは、竹などで細長く丸く目を粗く編んだ籠に、人頭大の石を詰めた護岸用の籠の事である。それを積み重ねて堤防の強化を図るのだが、時にそれは破堤される。

また、『新埼玉県史　別編3　自然』の「気象略年表」にも、明治元年（一八六八）六月と、明治一一年（一八七八）九月に、柳瀬川の洪水や、堤防決壊の記事が見える。

■〈水越〉の勢いが強まると〈押切〉に

〈押切《おしきり》〉地名は、右の〈越〉地名と同じ意味を持つ水害地名である。洪水が堤防を押し切ったという事実を、リアルに表現したものである。

熊谷市内の荒川右岸に旧江南村があり、その荒川に接する低平地に江戸時代の押切村があった。その川幅も広く、荒川の乱流の激しさを示しているが、かつて荒川の洪水が何度も堤防を破壊して、当地を押し去っていった事から名付けた村名だという。

対岸は同市内の大麻生《おおあそう》で、ここと繋ぐ押切橋は幾度となく流されていたので、昭和三〇年（一九五五）にようやくコンクリートの橋になったが、これも冠水橋だった。川幅の広い低地である所以である。

朝霞市の荒川と新河岸川の合流地点に挟まれた、逆三角形の陸地・下内間木《しもうちまぎ》地区《ちく》にも、押切地名がある。隣接する上内間木も分村する以前は同じ内間木村だったが、場所柄、共に水害の多い土地で、地内には〈渦淵《うずぶち》〉の小名もあった。

同市内の宮戸地区にも押切がある。ここは元・内間木村の内だったが、新河岸川の右岸に位置し、江戸時代には宮戸河岸があった。明治九年（一八七六）の調査では、水害予備船が五隻もあったことから、水害常習地とわかる。

久喜市鷲宮の中妻は古利根川に近く、〈中妻〉は、池の中の陸地〈中ッ間〉に由来すると言われている事からわかるように、利根川の洪水に時々悩まされていた地域である。小名にその事を示す押切地名がある。

さいたま市大宮区の〈遊馬《あすま》〉にも押切がある。ここは、荒川左岸の低湿地で、沢地も多い地区である。また、川越市〈池辺《いけのべ》〉は入間川右岸の低地で、『風土記稿』が、《往古、当所に大なる池ありしに、其傍《そのかたわら》を開《ひらき》て一村となせし故、村名となれり》と記すように、沼沢地を埋め立てたものである。

同書は、編纂時にはすでに《池の形は埋もれて、今は僅かに跡のみ残れり》と記しているが、そうなると、ここの押切地名は、《大なる池ありし》頃についた地名という事になる。

池辺に隣接する〈大袋〉は、入間川の流れが袋のように湾曲していることに由来する地名である。同市岸町は不老川の岸に当たる地域で、ともに押切地名がある。

■〈押砂・砂押〉は〈須加・須賀〉と同義

〈押砂〉と〈砂押〉。前者は、幸手市の中川右岸に位置する高須賀地内にある地名。堤防を乗越したり、押し切ったりした濁流が砂礫を運んできて、砂地や微高地を作ったという来歴を示す地名である。押砂地域を含む〈高須賀〉そのものが高い〈須処・洲処〉であり、河流が土砂を運んできて作った微高地・自然堤防であることを示した地名である。

つまり、押砂は須賀と同義である。権現堂川や中川の氾濫が、地域に〈高須賀池〉を、対岸に〈内池〉などを形作っているのもその証左である。

〈砂押〉は、富士見市・新河岸川右岸と、柳瀬川の左岸の合流地点の平地から、台地へと続く水子地区にある。国史跡の水子貝塚が、主に淡水産の貝から成っていることからも、ここは河川が砂を押し上げて作った土地である事がわかる。

〈押廻《おしまわし》〉。俗称ではオンマワシ・オンマーシということが多い。小地名としては各地にあるのだが、『郡村誌』所載の小名としては、現さいたま市見沼区の、旧丸ケ崎村《まるがさきむら》〈押廻〉と、川口市の旧安形村の〈追回〉の二か所のみである。これは河流が渦を巻いているところを指す地名である。

〈丸ケ崎村〉はときに〈円笠木村《まるがさきむら》〉とも書いた。綾瀬川流域の低地を中心にした村だが、江戸時代には綾瀬川の氾濫で時々堤防が大きく決壊し、その度に公儀からの援助で修復するほどだった。その時には堤防を自ら切り崩して、水路を導くようなこともあったが、これは地域によって利害が相反することになり、争論が絶えなかった。そのような場所だけに、大きな渦が押廻《おんまわし》ている渕があったのだろう。

水押《みずおし》・水排《みずおし》・押出《おしだし》

雨水などが集まる低地と排水路

『郡村誌』が記す〈水押〉地名は次の六か所。うち一つは〈水排〉と書いている。①熊谷市武体は荒川左岸の低湿地。②同市玉井は利根川と荒川の間の沖積低地。③比企郡小川町笠原は秩父山地東縁部の山間地。④入間市下藤沢は不老川流域の低地。⑤八潮市木曽根は中川や沼に挟まれた低地。村名の曽根は自然堤防を表した地名ゆえに、水押地名があっても不思議はない。⑥〈水排〉の新座市新久は霞川流域の低地。以上の郡市名の下の地名は、明治九年（一八七六）『郡村誌』の資料集約当時の村名である。

右の六か所の共通点は、小川町笠原を除いては、すべてが川沿いの低湿地である。ここから、水押は前項の水越や乗越と同じく、河水が堤防や土手を乗り越えて来る事と考えられるが、水押のいい方には逆の場合がある。平地に降った雨が下水溝に飲み込み切れなかったとき、溢れた雨水は比較的低地を目指して集まる事になる。その状況やその水が集まる地点を水押と言い、当然そこから排水路を作って、下手の堀や近くの川に排水することになる。新座市の旧新久村の〈水排〉の書き方は、その事を端的に表している。

〈押出〉は七か所。内に〈押出耕地〉と〈押落〉がある。まず挙げられるのが比企郡川島町の押出地区。町は川島というとおり、荒川と入間川・越辺川に囲まれた島状の地帯で、しばしば水害に襲われてきた。押出は荒川右岸に沿った山ヶ谷戸地区内にある。この辺りの荒川筋は、明治から昭和にかけて、大規模な河岸修理や堤防の改修・新設が行われた。隣接して〈出丸〉地名もあるように、洪水常襲地帯だった。因みに、出丸も洪水の出る地域という意味である。

続いては、元荒川筋にこの地名が多い。荒川左岸・元荒川の水源近くに行田市棚田町押出がある。元荒川がU字型に大きく屈曲した外側にあるために、水害が多発した。周囲の砂原・砂畑・深水《ふかみ》などの小名も押出の意味を語っている。

蓮田市新宿《しんしゅく》は元荒川の左岸に沿った地域。同市川島は元荒川の右岸沿いの地。川島は低地の中で比較的高い島状の土地の事である。ここでは押出耕地と言っているが、どちらの押出も、悪水排出堀を指しているようである。

右の新宿地区に隣接する旧篠津村は、現在、白岡市に属しているが、庄兵衛堀・栢間堀・爪田谷堀などがあったことから、これも排水を意味する押出地名と考えられる。

東松山市・田木《たぎ》地区は越辺川左岸の岩殿丘陵の台地から低地へと続く地域である。ここには〈押落《おしおとし》〉地名がある。これは台地上からの排水地点を指しているのだろう。騎西町の中の目の押出は星川＝見沼代用水の左岸沿いの低地に位置する。

押出地名は、乗越と同じだったり、高みから押し出して来る場合もあるが、ほとんどは水押以上に排水の意味を持つ地名のようである。当時とは地形も変わった町がたくさんあると思うが、地名から過去の形状を、また地勢・地形からその地の押出地名が指している意味を考える必要があるだろう。

コラム　土腐《どふ・どぶ》

県内に土腐という小名は約三〇か所数えられるが、その内七か所は吉見町が占めている。その小名のある大和田・上銀谷・久米田地区は、荒川と市野川に挟まれた低地。上砂・本沢地区は荒川右岸の低地。山野下地区は、文字通り吉見丘陵の下の低地である。

用水に対して、用途のない水や、下水を悪水というが、その水の排水の悪い溝や、水捌け・水引きが悪くて水溜まりになる所、そのような沼などを土腐という。河川沿いの低地には、よくそうよばれるところがあるのは自然のことである。

土腐は地域によってドフ・ドブとよばれ、同じドフでも、川越市石田本郷では〈圷〉、越谷市麦塚では〈戸部〉、加須市麦倉で〈土部〉、越谷市神明下・吉川市十壱軒・杉戸町並塚では〈土浮〉と書いている。なお、深谷市田谷では上・下の土腐があって、ツチクサレとルビが振ってあった。〈土腐〉の小名のある市町は次のとおり。

熊谷市上中条・鴻巣市笠原・川越市高畑・同市宿粒・加須市船越・白岡市上野田。同市寺塚・越谷市見田方・吉川市上内川・八潮市古新田・同市大瀬・川島町正直・久喜市菖蒲町新堀・杉戸町安戸。なお、浦和市上山田新田には〈悪水向〉があった。

これらの地名を見れば、そこが水引きのわるい低地であることはすぐにわかるが、これは『郡村誌』によるものだから、今はどうなっているのだろうか。

三武越《みたけごし》

武の花・竹の鼻を越えた先

御嶽越と見まがう地名

飯能市坂石の西武鉄道西武秩父線・吾野駅の対岸にある小名。旧秩父往還沿いの坂石・坂石《さかいし》町分《まちぶん》の宿場町から高麗川を隔てて、今の国道二九九号線に沿う集落で、ＪＡ吾野支店の他、ほんの数軒の小集落である。

その音からして〈御嶽越《みたけごし》〉かと見当をつけた。ならばその先に御嶽とよばれる信仰の山か、峠の神社があるはずと、それを訪ねて現地に行ってみた。国道二九九号線を秩父市から正丸峠を越え、駅近くで旧秩父往還に入り、まずは地域全体を一周して国道に戻ると、仮宿神社《かりやどじんじゃ》という珍しい名の神社のある交差点の信号に出る。

近くを散歩していた人に尋ねると、国道を戻って次の信号のある地点から先が〈三武越〉で、その先で左折して高麗川を渡った所に秩父御嶽神社があるので、それが地名の由来であると教えてくれた。予測したとおりだと喜んで、その神社に行ってみて驚いた。幾つもの堂宇のある立派な神社だったが、参道入り口の案内板には、明治二八年（一八九五）に修験者によって開基された旨が記されていたのである。

これでは江戸時代から続く地名の由来にはなり得ない。建物から出て来た神社の関係者らしい人に尋ねたが、地元の者ではないのでわからないという。人影を求めて坂石に戻り、坂石町分に入ると、庭先で花に水をやっている中年の女性を見かけて、尋ねてみる。「少し戻って、坂石地区に入った所に、三武越橋という橋があります。それを渡った所が三武越地区です。三武越橋を越した地区という意味だと思いますよ」という返事だった。三武越地区にある橋だから三武越橋ならわかるが、三武越橋を越えた所だから三武越地区であるという説明には納得しかねたが、礼を言って別れる。その方も自信はないらしく、詳しくは橋の近くで聞いてくださいという事だった。

その橋を渡ると、道の除草をしている高齢の男性がいたので尋ねると、リタイアして妻の実家に入ったばかりなので、何も知らないという。地名一つ聞き出すのもなかなか大変である。

橋を戻り、近くの商店のおばさんに声を掛けると、気さくに応じてくれた。「この橋ができたのは、確か、昭和五八年（一九八三）だったと思いますよ。私がこの家に嫁いで来たのが昭和四〇年（一九六五）でしたがね、その頃にはまだ、こんな橋はなくて、この崖の踏み分け道を川に降りて、小さな板橋を渡って三武越の方に行ったんですよ。自転車一台を押して、やっと通れるくらいの橋でした」

三武越地区の後ろの山や峠に寺社はないかと尋ねたが、そういうものも、どこかに通じる峠道もないとの事だった。

そうなると、ミタケゴシは、この方の経験談が指すところの、崖下に降りた川越しの事だったと解釈する他はなさそうである。ミタケのミは美称で、タケはこのような地点に共通してある、〈タケノハナ〉のタケである。〈竹の鼻・武の花〉などと書く〈タケ＝嶽・岳・崖〉を越したところ＝三武越だったという事になる。

毛《も》呂《ろ》山《やま》・三《み》室《むろ》

モロ・ムロは神の住まう所

■毛呂山町＝〈毛呂村＋山根村〉＝合併地名

〈毛呂山町〉は昭和一四年（一九三九）に入間郡毛呂村と山根村が合併してできた町名である。それ以前の毛呂は鎌倉時代から毛呂郷として記録にあり、鎌倉幕府の有力御家人・毛呂氏の本貫地として、同時期から戦国時代にかけての居館跡も残る。

毛呂の語源は《ムラがモロに転化したもので、村落のこと》とする、韮塚一三郎『埼玉県地名誌』の説が有力視されているが、一方、高句麗語の諸々のという意味を持つ「ＭＯＤＯ」をそのまま用いたとする、渡来人の命名という説もある。

この説は、大名牟遅神《おおなむじのかみ》を主神とする、臥龍山《がりゅうさん》の出雲伊波比《いずもいはい》神社が、毛呂明神・飛来明神とよばれていることをその傍証とする。つまり、大名牟遅神は出雲を出自とする大国主命《おおくにぬしのみこと》の別称であり、その神が飛来した神とよばれているという事である。

だが、私は第三の説を提唱してみたい。それはかつて論じられたことがあるのかもしれないが、その主眼は、〈モロはムラの転ではなく、神の住まいである〉という事である。

モロ・ムロは古代の神の住まうところ

古代の日本人は、万物に神が宿ると考えていたが、『記紀』にもしきりに出てくるように、天の神と地の神を区別してとらえていた。いわゆる天神地祇《てんじんちぎ》である。天神を天ッ神《あまっかみ》と称して、地祇＝国ッ神《くにっかみ》の上位に在《あ》る神として、天孫降臨《てんそんこうりん》＝天ッ神の子孫の神々が天から降りて来るのを、地祇＝地の神がお迎えして国土を開いていったとする神話が、『記紀』には記されている。

天神が地上に降臨するのに最も近いのは、高い山、そして高い木々である。稲光や雷＝神鳴《かみなり》からの発想だろうか、神は木を依り代として降臨すると考えた。だから、いまでも神社には杜《もり》があり、ご神木と称する高い木が天に向かって伸びている。そこで神を数えるには一柱・二柱という。

人々は神の宿る山として、高い山を御岳《みたけ》・御嶽《おんたけ》とよんで崇拝した。したがって、古代には御岳そのものが御神体であり、神社だった。

古代の信仰形式をそのまま残すといわれる、奈良県生駒郡《いこまぐん》にある三室山《みむろやま》は、別名・神名備山《かんなびやま》ともよばれているが、特に神社の社殿はなく、山全体が信仰の対象になっている。神名備とは神の鎮座する所という意味である。

児玉郡神川町にある金讃《かなさな》神社も本殿はなく、後ろの御室山《みむろやま》を御神体として、古代の様式を保っている。

この山のどちらも〈ミムロ〉と称していることに注目したい。因みに、さいたま市浦和区の氷川女体神社の所在地も〈三室〉地区である。ここはかつて〈御室〉とも書いている。

『萬葉集』九四の歌《玉くしげ三室の山のさなかずら》や、二四七二の《見渡しの三室の山の巌菅《いわおすげ》……》は、奈良県桜井市にある三輪山を詠ったものとされている。

この三輪山は、『古事記』が記すところの、活玉依毘売《いくたまよりひめ》のもとに夜な夜な通う《麗《うるわ》し壮夫《おとこ》》の正体を探ろうと、壮士の衣の裾に麻糸を通した針を刺しておいたところ、翌朝見ると糸は戸の鉤穴《かぎあな》を抜けて美和山《みわやま》の神の社に達していたという伝説で知られている。

このように神の住まう三輪山が〈三室の山〉とよばれていることから、ミムロは神の在り場所のことで、それのある山がミムロヤマとよばれていたことがわかる。

古くから伝わる宮廷神楽歌のひとつ、《神籬《かみがき》＝神垣《かみがき》の御室の山の榊葉《さかきば》は神の御前《みまえ》に茂りあひ《い》にけり》は、特定の山を指すものではなく、普通名詞として〈御室の山＝神の在《い》ます山〉と詠っていることがわかる。

『古事記』が仁徳天皇《にんとくてんのう》の歌として載せている、《御諸《みもろ》のその高城《たかき》なる……》は三輪山を指しているのだが、ここでは〈ミモロ〉と詠んでいる。ムロは容易にモロに音通するのである。

初めは人も穴居《むろ》で暮らしていた

では、ムロ・モロを神の在る場所とする所以《ゆえん》は何かというと、それは原始時代の人類の穴居生活に結びつくのではないか。その頃、人は低湿地より高地に住み、狩猟・採集生活を送っていた。初め自然にできた岩穴や岩庇《いわひさし》の下で雨露をしのいでいたが、次第に人工的に横穴を掘り、続いて竪穴に植物で屋根を葺《ふ》く事も覚えた。

いまでも氷室《ひむろ》とか芋室《いもむろ》などという、それらの保存室があり、ムロ・モロとよんでいるが、古代にはそれが人の住まいでもあった。だから、ずっと後の事になるのだが、今から約一五〇〇年前に漢字が渡来すると、ムロ・モロに〈室〉の字を当てたのである。

人が普通に穴居《むろ》で暮らしていた時には、人は神の住まいも穴倉や岩窟であると思っていたのは当然のことである。後になってからも、山の神の在《い》ます場所を〈御室〉とよぶのは、その記憶を残している事によると考えられる。

やがて人は竪穴住居から、高床式の建物まで作るようになる。『出雲国風土記』は大原郡の御室山の謂れについて、須佐乃乎命《すさのおのみこと》が御室を造らせてお泊りになったことから、御室というと述べている。この御室は当時の印象として、土窟・石窟の類である。

時代が少し下ると、木造の竪穴式住居や、高床式の建築物も始まり、屋根を葺く事も覚えた。『萬葉集』一六三七の《旗薄《はだすすき》尾花《おばな》逆葺《さかふ》き黒木もち造れる室《むろ》は萬代《よろずよ》までに＝穂先が旗のように靡く薄や尾花の先を下向きにして葺き、皮を剥かない丸太を柱にして造ったこの家は、万代までも栄える事だろう》の歌が、当時の室の様子を物語っていると言えるだろう。

この歌が奈良時代の女帝・元正天皇《げんしょうてんのう》（在位七一五〜七二四）の作という事が興味深い。業績としては「養老律令」の選定や、『日本書紀』の完成などが挙げられる。父は草壁《くさかべ》の皇子《みこ》で、母は元明天皇《げんめいてんのう》。日本史上、母子二代にわたって女帝が続いたことでも知られている。その女帝が壮大な宮殿ばかりではなく、身近にもこのような室が建てられていたという事であろうか。

中国から渡った壮大な寺院建築などは別として、この歌が示すように、一般の室はこんなものだったのだろう。

『古事記』の日本武尊《やまとたけるのみこと》が幼名・小碓命《おうすのみこと》といった頃に、九州の熊襲《くまそ》兄弟を討つ場面では、熊襲兄弟が《室を作りて居りき。是に御室楽為《みむろうたげせ》むと＝家を新築していた。そして新築祝いをしようと》しているところへ、女装して入り込み、お酌をする振りをして隠し持っていた懐剣で……、と記している。

大和朝廷に屈服しない九州の豪族の事だから、この新室《にいむろ》は粗末ながらも高床の木造建築だったろう。人が大方、土窟・石窟から竪穴・高床建築の室に移ると、これを屋とよぶようになる。

人は屋に住み、神は〈屋代＝社〉や〈御屋＝宮〉に住み

古い文献では、屋と家のどちらも使われているが、はじめは微妙に区別して使っていたようである。

『萬葉集』二一六の柿本人麿の歌に、《家に来てわが屋を見れば……》という一節がある。ここから読み取れるのは、〈家〉は家庭・家族のいる内という意味合いがあって、〈屋〉は建物だけを指しているという事である。

人が土室《つちむろ》・石窟《いわあな》から出て、屋《や》に住むようになると、神の室《むろ》もそれに応じた屋を作らねばならないと、考えたのも自然な事である。

そこで始まったのが屋代《やしろ》＝屋の依り代であり、漢字では社と書いた。やがて人が立派な木造の御殿を造営するようになると、それにつれて屋代も豪華なものになっていった。しかし、並行して御室の記憶も消えることなく、そのよび方も続いていた。屋敷神をモリと言ったりオムロ・オモロといったりするのもその例である。

毛呂山町の臥龍山に鎮座する出雲伊波比神社は式内社の古社で、本殿は県内最古の神社建築として、国の重要文化財に指定されている。この山を御室山として崇めた事が、ここをめぐる土地を〈毛呂〉とよんだ由来ではないか、というのが私の推論である。

谷戸《やと》・谷津《やつ》・谷《や》

地域の色分けのはっきりした地名

県内に〈谷〉地名は約九八九か所も

埼玉県内には、江戸期から明治二二年に大合併が行われるまでは一八三六か所の村があった。さらに明治九年編纂の『郡村誌』所収の小字一覧を数えると、小字の数はざっと数えて約一万七〇〇〇にも上る。それを見ていると、〈谷〉の付く地名が至る所にあることに気付く。

そこで谷地名を抜き出してみると、多少の見落としはあるかもしれないが、全部で九八九か所あった。大きな特徴は、タニと読む地名はわずか一二か所で、あとはすべて関東方言と言われる、ヤト・ヤツ・ヤというよび方に集中していることである。

ヤトは古く『常陸風土記』の行方郡の項に記述がある。ある男が郡役所の《西の谷》の葦原を切り開いて新田を作ろうとしているところへ、《夜刀《やと》の神》が群れ集まって妨害した。夜刀＝谷戸の神は蛇の化身だった。水田を開く葦原といえば湿地帯である。水辺に棲む小動物を狙って、蛇も集まる所である。

蛇にすれば、住処や狩場を奪われる一大事である。そこで男は境界を作って、互いの住み分けを提案し、認めてくれれば神社を建てて祀ろうと言った。いま茨城県行方市《なめかたし》の玉造町にある夜刀神社がそれだという。

この話でもわかるように、ヤトとは新田を開くのに適しているような湿地帯の事である。それは多く扇状地の地先にある。そこから、扇状地の要の部分に当たる谷の出口や、台地を刻む小さな谷・山間地の小さな谷間などをもヤトという。表記は谷戸とされているが、意味は〈谷処〉なのだろう。

ヤトはヤツにも転化する。江戸時代の方言解説書『物類称呼《ぶつるいしょうこ》』（一七七五）は、谷について《相州《そうしゅう》鎌倉及上総《かずさ》辺にてやつと呼ぶ。扇が谷、亀が谷等なり》と記して、ヤツは神奈川～千葉辺りの方言と断じている。

鎌倉は、海底で複雑な形に浸食された岩盤が、そのまま隆起した土地で、その後も何度も津波に洗われて、屈曲した切通しのような谷間が連なっている街である。その谷間を鎌倉ではヤツとよんだ。

南北朝時代の合戦を記した『太平記』の、足利尊氏と新田義貞の鎌倉争奪戦の場面。ここでは大勢の軍勢が《此処《ここ》の谷《やつ》、彼処《かしこ》の小路《こうじ》よりドット喚《おめ》いては駆け入り……谷々小路々々《やつやつこうじこうじ》に入り乱れてぞ戦《たたかい》たる》と、鎌倉の狭い谷間での混乱した戦いぶりを描いているのだが、谷間については現地の言葉のままに谷《やつ》と記している。

お富・与三郎の名で知られている歌舞伎『与話情浮名横櫛《よはなさけうきなのよこぐし》』（一八五三）の「源氏店の場」で

は、悪行を重ねた与三郎が、《鎌倉の谷七郷《やつしちごう》は食い詰めても》と語っているが、これは鎌倉の七つの郷はそれぞれ谷間の中にあるという意味で、鎌倉を総称する慣用句になっていた。

ヤチと言う地域もあるが、これもヤト・ヤツと同じくタ行の音の交替と考えられる。しかし、谷地とも書けるので、そのように理解している向きもあるようだが、県内にはヤチ地名はほとんどない。

谷⇩〈たに・や・やと・やつ・やち〉の分布

ヤは県内の大きな市の名に深谷・熊谷・越谷などがあり、隣接する都内にも渋谷・日比谷・世田谷などたくさんある。

谷地名の代表として〈大谷〉を挙げて、全国的に探してみると、江戸期の村、現在の大字的な地名とみられるものが、七〇か所近く見つかった。そのよび方のおおまかな範囲は次のとおりで、これがすべての谷地名のよび方に一致する。

〈大タニ〉北は青森・秋田。西は福井・愛知・三重以西の全て。

〈大ヤ・大ヤト・大ヤツ〉山県・茨城・栃木・千葉・埼玉・群馬・神奈川・静岡。

〈大ヤチ〉岩手。

〈大タニ・大ヤチの併存〉北海道・新潟。

〈大ヤ・大ヤチの併存〉宮城。

〈大タニ・大ヤ・大ヤチの併存〉福島。

埼玉には大谷《おおがい》という小名が幾つかある。これは熊谷《くまがや》をクマガイというのと同じで、大谷《おおがや》をオガイと言い慣わしたものである。

長野県には大谷は見つからなかったが、小規模なものにはヤツ・ヤ・タニのよび方が混在していて、静岡県とともに、ヤとタニの境界線になっていると言えそうである。なお、沖縄では〈読谷村《よみたんそん》・北谷町《ちゃたんちょう》〉というように、タンと発音している。

ヤ地名の圏内にある埼玉県の中では、ヤ・ヤト・ヤツはどのような分布になっているのだろうかと、地図に落としてみた。まず、タニの一二枚を除いたカードは九五七枚。内訳はヤが六四四枚。ヤトが一九八枚。ヤツが一一五枚である。

ヤト・ヤツは音が変わっただけなので、同類とみて合わせても三一三か所。広い意味ではヤも同類なのだが、ここでは一応分けて考えてみると、ヤト・ヤツの三一三か所は、ヤの六四四か所に対して、ちょうど半分である。数字で見ると、埼玉県内ではヤ地名が圧倒的に多い事がわかる。

ただ、面積の問題もあるので、このように数字だけ比べてもあまり意味はないのだが、この数字を地図に落としてみると、その使用範囲に、大きな特徴が浮かび出ていることがわかる。

埼玉県の地形は、山寄りの秩父・児玉地区から次第に平野に出て、東京湾に面する辺りまで延び広がっている。秩父山地から発する荒川が、周囲の河流を集めて県のほぼ中央を貫いて流れ、北辺は利根川に縁取られている。特に利根川・荒川の下流に位置する県東部は、江戸期に開拓が進んだ地域である。

そんな大雑把なことを念頭において、この平面図を見るとおもしろい事に気づく。それは県内を次のように、四通りに区分できるということである。

①秩父・児玉などヤト・ヤツが圧倒的に多く、ヤの少ない山間部。

②ヤト・ヤツとヤがほぼ拮抗している、荒川中流域の熊谷から、荒川の流れに沿った地域。

③その東側に位置して、ヤが半分から三分の二を占める行田・羽生・鴻巣・北本・川島・上尾・大宮・浦和というライン。

④県東部の利根川沿い、茨木・千葉県に境界を接する地域では、ヤト・ヤツはまったく姿を消して、数多くのヤで埋め尽くされている。

県内の山間部はヤト・ヤツ、平野部ほどヤが多く

この図を大胆に読み解くと、縄文文化が発達した地域にはヤト・ヤツの言語圏が重なり、弥生文化から時代が下るにつれてヤト・ヤツにヤが混じりながら、次第に逆転していくという構

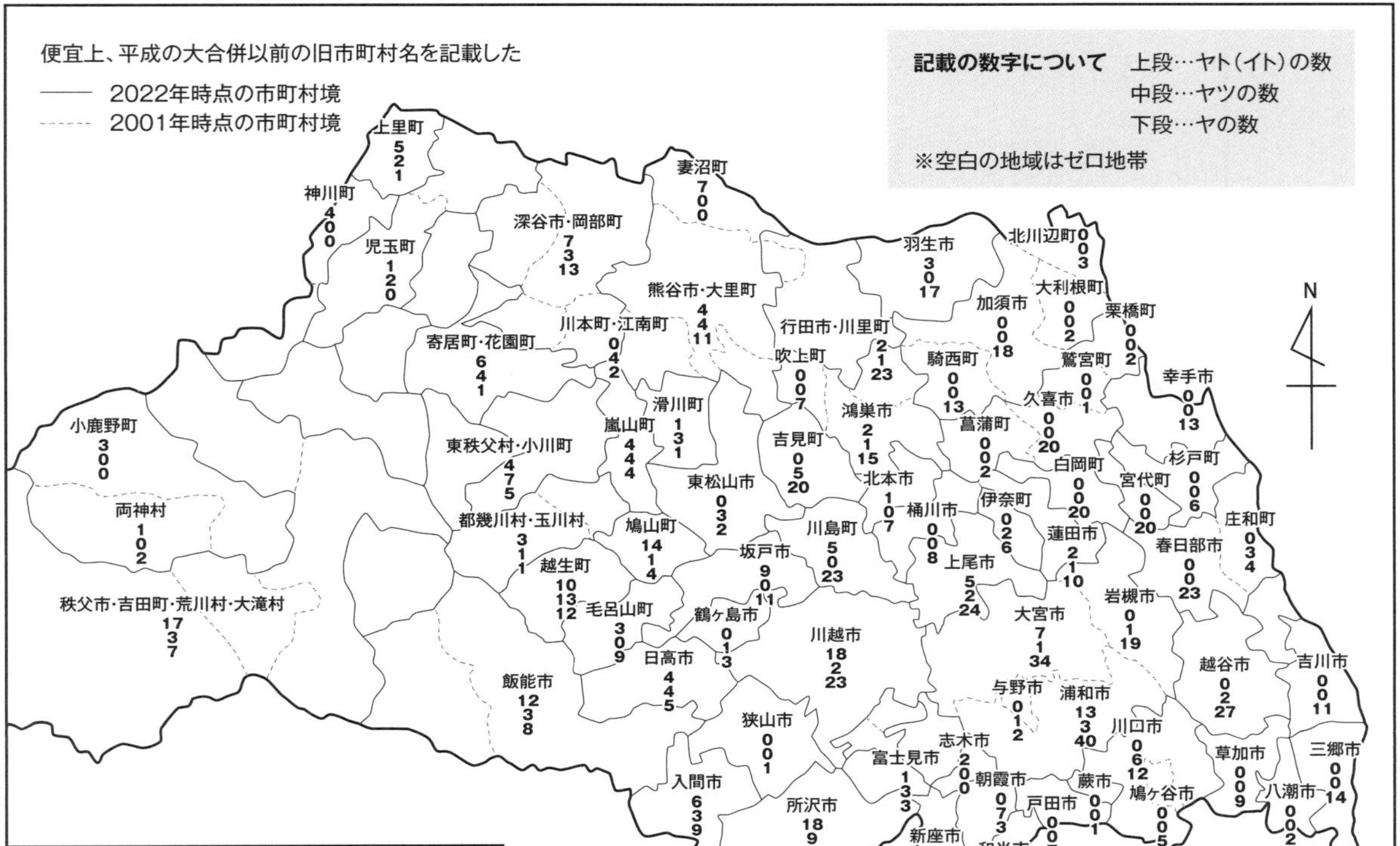

ヤト（イト）・ヤツ・ヤ地名の分布図
（武蔵国郡村誌の小字による）

図である。そして県東部の近世になってからの開拓地は、すべてヤに統一されていく。

時代区分はともかくも、関東方言の歴史としてはヤトが古く、時代と共にヤツと訛り、ヤと約まった言い方に移行していったという事が考えられる。

表記については〈谷〉だけでヤト・ヤツと読ませているものもあるが、ほとんどは、ヤトは〈谷戸〉、ヤツは〈谷津〉に統一されている。〈〇〇ヶ《ガ》ヤト〉が〈〇〇ガイト〉と訛ったときの表記にはさまざまな工夫が見える。幾つかの地域で共通しているものに、〈雉貝戸・粕貝戸＝浦和市〉、〈根貝戸＝大宮市・上尾市〉、〈北貝戸＝東秩父村〉、〈塩貝戸＝皆野町〉のように〈貝戸〉の文字を当てているものがかなりある。

伊奈町にも〈小貝戸〉があって、地元では、大昔は海が迫っていて、貝塚もあることから、その貝塚に関係のある地名ではないかと説く向きもあるそうだが、そうなると山深い東秩父村の〈北貝戸〉や皆野町の〈塩貝戸〉はどう説明したらよいかということになる。やはりこれらは、ガヤトがカイトになったものと考えたい。

他には〈中海戸＝小鹿野町〉、〈北海戸＝鴻巣市〉、〈灰替戸＝熊谷市〉、〈笠替戸＝深谷市〉〈原ヶ井戸＝白岡市〉、〈上戒戸＝深谷市〉など、それぞれ独特な表記の工夫が見える。

また、カイトは庄園や土豪の屋敷などを囲った垣内《かきつ》が訛ったもので、後には一定の区画や集落を指す場合もあったという指摘もある。さらには垣内の外を垣外《かいと》といったので、そのことも考慮しなければならないと説く向きもある。

確かにその通りだとは思うのだが、しかし、垣内は近畿地方を中心として、使われている範囲は静岡・山梨・長野辺りまでで、埼玉にははっきりそれと確認できる地名は見当たらないのではないか、というのが私の見解である。

なお、県東部のヤ地名で埋め尽くされている地域の中で、唯一、旧庄和町だけは四か所のヤとともに、ある地域に集中して〈内谷津・外谷津〉と対になったヤツ地名が二か所ある。現春日部市内の旧庄和地区は、東部地域でも最も東端に位置している土地なので、県内のヤト・ヤツ地名を抱える①の地域とは最も離れていて、普通ではその影響は考えられないところである。

この不思議な現象を考えているとき、そのヤツ地名のある土地が、江戸時代の〈大衾村〉と〈米島村〉であることに気付いた。隣り合った両村ともに〈内谷津・外谷津〉地名を持っているが、この二村はともに寛永年間（一六二四～四四）以降に開発されたという土地である。

そこで〈大衾〉という一筋の繋がりからの推測に過ぎないが、もしかしたら、この土地は、①に属する〈男衾郡〉出身の人物の手によって、開発されたものではないだろうかと考えてみる。

男衾郡は正倉院の資料にも名の見える、武蔵国北部に位置する土地で、現在は大里郡寄居町の一部にその名を残している。そしてこの地域はヤト以上にヤツ地名の色濃い土地なのである。

二か所とも内・外の谷津と命名されていることは、ヤツ地名に慣れ親しんでいた人たちが、自分たちの開発地に自然にそう名付けたものと考えざるを得ないのだが、どうだろうか。

コラム ■ 鶯谷《うぐいすだに》

関東、特に東京には〈日比谷・渋谷・世田谷〉など谷《や》地名が多く、谷をタニと読む地名は長野・静岡以西だというと、たいがい都内台東区の〈鶯谷〉の例を挙げて反論される。たしかにこれは例外的なタニ地名である。だが、その由来を聞くと、タニ地名が関西のものであることが、さらに確認されることになる。

江戸時代、上野の寛永寺の住職は代々皇族方が勤めることになっていた。元禄の頃、住職として京都から下向してきた門主は、上野の森の鶯は初鳴きが遅く、聞き慣れた京の鶯に比べて、鳴き声にも江戸訛があるとして、京都の鶯三千余羽を取り寄せて付近に放した。

これによって寛永寺の森では、江戸の町で最も早く鶯の美しい初音が聞えるようになり、この辺りは「初音の里」とよばれ、鶯谷《うぐいすだに》という地名になった……という事である。これは『新編武蔵風土記稿』その他に載っている話である。

柳原《やなぎはら》・柳田《やなぎた》・柳沢《やなぎさわ》と榎地名《えのきちめい》

柳地名は一三〇か所近く、榎は四五か所も

県内で最も多い植物地名

柿・栗・桃・椿など植物の名を冠した地名は、ほとんどがその意味を表してはいない。普通に読めば、〈柿平〉は柿の木の植えてあるところとか、目立って大きな柿の古木の生えている所、〈栗ノ木平〉なら、栗の木の……と思うところだが、実は柿は欠《かき》の置き換えだったり、栗は刳《くり》の意味だったりして、一筋縄ではいかない地名であることが多い。（**本書『柿木平』『栗生』の項参照**）

『武蔵郡村誌』によると、県内で最も多い植物地名は〈柳〉である。江戸から明治二二年までの村名では〈高柳村＝現熊谷・児玉・栗橋・騎西〉、〈青柳村＝現狭山・久喜・草加〉、〈上柳村・下柳村＝現春日部〉、〈柳島村＝現草加〉、〈双柳村＝現飯能〉、〈渡柳村＝現行田〉など一一か村に及ぶ。

字名で最も多いのが〈柳原〉で三四か所もある。続いて柳田が九か所・柳町・柳島がそれぞれ七か所、柳沢・青柳が各六か所で、柳地名すべてを合わせると約一三〇か所を数える。なお、白岡市の〈野牛〉も〈柳生〉の別表記と言われているから、そのようなものを厳密に探っていくと、まだまだ数は膨らむことだろう。

だが、その時に注意しなければならないのは、どの地名にも言える事だが、時々、紛らわしい合成地名にでくわす事である。たとえば、神川町の旧青柳村は、明治二二年の町村制施行時に近隣五か村が合併して、中世の記録にみえる青柳郷を名乗ったもの。これはかつて在った地名だからまだしも、草加市と越谷市にまたがる、旧川柳村《かわやぎむら》の場合はどうだろう。これも明治二二年の合併により、柿ノ木（カ）・伊原（ハ）・青柳（ヤ）・麦塚（ギ）、四村の一字ずつをとって付けた、苦心の合成地名だという。

さて、これらの柳地名をすべて県地図に落としてみたが、特に地域の偏りもなく、特徴としては川・堀・沢といった水辺に多いことである。これは柳の属性として自然なことなので、この事から、柳地名は柿・栗地名のように隠された意味はなく、その通りに受け取ればいいのかなと思うところである。

だが、遠藤宏之氏はその著『地名は災害を警告する』（技術評論社）の「可憐な植物地名の本当の意味」の項・一一三ページで、《「柳（ヤナギ）」は古語で斜面や土手を表す「ヤナ」と、所を表す接尾語の「ギ」、あるいは「ヤ」（斜面）「ナギ」（なぎ倒す）から浸食された河岸を表す事も。「柳」「柳津」「柳川」「柳田」などがある》と述べている。これによれば、柳地名が川・堀・沢縁に多く見られるのは、たんなる柳の属性によるというだけでなく、全く違う意味に見えてくる。柳地名が示すそのような意味は、現地を見て判断する他はないが、それも当時に比べてかなり地形の改造も進んでいるので、困難な場合もあるが、この指摘は心にとめて柳地名を見定める必要がある。

それにしても、今ではほとんど街中で柳を見ることがなくなったが、これほど多くの柳地名があることを見ると、かつてはどこにでも柳の木があって、生活に結びついていただろうことが思われる。

柳というと普通、枝垂れ柳《しだやなぎ》を連想するが、楊柳《ようりゅう》ともいうように、種類はたくさんある。一般的には、柳が枝垂れ柳で、楊が川柳《かわやなぎ》と区別されている。楊枝・爪楊枝は、文字通り楊を削って作ったものである。

枝垂れ柳は中国原産で、日本では奈良時代に、唐の都・長安の街路樹になっていたのを模して、平安京の街路樹にしたことから普及したと言われている。『万葉集』にもたくさん詠われているが、表記は楊の方が多い。

今では〈柳原〉などは想像もつかないほど、土地利用が進んでいて、地名はあってもその痕跡を残すところはほとんどない。狭い国土で人口が多くなって家並みがひしめき、ゆったりと歩く牛馬に代わって、自動車が忙しく走り回る時代になると、道路わきで丈高く伸びて、悠揚と枝を張る〈高柳〉や〈楊〉などは存在しようがなくなったわけである。

一日の苦労を柳に風と受け流す、夏の大堀端の夕涼みや、お屋敷前、暖簾《のれん》を張った商家の前の門柳《かどやなぎ》などという風情も絶えて久しい。

「昔はこの辺りに柳の……」などという謂れを刻んだ地名も、振り返られることが少なくなった昨今である。

二番目に多いのは〈榎《えのき》〉地名

柳に次いで多い植物地名は〈榎〉で、およそ四五か所。榎は高さ二〇メートル、太さ一メートルもの大木になり、秋には七ミリ程度の黄味がかった、赤くて甘い実になって、食べられる。私が子どもの頃には近所に榎の大木があって、よくその実を拾って食べたものである。秩父方言で、その実をアマミとかアマメとよんでいた。

街道筋には一里塚・一里榎の遺跡を残すところがあるが、慶長九年（一六〇四）、幕府は江戸日本橋を基点として、東海道をはじめ諸街道に一里ごとに塚を築いて、目印に榎を植えた。旅人ははるかに聳える榎の枝ぶりを目印にして歩き、夏にはそこに日陰を求め、秋には甘い実を口に含んで疲れを癒した。

江戸の川柳に《落武者は榎を植えぬ道を逃げ》がある。逃げる身とあっては、堂々と街道を行くわけにはいかない、といううがちである。

〈榎戸〉地名がいちばん多くて、二〇か所。〈榎戸〉は〈榎処〉だろう。その意味では、ただの〈榎〉地名五か所と合わせると、二五か所にもなる。〈榎堂〉が三か所。これは庭に榎の大木を植えた寺社のお堂がある土地だろう。榎田・榎台も各三か所。元榎・榎下が二か所、他に榎町・榎坂・榎平・榎井・若榎などと続く。

所沢市の旧川辺村に〈しめ榎〉という小名があった。これは境木に榎を植えた標榎《しめえのき》の事ではないかと言われている。

それぞれが、地名のイメージが湧くネーミングだが、今ではそのイメージをどこかに求めても、ここといった場所が見つかりそうもない。榎そのものが町中から消えて、エノキと聞いても、その木を知らない人が多いのではないか。

そんな意味でも、地名は歴史を伝える鏡である、と言えるようである。

コラム　不老川《ふろうかわ》・空堀《からほり》・末無川《すえなしかわ》と逃《に》げ水《みず》

不老川の源流は都内瑞穂町である。流れはすぐに県境を越えて入間市に入り、所沢市〜狭山市〜川越市を北東に進み、その市内で新河岸川に合流する。流路は一九・五一キロ。

『風土記稿』や『狭山之栞』などの古記録には、水量が少なく、長く雨が少ないと干上がり、特に冬季には水が無くなってそのまま年を越すので、〈年不取川《としとらずがわ》〉とよばれたと記されている。

川底の礫層が厚いので、水量が少なくなると伏流水になってしまうのである。昭和五一年（一九七六）に「ふろう川」と改称された。

『狭山之栞』は、杉本林志《すぎもとしげゆき》の手による、幕末から明治にかけての狭山丘陵一帯の地誌だが、これには不老川のほかに、〈隍《からほり》〉＝空堀と〈末無川〉のことが記されている。

隍は現武蔵村山市の旧中藤村に発し、赤堀とよばれて東大和市で奈良川と合流して、現狭山市に入ると砂川とよばれ、東村山市の旧久米川村に入ると水が消える。水源があるのに、末に水が無くなるので、《里俗カラホリと呼ぶ》という。

末無川は北砂川の別名。水源は所沢市三ヶ嶋村別所谷。『狭山之栞』は《故に此の地を堀之内村と云う。板橋、水野村誓詞ヶ橋を経て鞴貫原《こてさしはら》を東流し、上新井村の後を経て神米金村《かめがねむら》に至り、畑の畔に流れ入り、水源ありて末流なし。故に末無川とも云う》と記している。

狭山市の水野には〈逃水〉という小名がある。水に苦労した土地で、水を求めている旅人の目に川が映るので、喜んで近づくと、次々に同じ距離をもって離れていくということから、逃水の名が付いたという。

蜃気楼やカゲロウ説などがあるが、昔は武蔵野の逃げ水とか、逃げ水の里とよばれて有名になり、平安末期の『散木奇歌集《さんぼくきかしゅう》』（一一二八頃）には《東路にありというなる逃げ水の逃げのがれても世を過ぐすかな》という歌がある。

寄国土《ゆすくど》

秩父方言を代表する当て字で、土砂災害を予告

ダムに沈んだ集落の名

〈寄国土〉。秩父市浦山の谷底に隠れ里のように佇《たたず》む、たった八軒の集落の土地の名だったが、埼玉の難読地名には必ずというように取り上げられる地名である。

ただし、いま、寄国土部落は、平成八年（一九九二）に完成した浦山ダムの底に沈んでしまって、その姿はない。いまの浦山ダムの南端辺りに存在したこの集落は、秩父から上名栗へと通じる道の途上にあった。そのために、主要地方道〈秩父・上名栗線〉として整備された、ダムの縁を巡る付け替え道路の、その辺りのトンネルに、〈寄国土トンネル〉の名が付けられている。

字面からはどうにもイメージが湧かない地名である。まず〈寄《よす》〉と書いて、なぜユスと読ませるのかという疑問が湧くだろう。だが、これは秩父方言の音韻的な特徴として、〈ユ・ヨ〉の交代がしばしば行われることを知れば、理解できることである。

いまは共通語が普及してほとんど消えてしまったが、私が子どもの頃の山村の老人たちは、〈百合《ゆり》〉を〈ヨロ〉とよんでいた。当時、山百合の根は山村の食糧だったから、日常的によく

耳にする言葉だった。私にはやや不思議だったので、その声はいまでも私の耳にはっきりと残っている。

〈夕《ゆう》べ〉はヨンベ。〈夕方《ゆうがた》〉はヨーガタ。〈夕飯《ゆうはん》〉はヨーハン。ヨーメシという言い方の方が多かったが、〈寄《ゆす》〉はその方言が普通に行われていた時代に、当然の事として付けられたまま、今に残っていたという事である。

いま私は、「ユとヨの音韻交代は秩父方言の特徴」と書いたが、正確には「古い関東方言が秩父に残っていたもの」と言った方がよかったのかもしれない。神奈川県の大磯から国府津にかけての海岸を小淘綾浜と書いて、〈こよろぎの浜〉とか〈こゆるぎの浜〉とかいう。万葉時代にはヨロギと言っていたらしく、『万葉集』の東歌（三三七二）に《相模治之《さがむじの》余呂伎能波《よろぎのは》麻乃《まの》……》の表現がある。ヨロギは〈ユルギ＝揺るぎ〉の関東方言と見なされている。因みに、ヨロギ・ユルギの浜は、地震の多い浜とか、波の揺るぐ浜とか解釈されているようである。

なお、寄国土は一般的にはユスクドで通っているが、国土地理院の二万五千分一地形図ではイスクドと仮名がつけてある。これは〈言《イ》う〉がしばしばユウとなるように、よくあるイとユの音韻交替の例である。

通例、ユの方が発音しやすいので、ユスクドなのかもしれないが、前述の通り〈寄《イ》〉の字を当てたのはユの音に沿ったものである。〈寄〉ではこれをどう説明したらいいのかわからない。

そこでユスクドだが、〈土〉は地名につく〈土・戸＝処〉と考えると、問題はユスクになる。古語でユスクといえば揺り動かす事である。地名で揺り動かすといえば、土砂崩れや地滑りが考えられる。

先のヨロギ・ユルギにも言えることだが、全国的にユス・ユズの付く地名は、地震が多かったり、土砂崩れや地滑りの起こりやすい土地を表す。代表的なのが、群馬県藤岡市の下久保ダムの畔に位置する〈譲原《ゆずりはら》〉地区である。ここでは平成三年（一九九一）から翌年にかけて、小規模な地滑りが起きた。ここで大規模な地滑りが起きて、下を流れる神流川を塞き止め、それが決壊した場合、首都圏に水害をもたらす可能性があることから、さまざまな対策が施されている。さらにその危険性と対策への周知を図って、そこには「譲原地すべり資料館」が設けられて、誰でも見学できるようになっている。言うまでもなく、〈譲《ゆずり》〉は〈揺すり〉であり、意味は〈地摺り〉である。

深いV字谷の底にひっそりと身を寄せ合っていた寄国土部落も、急傾斜の山肌からの落石や、土砂崩れにはいつも脅かされ、警戒を怠ることなく暮らしていた事と思われる。いまでも寄国土トンネル周辺の道路は、落石注意の標識のある地域である。〈寄国土〉はその危険性を、後の世に伝えようとした地名である。

なお、傍証を探して、鳥取県の〈湯梨浜町《ゆりはま》〉にもその由来を求めたのだが、ここは平成一六年（二〇〇四）に三町村が合併したばかりの合成地名だった。地域にある温泉街の〈湯〉と、名産の〈梨〉と日本海の〈浜〉をあわせて湯梨浜町。町名の文字だけ見て、早飲み込みしなくてよかったとホッとしているところである。

寄居《よりい》　各地から人の集まった城下町

鉢形城と藤田城の複合城下町

〈寄居〉は大里郡の町である。荒川左岸の段丘上に位置し、深い崖を隔てた対岸には、文明五年（一四七三）に関東管領《かんとうかんれい》山内上杉の家臣・長尾景春《ながおかげはる》が築いた鉢形城址がある。城の敷地が甲《かぶと》の鉢に似ていることから、鉢形城と名付けられたという。これによってこの地域の地名は鉢形である。

天正一八年（一五九〇）、秀吉の小田原城攻めのときに、当時、北条氏の支城であったこの城も攻められ、築城から落城するまでの一二〇年間は、太田道灌や北条早雲・武田信玄・上杉謙信らと戦火を交えるなど、華々しい歴史に彩られている。

寄居の地名について、『風土記稿』は、《鉢形城落去の後、甲州の侍、小田原の浪士など、寄り集りて居住せし故の名なりと云》と記している。これは落城後の寄り集まりと言っているわけだが、それに対して『角川・埼玉県』は、『風土記稿』所載の天正二〇年三月付の、《寄居之《よりいの》郷聖天領《ごうしょうてんりょう》》と記した田地譲り渡し状を引き合いに、《戦国期に鉢形城左岸の城下町として人々が寄り集まった集落に由来するのではないか》と述べている。鉢形落城はその文書の日付より二年前の事である。たった二年の寄り合いで、寄居郷の名称ができるはずはないという思いが読み取れる。

『広辞苑』の寄居の項では、《中世の城下町が、城下の衰滅のために農村に変わって一集落をなすもの》とする。少々わかりにくいが、これでは、中世には城下町を寄居とはよんでいなかったとも読めるが、それでいいのだろうか。

今の寄居町の中心街が『角川・埼玉県』が言うところの《鉢形城左岸の城下町》になるが、その背後の小山の上に、鉢形城よりもずっと古く、平安末期に土地の土豪によって築かれた花園城とよぶ山城があった。武蔵七党の一つ丹党猪俣党の一流で、この辺り一帯を支配した藤田氏の祖・藤田五郎政行が築いた城である。

『吾妻鏡』寿永三年（一一八四）三月五日条は、源頼朝が、藤田政行の子・行康が一の谷の合戦で討ち死した事に対して、その戦功を賞して、行康の子・能国にすべての跡目相続を許したと記している。

藤田氏は室町後期には関東管領・山内上杉の家臣だったが、一五代目の康邦は天文一六年（一五四六）川越合戦で主家が敗れると、小田原北条氏に帰順した。その後、康邦は北条氏邦を養子に迎え、城を譲って用土に引退するが、やがて氏邦は対岸の鉢形城に拠点を移し、謙信や信玄らと合戦を繰り広げながら、天正一八年、ついに秀吉の前に城を明け渡すことになる。

このような中世の二つの城を巡る歴史を見ると、その間にさまざまな人たちが寄り合って、寄居郷とよばれる城下町を形作っていったのではないかと思われるのだが。

そう考えると、鉢形城の城下町は、藤田氏の花園城の城下町として、すでに寄居の基礎が作られていたことになる。氏邦は鉢形城に移ってからも譲られた寄居はそのままに、さらに上書きして充実を図ったのではないか。鉢形城は北条氏が関東一円を配下に置いたときには、関東北部の重要な要になっていたために、より発展した城下町になっていた事だろう。

しかし、もしここに花園城の城下町＝寄居がなかったとしたら、鉢形城を築いた時に、城下町をわざわざ対岸の地に作ろうとしただろうか。現代なら強固な橋が結んで一体となっているが、当時は高い両岸の崖と荒川の流れによって、大きく分断されていた土地である。物資を運ぶにも、連絡ひとつとっても、今では考えられないほどの苦労が要ったはずである。

対岸に確かな寄居がなかったら、当然、城を巡るいまの鉢形の地域に、より効率的な寄居が作られたのではないだろうか。そうすれば、今の鉢形地域が寄居とよばれていたことになるかもしれない。

県内に四つの〈寄居〉地名

県内には寄居という小名が他に四か所ある。一つは加須市内田ヶ谷の〈寄居耕地・寄居前〉。古くは西庄多賀谷郷といい、武蔵七党野与党《のよとう》を祖とする多賀谷氏の居館があった。初代は多賀谷左衛門尉家政と伝え、築城は平安末期とされている。記録の初出は、建久元年（一一九〇）頼朝が上洛した時に、多賀谷小三郎が先兵として随行した事だという。その後も、『吾妻鏡』には一族の名がしばしば登場する。いまの大福寺がその居館跡だと言われている。

次は羽生市上川俣《かみかわまた》。上川又とも書いた。中世の河俣郷が江戸時代に本川俣村・上川俣村に分かれたもの。寄居地区には室町時代の城郭跡が残って、地名の由来を語っている。

三つ目は、鴻巣市袋地区。元荒川の左岸に位置し、かつて川が袋状に大きく蛇行していたのでこの名がある。明治初期までは袋村で、小名に〈寄居耕地〉があった。天正一八年、忍城水攻めの際に、石田三成が築いたいわゆる石田堤が原型に近い形で残っている。

四つ目は、久喜市江面に寄居がある。だが、ここは『風土記稿』も何も触れておらず、謂れは不明である。

城下に兵たちが控える場所としては、根小屋・根古屋があり、その名は今も地名として各地に残っているが、寄居は雑兵も交えてもっと雑多な職業の人たちが集まって、城を支えていた城下町を指す名称ではなかったかと思う。

コラム 寄居虫《よりいむし》

寄居虫という虫がいる。海に棲むヤドカリのこと。『和名抄』（九三八頃）には《寄居子……加美奈》とあり、カミナとよんでいたことがわかる。『枕草紙』の三一四段に、住まいを焼け出された男が、《ごうなのように、人の家に尻をさし入れてのみさぶらう》と嘆く場面がある。カミナが訛ってゴウナとなったらしい。その後の文献ではみなゴウナである。『日葡辞典』（一六〇三）でもゴウナは貝の一種と説明している。

また、貝原益軒《かいばらえきけん》が著した、『大和本草』（一七〇九）には、《海人多くひろいて一所に集め、泥水をにごらせば殻を出づ。是を取集めて塩辛にす》と、食用に供した事が記されている。

その生態から〈宿借《やどかり》〉はうまいよび名だが、〈寄居虫〉も、もっともらしい名称である。ただ、それがなぜカミナ・ゴウナなのか、見当がつかない。

なお、長崎方言では、家にばかりいて外に出ない人を、〈家寄居虫《いえごうな》〉とよぶということである。

論《ろん》田《でん》・論《ろん》地《じ》・押《おし》付《つけ》

土地争いの二つの顔

土地争いの歴史

この国の土地争いの歴史といえば、真っ先に挙げられるのが『記紀』が記すところの、天照大神と出雲国の大国主命の国譲りの神話である。これは大和朝廷が出雲国を併合した歴史を反映している神話と言われている。

五世紀頃までは各地に豪族が乱立していて、土地争いが絶えなかったが、やがてトーナメント状態を勝ち抜いた大和朝廷が、全国を統一し、六四五年、大化改新により公地公民・班田収授法を制定して、これまでの土地争いに一応ピリオドを打った。

しかし、奈良時代になるといろいろと矛盾が噴出して、その制度を維持することができなくなり、養老七年（七二三）には三世一身法を制定し、新たな墾田は三代にわたって私有を許す事になる。さらに天平一五年（七四三）には、墾田永代私有法＝開墾した土地はすべて開墾者の私有地とする――が作られたために、有力な豪族・貴族・寺社などは競って墾田を拡げ、平安時代になると、藤原氏を中心に貴族による荘園制度が確立する。

荘園の管理人は現地の小豪族などを任命したが、土地や収穫物の横領や略奪などが横行したために、管理人たちは武装を強め、やがて武士階級が出現することになる。建久三年（一一九二）、鎌倉幕府が成立すると、天皇が任命した国司に対して、幕府は守護・地頭を任命して、全国の土地は二重の支配を受けることになる。当然、土地の領有や境界についての争いは頻発して、朝廷や幕府に対する訴えは引きも切らなかった。

応仁元年（一四六七）、応仁の乱により武士団の統制が外れて乱立状態になり、各地で天皇・貴族の土地を奪い合い、そのまま戦国時代に突入して、武力による土地と人民の支配と争奪戦が勃発する。

やがて天下統一を果たした秀吉は、文禄三年（一五九四）、太閤検地を行って、全国の土地を測量し戸籍を整備した。江戸時代には土地は幕府のものになり、大名に領有させて租税をあげるという形で、武士による土地支配が完成した。この時期、全国の土地の八五パーセントは武士と寺社に占められ、残りの一五パーセント程度が新田開発などの形で庶民のものだったという。

村々には秣場《まぐさば》などとよばれる入会地があった。馬などの家畜の餌や、刈敷《かっちき》という田畑の肥料用の草刈り、山菜取りなどの共同使用の土地である。土地を領有する幕府や藩は、小物成《こものなり》＝雑税として一定の野銭《のぜん》を徴収して、村に管理を任せた。広い秣場の場合は幕府や藩で野守をおいて管理させていた。

ここでも、村どうしの境界争いなどが頻発した。また、幕府が新田開発を奨励した結果、幕府領の入会地に他領の開発の鍬が入ったり、その逆があったりして、訴訟が絶えなかった。『所沢市史　上』（所沢市）の「野論と開発」の項では、川越藩の野守が幕府に他領の村々が新田を開発する事を禁止するよう訴えた事例を紹介している。慶安二年（一六四九）の事である。訴えに応じて、幕府は検使を派遣して検分し、各村と入会地である武蔵野の境を確定して、境に杭を打ち、塚を築いて塚上に皂《さいかち》を植えて、各村がそこより入り込んで開発することを禁じている。皂の木は高さ三～五メートルほどになるマメ科の落葉高木で、描かれる鬼が持つ茨棒《ばらぼう》のように、樹皮全体が入り組んだ鋭い棘に覆われていて、立ち入り禁止の意志を示すにはもってこいの標といえるだろう。

幕府はさらに、境近くの新田を取り潰すことを命じるといった、厳しい裁定を下している。ここからは、当時、目に余るほどの開発競争が行われたことが窺えるというものである。

土地争いの二つの形

村々の土地は、収穫高に応じて、上・中・下・下々などと格付けされていたが、それは一応の目安である。庶民にとって土地は収穫を上げるために喉から手が出るほど欲しいものだったが、その土地が租税に値するほどの収穫が認められない場合には、それはお荷物になったたから、何とか手放そうとした。そのため、庶民の土地争いには二つの意味があった。

一つは、もちろん、よい土地の奪い合いで、ほとんどが境界争いである。二つ目は、不要な土地の押し付け合いである。

春日部市には「やったり踊り」という変わった名称の踊りがある。これは市内の旧大畑村と、旧備後村の境界にある、作物の取れない低湿地の税負担を嫌って、両村で互いに押し付け合い、代表一〇名の相撲の勝負で決着をつけたことに由来する踊りといわれている。

場所は香取神社の境内で、両村とも必勝を祈願して勝負に臨み、熱戦の上、軍配は大畑村に上がった。その瞬間、大畑村の人々が「(不要な土地を) 遣ったり、遣ったり、遣ったりなぁ」と狂喜して踊り狂ったのが、この踊りの始まりであると。

このように相撲の勝負で決着を図るやり方は、『記紀』の国譲りの神話でも採られていた。出雲の国譲りも、初めからすんなりと行われたわけではない。天照大神に命じられて出雲国に交渉に赴いた使いの神は、大国主命に取り込まれて帰らず、二人目の神は懐柔策として大国主の娘と結婚するがうまくいかない。三人目に遣わされた力自慢の健御雷神《たけみかづちのかみ》にたいして、これも力自慢の大国主の命の御子神である、建御名方神《たけみなかたのかみ》が大岩を担いで出てきて、力比べで決しようという。

結果、健御名方神は敗れて、出雲国を天照大神に差し出すことになる。神話の真偽は別としても、武闘によらずに、平和的な手段による解決法として、このやり方は伝統的なものであったらしい。

飯能市の旧下名栗村には、境界争いの伝承をもつ〈論地山〉がある。坂戸市の旧戸口村には〈東論所・西論所〉という地名がある。さいたま市岩槻区の旧末田村《すえだむら》には〈論田〉があった。

論所と論田、いずれも所有権争いや境界争いを想像させる地名だが、もう一つの見方として、『民俗地名語彙辞典』(松永美吉・日本地名研究所・筑摩書房)では〈論地・論田〉は谷頭、小さい谷間などにみる地名として、《①堤防『方言ドンタ』②沼地〈ドンタ〉ドンタを論田と書いてロンデ、ロンデンと訓んだものか》としている。②の沼田は泥田でドンタということなのだろう。右のふたつの地名は、果たしてどちらの意味をもっているのだろうか。

また、やったり踊りを連想させる地名として、さいたま市西区の旧三条町村に〈押付田〉があり、三郷市の旧彦倉村には〈押付《おっつけ》〉地名があった。

コラム　借《かり》宿《やど》

飯能市の高麗川に沿った国道二九九号線を正丸峠方面に向かって進み、吾野トンネル西を抜けるとすぐに、対岸の西武秩父線・吾野駅方面から来た道と交差する信号がある。右前方に借宿神社が見える。ここ旧長沢村をはじめとする下吾我野五か村の鎮守で、永正一二年(一五一五）の年紀のある棟札と懸仏が保存されている。別には借屋戸神社とも書いたらしい。日本武尊が東征の途次、ここで宿を借りた事から神社を建て、伊弉諾・伊弉冉の二神を祀って借宿神社と称し、後に尊も合祀されたと伝える。

借宿は珍しい地名と思うところだが、近県にもいくつか同じ地名がある。栃木県坂東市と鉾田市に。栃木県足利市と福島県白河市に。福島県浪江町と神奈川県川崎市では〈苅宿〉と書く。

所沢市の旧勝楽寺村には〈刈谷戸〉地名があった。借宿も本来はこのヤト・ヤツ地名の別表記なのかと思っていたところ、『風土記稿』では次のように説明していた。

《小名　かりやど　地頭、糟谷新三郎というもの、慶長十九年五月までここに住せり、その後、地頭、小林権平もまたここに住せしが、後、江戸へ移れりという。因りて、かく呼べり》

これによると、たまたま〈刈谷戸〉の場合もあったかもしれないが、〈借宿〉は地頭や役人などの出張所的な住まいをそうよんでいたものが、そのまま小地名になったという事らしい。

飯能市長沢の借宿も、日本武尊の借宿はムリとしても、道路事情のわるかった時代を思えば、ここも山深い土地なので、出張した役人の借宿は十分に考えられることである。

埼玉の難読地名

二五〇選

〈五十子〉は児玉町にある地名。私は端《はな》からイソゴと読むものと思い込んでいた。前著『秩父の地名伝説の虚実』に思い込みのままにルビを付けて、滑川町の地名研究家の高柳茂氏に指摘され、初めてイカッコと読むことを知った。お恥ずかしい限りである。

それで一念発起、イカッコという世にも珍しい地名の由来を考えるうちに、この本を書くに至った。いろいろと調べているうちに、埼玉にもたくさんの難読地名があることに気付いたので、読者諸氏が私のような前車の轍を踏まないためにと、また、頭の体操にと、気づいた難読地名を並べてみた。序文に記したとおり、基礎資料が古いものなので、すでに消滅した地名も含まれているかもしれないが、ご了承を。**（読み方はカバーの裏側）**

相上（　　）熊谷市……道饗《みちあえ》の神を祀る村境の意か

粟生田（　　）坂戸市……粟生田郷は室町時代の文書に初見

吾那（　　）飯能市吾野……我野とも。鎌倉期に見える地名

休城（　　）加須市南篠崎……網代の意か

遊馬（さいたま市大宮区……遊間とも。アソは湿地、間は場所を示す）
遊馬（草加市……由来は右に同じ）
東間（北本市……古くは鴻巣内の東新田《あずましんでん》と。鴻巣の東の意味）
畔吉（上尾市……畔牛・阿世吉とも。溢水する河岸の意）
集人（小鹿野町……猟師の集合場所との説あり）
新久（入間市……新墾《あらき》の転で新たな開拓地）
粟怒田（春日部市芦橋……本書二三八ページ参照）
五十子（本庄市……本書三八ページ参照）
五十ヶ谷戸（羽生市……水害の恐れのある地域）
五十新田（皆野町……深い湿地帯）
出流（羽生市上岩瀬……泉＝出水《いづみ》と同じ）
亥の発（三郷市……亥年に開発した土地）
圦前（越谷市……地下に埋めた樋の水門の前）
丑発（杉戸町……丑年に開発された土地）
牛重（加須市騎西……河岸の荒れやすい場所の意）
雅楽（杉戸町……入江の砂浜）
鳥足（川島町白井沼……流路跡。砂利の溜まっている所）
内国府間（幸手市……国府は河間か）
美女（朝霞市田島……湿地）

馬不入（本庄市児玉……集落の奥地）
閏戸（蓮田市……ウルイは潤いで、湿地帯の意）
生出（加須市……井出は水を引く意。井堰）
生出塚（鴻巣市……上・下あり。塚は築堰）
大木裡（滑川町……扇を拡げた地形によるという）
大雀巣公園（日高市……雀＝鳥が高く飛ぶの意）
大袭（春日部市……本書三〇一ページ参照）
越上山（越生町と飯能市の境……御神山・拝み山とも）
起会（深谷市……沖・沖宿二村の合併地名）
越生（越生町……鎌倉時代に初見。本書八五ページ参照）
押垂（東松山市……上・下あり。洪水時に堤を越水）
越畑（嵐山町……飛び地か押端か。本書八八ページ参照）
越辺川（越生町～川島町を流れる……本書八五ページ参照）
大古里（さいたま市緑区……未詳）
男衾（寄居町……奈良時代に武蔵国男衾郡設置）
於茂連（春日部市……未詳）
開発（新座市……新たな開拓地。本書二九ページ参照）
萱沼（川越市……昭和四二年の合併地名）
利田（行田市……利＝イネ科の植物。穂のある草の茂っている土地か）

鉤上（さいたま市岩槻区……古くは鉤上と併用。）
圷（八潮市……全国唯一の崖を表す国字の〈圷〉地名）
賀家ノ上（本庄市児玉……欠ノ上の嘉字）
鐚面（久喜市菖蒲町……鐚免の意）
主計屋敷（鴻巣市……主計《かずえ》は租税収納の役所のこと）
鍛諏訪（深谷市……諏訪神社に由来）
主計新田（さいたま市岩槻区……開拓者名による）
合角（秩父市上吉田……合角ダムがある。湾曲した川）
鰹ヶ谷戸（滑川町……真菰の生えた低湿地の説あり）
鞨鼓船（飯能市……中世の地名。現在小字の勝小舟）
金讃（神川町……金讃神社がある）
鹿室（さいたま市岩槻区……禿で、流水に洗われる土地）
曲尺手（戸田市……隅と同義で河川の湾曲部。氾濫の恐れ）
鹿下（越生町……室町期に見える地名）
蚊斗谷（吉見町……蒲苅谷・蚊計谷とも。蒲原の開拓地）
苅場坂峠（飯能市〜ときがわ町の峠……草原）
禿内（春日部市……洪水などで地表が剥がれている所）
叺ヶ谷戸（越生町……入り口が狭い袋状の土地）
上赤工（飯能市……元・赤内匠村《あかたくみむら》が上下に分村）

上会下（　　　）鴻巣市……高貴な僧院の院家《いんげ》（雲祥寺）の転と
上銀谷（　　　）吉見町……一六八五年、銀谷村《しろがねやむら》から分村
上閭（　　　）鴻巣市……中閭・下閭あり。閭＝里
上寒野（　　　）寄居町……中・下寒野もあり
上富（　　　）三芳町……江戸期開発の三富新田《さんとめしんでん》の一つ。嘉名
上貉（　　　）川島町……一六四九年、貉村が上・下に分村
上谷（　　　）越生町……上谷戸とも。室町期の文書に見える
禿地（　　　）春日部市……氾濫の水に洗われる土地
神米金（　　　）所沢市……明治二二年、三村合併の合成地名
蒲生（　　　）越谷市……蒲の生い茂る土地
掃部屋敷（　　　）深谷市……元、宮内省の役職名が個人名に
栢間（　　　）久喜市菖蒲町……上・下あり。栢＝萱。カヤの繁茂する土地
唐子（　　　）東松山市……南北朝期に見える地名
枳（　　　）行田市……ミカン科の落葉低木。棘が多く生垣に用いる
苅生（　　　）飯能市……開拓地の説あり
川面（　　　）鴻巣市・他……川の畔
瓦曽根（　　　）越谷市……河原の微高地
瓦葺（　　　）上尾市……瓦＝河原で、綾瀬川沿いの低湿地
蟹沢（　　　）滑川町……カニサワの転。旧江南町にもガンザ沼あり

神流川（　　）埼玉・群馬県境の川……上流の金採掘による

神間（　　）春日部市……上沼《かみぬま》の意味

吉所敷（　　）熊谷市……大宮の吉敷と同じ。土地の美称

北新宿（　　）鴻巣市……蓮田市の南新宿に対置

北反戸（　　）行田市斎条……条里制の遺構か

吉田林（　　）本庄市児玉……平安期の黄田郷に由来の説あり

吉妻（　　）春日部市……柵《き》＋隅《つま》で、柵の隅の地の説がある

吉拓（　　）新座市……開拓地の嘉名

境地垣根添（　　）越谷市……境の垣根沿いの土地

御衛（　　）川口市……貴人の在所か

清久（　　）久喜市……鎌倉期の清久氏の居住地によるという

屈巣（　　）鴻巣市……潜《くぐ》洲《す》が約《つづ》まったもので水を被る洲処《すか》か

屈戸（　　）熊谷市……河川の湾曲部

轡瀬（　　）幸手市……屈戸と同じ

萸木（　　）さいたま市岩槻区……農具等の柄に用いるグミの木の自生地

郭町（　　）川越市……一九六一年、町名地番整理により成立

嵃上（　　）所沢市本郷……古くはハケノウエ＝崖の上と読んだ

玄蕃新田（　　）さいたま市浦和区……開発者名による地名

小畔川（　　）高麗丘陵～川越市で入間川へ……約九キロの川

鴻茎（加須市騎西……高くきで、小高い自然堤防の意か）
郷地（鴻巣市……河内で、川に囲まれた土地）
神門（秩父市……室町期初見。札所一八番神門寺）
神戸（川口市・羽生市・東松山市……神領または川渡）
首部沢（秩父市下吉田……首部《こうぶ》＝頭《こうべ》で高所を流れる沢）
小吹（吉見町田甲……未詳）
庁鼻和（深谷市……中世の地名。小塙《こばなわ》で小高い土地の意）
古名（吉見町……元下砂村。元禄年間丸貫と古名に分村）
五明（上里町・ときがわ町の小名）
強石（秩父市・皆野町……岩石のための交通の難所）
今羽（さいたま市大宮区……駒場の転か）
槐戸（さいたま市浦和区……槐戸新田は越谷市）
皀勝戸（熊谷市妻沼……槐・皀＝共にマメ科の落葉高木）
道祖土（さいたま市浦和区……社に因む説と道祖土氏居住説）
指扇（さいたま市西区……陽を受ける崖の意との説あり）
実ヶ谷（白岡市……中世には佐那賀谷村と表記）
皿型沼（滑川町……皿型の浅い沼）
猿喰土（深谷市花園……崩壊・土石流の起こる地名）
中帰（熊谷市妻沼……時々、水害に遭う土地）

中切（三郷市駒形……増水に洗われる土地）
椹谷（秩父市大滝……桶・障子等の組子材の椹樹林の谷）
三杢山（本庄市……古墳群を山に見立てたもの）
時花東（熊谷市……時花西も。地下。殿上に対する語）
鹿飼（川越市……古く〈ししため〉とも。将軍の狩場）
地頭方（吉見町……上尾市では〈じとうかた〉）
樝子塚（吉見町……樝《しどみ・しどめ》 子＝草木瓜《くさぼけ》の生い茂る塚）
芝囲（深谷市……芝＝石場で、旧河床か氾濫跡地）
新開（さいたま市桜区……新たな開拓地の意）
菱田（行田市……地先が狭くなっている場所や田んぼ）
土発田（行田市南河原……右の菱田の別表記）
島間（川島町角泉……中間地帯）
下青鳥（東松山市……平安末期、青鳥判官恒儀の青鳥城所在地に由来）
蛇畔（吉川市……水害による崩壊地名）
桟敷（久喜市……やや高まった平地）
出牛（皆野町……〈出押《でおし》〉で、洪水予告地名）
十二所（熊谷市……熊野三社の十二所権現に由来）
宿粒（川越市……戦国期の文書には宿立）
定使野（越谷市増林……荘園管理の役職名に因む地名）

新戒（深谷市……新開とも。鎌倉期に見える新開拓地）
神田（さいたま市桜区……古く、伊勢神宮の神領だった故の名）
水角（春日部市……水門の意味。門＝角《かど》）
椙原（深谷市川本……椙＝杉）
勝呂（小川町……中世の領主の名に因むという）
薄川（小鹿野町……五十《い》鈴川《すずがわ》と同じ濯《すす》ぐ＝清浄な川）
脚折（鶴ヶ島市……戦国期に見える地名）
清河寺（さいたま市西区……寺名が旧村名に）
清地（杉戸町……戦国期に見える。ショージ＝小流の説あり）
泉水（朝霞市……豊かな水の湧く所）
蔵敷（羽生市……雑色で下級役人の住まいのあった所か）
雑敷（戸田市……右の蔵敷と同じ）
側ヶ谷戸（さいたま市大宮区……側海斗とも。台地上にあり、側は岨で崖や急斜面）
損馬河原（飯能市中山……馬捨て場）
曲町（川島町加胡と下小見野にあり……焼き畑の休耕田）
反畦（川越市……右の曲町の別表記。反町・反待とも書く）
刺町（越生町……右に同じ）
太田窪（さいたま市南区……戦国期は大多窪とも）
大原（八潮市……元の地名は〈馬場〉。広い微高地の意）

大満（越生町）……戦国期には〈大間〉と見える
高階（川越市）……起伏に富んだ地形を意味する
竹篙曲輪（さいたま市岩槻区）……城郭跡
辰発（行田市）……辰年に開発した土地
帯刀（上里町）……開発者の名を付けた名田という
種垂（加須市騎西）……上・下あり。垂は足とも書き、滝ひいては水害を表す
頼母沢（秩父市下吉田）……棚部の転か
田面沢（川越市）……古歌「三芳野の田面の雁」より
泰楽（加須市騎西）……本書二一九ページ参照
丹荘（神川町）……丹党の荘園か
児泉（所沢市）……小さな湧き水。小沢
眺望里（滑川町）……長堀。また細沼をいう保井の説あり
築比地（松伏町）……本書二〇四ページ参照
調神社（さいたま市浦和区）……屯倉《みやけ》に祀った神社
九十九川（東松山市岩殿～越辺川まで）……長さ六キロ
葛貫（毛呂山町）……長く岸が洗い流される土地
泥辺（川越市増形）……低湿地
勅使河原（上里町）……勅使牧の存在からという
父不見山（小鹿野町）……高野山の石堂丸の説話から

手計（深谷市……上・下あり。一三六三年文書に「下手墓村」）
伝右川（綾瀬川の支流……一八キロ。開発者の名による）
稲荷木（宮代町……稲荷社に由来）
多峰主山（飯能市……標高二七一メートル。地域の中心的な山）
木賊山（秩父市大滝と山梨県三富村との境に位置する）
不老川（東京都青梅市～入間市～新河岸川に合流……本書三〇七ページ参照）
舎人新田（桶川市……本書二一七ページ参照）
殿地（秩父市……和銅採掘の現地責任者の居住地との説あり）
中内而（児玉町……内手・打出と同じ城郭の内門）
中閭（鴻巣市……上・下あり。〈中里・中村〉と同義）
中埜原（蓮田市黒浜……埜＝野＝の。中の原）
中両表（滑川町……上・下・東・西表あり）
名細（川越市……明治二二年の合併地名。柿本人麿の歌から）
夏内（越生町……秋蕎麦を蒔くための焼き畑。夏地の別表記）
七郷（嵐山町……明治二二年、七ヶ村の合併地名）
生野山（児玉町……標高一三九メートル）
双木（朝霞市……並木と同じ）
双柳（飯能市……本書二三三ページ参照）
滑川（滑川町……また、町内を流れる川の名。約一三キロ）

南百（越谷市）……南渡とも。自治会館・公園に名を残す
贄川（秩父市荒川）……川の様相が異なる新川《にいがわ》か
苦林（毛呂山町）……鎌倉期より見える地名
西条原（宮代町）……久米原村が幕末に東西に分村。人名に由来か、貢馬《くめ》の牧か
西久留生（飯能市小瀬戸）……未詳
入西（坂戸市）……明治二二年、一七ヶ村の合併地名
仁手（本庄市）……上・下あり。本書二三四ページ参照
日東（川越市）……明治二二年、五ヶ村の合併地名。入東荘による
如意（越生町）……行基作の如意輪観音《にょいりんかんのん》を本尊とする寺から
榛松（川口市）……一時期、新郷村
斗免（日高市）……租税免除地
峡（朝霞市）……ハケは崖をいう関東方言
欠下（入間市）……ハケは台地の端が欠けた所。崖の下
兀塚（本庄市）……木の生えない石葺きの塚の所在地
旗下（秩父市）……本書二五三ページ参照
磯端（秩父市太田）……崖の上端
狭間（加須市騎西）……山間の狭まった土地
狭（三郷市）……狭い谷状の土地
八甫（久喜市鷲宮）……八浦とも。旧利根筋の重要な河岸場から

番匠（ときがわ町……古刹・慈光寺建築大工の住居から）

東嬉愛（熊谷市江南……西嬉愛も）

毘沙吐（上里町……〈歩射《びしゃ》・処《と》〉に由来の説あり）

平戸（飯能市……傾斜地。崖のある場所）

樋籠（春日部市……樋籠《ひごめ》で、樋の集まる所の説あり）

深芦（越谷市……芦の茂っているところ）

文蔵（さいたま市南区……戦国期に見える地名）

武体（熊谷市……舞台とも書き、台地のこと）

風渡野（さいたま市見沼区……古語ホトの転で狭い湿地帯）

犠峠（ときがわ町と飯能市の境界の峠……標高七七五メートル）

古郡（美里町……古く那賀郡の郡家《ぐうけ》の所在地）

傍示堂（本庄市……境の標示（榜示）に由来の説あり）

宝珠花（春日部市……牓示《ほうじ》＝境界地の端の意）

発戸（羽生市……風渡野と同義。深く入り込んだ谷の地形語）

万吉（熊谷市……牧《まき》⇩万吉《まき》⇩マキチ⇩マゲチに転じた説あり）

蒴坪（越谷市……真菰の群落を成しているところ）

大豆戸（鳩山町……本書二六九ページ参照）

御稜威ヶ原（熊谷市……昭和二七年、三ヶ尻の一部改名）

三保谷（川島町……〈澪《みお》の谷〉で、水路のある湿地帯）

御正（熊谷市江南）……御庄とも。古く荘園だったことによる

水判土（さいたま市西区）……水波田とも。〈水畑《みずはた》〉＝水田

溝半田（滑川町）……溝の傍。あるいは、右の水判土に類か

牟礼（寄居町）……別記〈無礼〉はナメとも読む。滑る地質の意

女子沼（三郷市上彦川戸）……洪水が作った沼

馬上（小鹿野町）……山城の麓の馬上衆の居所

馬内（加須市）……馬柵を結った土地

百間（宮代町）……モモマの転。室町期から見える地名

野発（草加市）……開発した野

矢颪（飯能市）……矢下颪とも。本書一八八ページ参照

八十面（越谷市）……面＝免で租税免除地

埜田（宮代町）……野田と同じ

矢足（久喜市菖蒲町）……谷間の低地。雨季に小滝のできる階段状地

靱負（小川町）……中世の領主の名に因むという

除堀（久喜市）……増水分を誘導するために掘った堀

芦橋（春日部市）……アシの嘉名

寄巻（三郷市）……河川が合流して沸き立つところ

竜頭（吉見町）……流出または流頭で水の湧く所

あとがき

地名はもともと漢字で書かれたものではない。もちろん、漢字が渡来してから付けられた、宮地とか宮前、諏訪町・稲荷山などの信仰地名や、新しく開発された土地の名などもあるが、それより古い地名は、奈良時代の風土記撰進の詔の例を挙げるまでもなく、後から漢字が当てられたものである。

そのために初めから表記する漢字が定まっていたわけではないので、人により、時代によっていろいろな漢字を当てた。たまたま残っている古文書に、同じ土地でもさまざまな漢字で表記してあるのはそのためである。地名の表記が定まるまでは、漢字は単に音を仮借しただけのものが多かったので、古文書の地名には、平仮名書きのものもけっこう多い。

漢字の表記が定まったのは、徳川幕府の租税政策のために、検地が厳密に行われるようになってから、次第にそうなっていったという事だろう。

言い違い・聞き違いによる地名の誤写

地名は時代によって変化し、また人の言い方、聞き方によって変化や誤解が生じて、それがそのまま表記されて固定してしまうという事さえある。

そのいい例として、地名を調べている際に、秩父市在住の古文書研究家の黒沢恵美子氏に見せてもらった文書がある。『風土記稿』の秩父郡上小鹿野村の項に、十輪寺という寺の所有地について、《外《ほか》に鬼王免除地八畝《きおうめんじょちはっせ》》という記述がある。私は自分が居住する町内の事なので、以前から《鬼王免》という聞き慣れない言葉についていろいろ調べたがわからず、仁王免《におうめん》の間違いではないかと推測していた。

黒沢氏から見せてもらったのは、その件について記した、小鹿野町内のある旧家保存の次の文書だった。

慶安《けいあん》五年（一六五二）の検地のとき、《案内之者《あんないのもの》、此地《この》は御仁王《おにおう》様と申し上げ候《そうろう》時、御役人衆、其《その》言葉（を）耳《きき》、帳面に鬼王免《おにおうめん》とて八畝歩御検地有＝お役人を案内した人が、この地はお仁王様《におうさま》の土地と申し上げたとき、お役人衆はそれを聞いて、ノートにこの地八畝歩《はっせぶ》は鬼王《おにおう》のための租税免除地《そぜいめんじょち》と書きつけなさった》。

案内の人はお役人の前なので、丁寧に御仁王様《おにおうさま》と言ったものを、役人たちはそれを鬼王様《おにおうさま》と勘違いしたままメモしたために、幕府の公文書にも《鬼王免》と記録されることになったものである。こうした例は時々起こった事ではないかと思われる。

なお、この一連の文書を紙縒《こより》で綴った表紙には、《不許他見《ふきょたけん》》と大書してある。幕府の役人の滑稽ともいえる誤りが漏れて、噂となって広まることを畏れた、当時の土地の世話役の心情が見て取れるようで興味深い文書である。

地名は変遷する——新座市の場合

七世紀の後半、武蔵国には高麗郡《こまぐん》や新羅郡《しらぎぐん》といった、渡来人の郡が作られたことはよく知られている。いまの志木《しき》・朝霞《あさか》・和光《わこう》・新座《にいざ》の四市域は、明治二九年（一八九六）の郡制施行により、足立郡に含まれる以前は、新座郡の町村だった。

その新座郡の創設については、『続日本紀《しょくにほんぎ》』（七九七）の天平宝字《てんぴょうほうじ》二年（七五八）の条に、現代語訳すると、《帰化した新羅僧《しらぎそう》三二人・尼二人・男一九人・女二一人を武蔵国の閑地《かんち》に移住させ、ここに始めて新羅郡《しらぎぐん》を創設した》と説明されている。

それが約一七〇年後の『延喜式《えんぎしき》』（九二七）には、《新座《にいざ》》と書かれていることから、その間に〈新羅《しらぎ》〉から〈新座《にいざ》〉に転じていたことがわかる。また、その頃書かれた、日本初の漢和辞典『和名抄《わみょうしょう》』（九三〇）は、新座を〈爾比久良《にひくら》〉と訓じている。当時のよび名は新座郡《にいくらぐん》だったのである。

寛正《かんしょう》七年（一四六六）と、元亀《げんき》二年（一五七一）の紀年のある、寺院に奉納された二つの鰐口には、それぞれ奉納者の住所として〈新座〉とあり、また福徳《ふくとく》二年（一四九一）の別の鰐口には〈新坐〉とある。

社寺への鰐口の奉納となれば、かなり特別な事なので、勝手に自分の思いのままに地名を表記する事もないだろうから、これは二通りの書き方がかなり広く行われていたことが覗える。さらに、ある神社の神輿の屋根裏に墨書された、年紀と作製者の名が《宝徳三年（一四五一）、にいくら大工……》であることから、中世を通して〈新座・新坐〉と書き、〈にいくら〉と称していたことがわかる。また、ニイクラの発音から、正安三年（一三〇一）に書かれた書物には、〈新倉郡〉の表記も見える。

そのニイクラがニイザになったのは、江戸時代になって、享保《きょうほう》二年（一七一七）に、郡名のよび方を整理した時のことと言われている。

つまり、いまの新座市に名を残す渡来人の郷は、初めは故国の名を取って新羅郡《しらぎぐん》だったが、一〇〇年も経つと和風の新座郡《にいくらぐん》に変わって、書き方も新座・新坐・新倉と多様になり、江戸時代半ばになってから新座郡《にいざぐん》となり、明治二九年（一八九六）に足立郡に取って代わられて、その後も町村合併や行政の線引きが行われて、今は和光市に新倉の町名を残して現在に至るという変遷をたどっている。

崩し字による誤解か――熊谷市肥塚の場合

熊谷市の旧〈桃塚郷《ももづかごう》〉は、南北朝時代の足利尊氏の発給した文書にも出てくる地名だが、なぜか〈枇塚郷〉とも書いた。桃と枇とは崩し字が似ているために誤写したものだろうか。これを音ではヒヅカと読めるために、近世では〈肥塚〉の字をあてるようになり、読み方も〈肥《こい》塚《づか》〉と変わって、それが現在の地名になっている。

似ている文字の入れ違い――粟と栗の場合

坂戸市に〈粟生田《あおうだ》〉という地名がある。この地は、いろいろな条件を付き合わせてみて、『続日本紀《しょくにほんぎ》』の宝亀八年（七七七）の条や、鎌倉時代の建久二年（一一九一）の「奈良西大寺《ならさいだいじ》文書《もんじょ》」に記載されている、《栗生村《くりうむら》》に重なるという。〈栗《くり》〉がいつしか〈粟《あわ》〉と入れ替わったという事らしい。

春日部市と合併した旧庄和町には〈粟《あわ》怒田《ぬだ》〉という小字があった。書物や地図によって〈栗怒田〉と書いたり、〈栗《くり》怒田〉とあったりする。『郡村誌』には〈粟怒田〉とあり、市販の地図専門出版S社の道路地図には〈栗《くり》怒田〉とあるので、市の庄和支所に問い合わせてみると、〈粟怒田《あわぬだ》〉が正しいという回答だった。いまは住所表記には使われていなくて、地域の俗称と、登記簿などに載る地名となっているという事だった。

〈栗〉と〈粟〉とはよく似ていて、紛らわしい文字である。これを崩し字で書くと、どちらとも読めるようになる。小さな活字でも同様である。そのために、地名でもよくこのような混乱が起こっているので、注意を要する。

軽視されがちな地名の解釈

何度も言うようだが、地名の発生は何万年、もしかすると数十万年前のことかもしれない。その間に言葉はどんどん変化する。古～い時代に付けられた地名が、現代の私たちにスッポリと理解されるかどうかは疑わしい。それもずいぶん訛ったり、言い違い・聞き違いがあったりして、変わってきたかもしれないうえに、たった一五〇〇年前頃から漢字表記が始まったのである。それもなかなか適切な文字が見つからなくて、音だけを借りて表記した場合が多い。さらに、今見てきたように、その漢字表記もさまざまな形で揺れを見せている。

これは、地名の由来を探ることは、一筋縄ではいかないことを示している。一つの地名を調べるにも、多面的に目配りしながら掘り進めていかないと、とんでもない落とし穴に落ち込む恐れがあることを、肝に銘じるべきだと思う。

小鹿野町の赤平川沿いに〈ようばけ〉とよばれる、山の断面を見せているような崖がある。高さ約一〇〇メートル、幅約四〇〇メートルにも及ぶ大露頭は、約一五五〇万年の古秩父湾に生息した生物の化石を多く含み、国の天然記念物に指定され、地質研究家のみならず、近年盛んになったジオパークの取り組みで脚光を浴びている。

地質学の研究家でもあった宮沢賢治は、大正一五年（一九一六）にここを訪れ、短歌も詠んでいる。平成九年（一九九七）、小鹿野町と有志の会ではこれを記念して、町庁舎前と、ようばけ近くにある町立おがの化石館前に、賢治が小鹿野町で詠んだ歌の歌碑を建立した。化石館前の歌碑の説明板には、ようばけの名について、ハケは崖のことで、〈陽バケ〉＝陽の当たる崖という意味であると説明している。

この崖は西向きなので、確かに夕陽はよく当たる。だが、名のある文人でも付けた名ならともかく、太陽をお日さまとか、お天道さまなどとよんでいた山村の人たちが、身近な崖を陽なという漢語めいた言葉でよんだものだろうか。漢語＋方言という語法も不自然である。また、名のある程の文人なら、陽は山なら南面・川なら北岸を指すという、古くからの慣用も承知していたはずである。

あるとき、ようばけの近くに住む地質に詳しい人にその疑問を述べると、「実は、あの歌碑を建てるときに、役場の職員からようばけの語源を聞かれたので、夕陽がさすハケではないかなと思い付きを言ったら、それはいいねといっていたが、あの説明板にそのまま書きこまれ、いつの間にかそれが定説みたいになってしまった。地名（の解釈）なんて、そんなものなんだよ」と、笑っていた。

今では町や県の出版物がすべて、〈ようばけの語源は、陽の当たる崖といわれる〉という書き方で統一されている。地質学としては厳密な研究と検証に基づく学説を重んじながら、その地名については、何の検証も経ずに、民間語源説のような思い付きをそのまま採用して、流布させている行政の姿勢のその乖離には、強い違和感を覚える。

行政には、地元の地名を「そんなもんなんだよ」と言われないように、もっと大事に扱ってもらいたいと強く要望しておきたい。

では、ようばけの指す意味は何だろうか。私は、〈魚《よう》バケ〉ではないだろうかと思っていた。魚《さかな》は新しい読み方で、明治頃まではウオだった。ウオはイオになり、秩父方言では専らヨウだった。今でも落石を繰り返す崖で、川には岩が積み重なって、恰好の魚の棲処になっている。

だが、最近、筒井巧氏の『日本の地名 60の地名を追って』(河出書房新社)の「⑧幽の沢／夕沢」の論考を読んで強く惹かれた。氏は、群馬・福島・新潟辺りの山岳を中心に散在する、〈幽の沢・夕沢・幽倉沢〉など、たくさんのユウ地名を検証して、それは岩の音韻変化したものであると喝破している。その説に従えば、ようばけは〈幽バケ〉である。秩父方言の特徴の一つとして、〈夕飯《ゆうはん》⇩ヨウメシ〉・〈百合《ゆり》⇩ヨロ〉というように、ユとヨの音韻交代がよく行われる。

ようばけは、幽の沢にならえば、〈幽《よう》バケ〉と書き、これを今風に言えば〈岩ン崖〉となる。〈魚《よう》バケ〉か、〈岩《よう》バケ〉か。どちらにしても、〈陽バケ〉よりは真意に近い事は間違いないだろう。

軽視されがちな地名の扱い――ある地図会社の場合

地名を調べるのに地図は欠かせない。私は地名の所在を確認するために、某社の道路地図を愛用しているが、使い込んでもうだいぶ古くなった。三四一ページに述べたように、その地図では春日部市の〈粟怒田〉地名が〈粟怒田〉となっているので、もっと詳しい分割地図のカタログの請求ついでに、その誤りを指摘しておこうと、FAX番号を探したが見つからない。

ネットでようやく探し当てて、私の地図は相当古いので、すでに訂正されているかもしれないが、念のためとして、粟怒田の誤りを指摘し、併せてカタログ注文のFAXを送った。翌日、電話で、FAXを貰ったが、ウチは文字違いの別な会社なのでと正しい会社名を教えられた。早とちりのご迷惑をお詫びして、改めて、地図会社に電話で用件を伝えると、受付嬢はそんな古い地図を使っているのかとばかりに、「もう、一〇数版(とか)になっているのですよ」という。私が使っているのは三版のものだから、もう訂正されているかもしれないが、という前提のもとに話したのだが、受付嬢は担当者に繋ぐでもなく、「因みに何ページのどこの事か」と言って、新版と照合していたが、「そういう地名はありませんね」というばかり。そんな古いものをという態度がスケスケで、誤りについては、迷惑をかけたも、ご指摘ありがとうでもなく、挙句は、カタログは作ってないので、当社のホームページを検索してくれというばかり。地図は改定ごとに、新住居表示などで使わなくなった地名は、次々と削除していくものとわかった。その点では、地名の所在を調べ、確認するには、ある程度古い地図の方が役立つことも。

初めに、「当社では、お客様との直接対話を大事にするために、FAXは設置しておりません」との事だったが、これでは門前払いではないか。FAXがあれば、あるいは担当者までは届いていたかもしれないのに。

いかに道路地図とはいえ、地名についてはこの程度の意識で扱っているのかと、何だか拍子抜けした気持ちになったが、ネットで調べて、最新の県内の分割地図を求めた。そして、『埼玉県5春日部』の地図を開いて驚いた。そこには堂々と〈栗怒田〉地名が載っているではないか。

予想はしていたことだが、地図は一種ではない。会社で誤りに気付けば一斉に訂正する事もあるだろうが、気づかなければ、ある地図では古い地名としてカットしたとしても、他の地図ではそのまま載せているという事は、考えられることである。とにかく、地図会社の社員の地名に対する態度には、釈然としないものがあったが、あるいはこれは、世間一般の地名に対する意識の反映なのかとも思わされたことである。

地名は先祖からのメッセージ、地名は地域の歴史そのもので、地名は大地に刻まれた無形文化財――等々、いろいろな角度から定義づけられている地名に、もう一度、多くの人が関心を向けてくれることを期待して、この本を世に問うものである。

これまでの地名解にたいして、考えられる限りの異論・新論を提起してみた。一読、奇論・珍論と一笑に付され、あるいは暴論として退けられるものもあるかもしれないが、自分なりに掘り起こした土器の断片を接合してみたら、こんな形になりましたというものなので、中に一つや二つ、輝論・真論に近いかと、注目されるものもあるかもしれないと、秘かに期待しているところである。

今回も、いちいちお名前を挙げることができないほど大勢の方々に、資料提供やアドバイスをいただいたことを記して、感謝の意を表したい。最後に、前著『秩父の地名の謎99を解く』に続けて出版の労をお取りいただいた埼玉新聞社の高山展保氏には、あつく御礼を申し上げるものである。

二〇一三年三月

高田　哲郎

主な参考文献・資料

『大井町史　民俗編』町史編纂委員会　大井町　１９８５
『大滝村誌　下』秩父市大滝村誌編纂委員会　秩父市　２０１１
『大利根町史　民俗編』町教育委員会　大利根町　１９９８
『大宮市史　第五巻・民俗・文化財編』市史編纂委員会　大宮市　１９６９
『春日部市史　第六巻・通史編（いち）』春日部市　１９９４
『霞ヶ関の史誌』霞ヶ関郷土史研究会　１９９０
『角川日本地名大辞典　11埼玉県』同編纂委員会　角川書店　１９８０
『川島町史調査資料　第五集・川島町の地名』川島町　１９９９
『川本町史　通史編』川本町編　川本町　１９８９
『郷土の地名』志木市総務部市史編纂室　志木市　１９８８
『越谷市史　一　通史　上』越谷市史編纂委員会　越谷市　１９７５
『古代諏訪とミシャグジ祭政体の研究』古部族研究会　人間社　２０１７
『この地名が危ない』楠原祐介　幻冬舎　２０１２
『埼玉県広域　詳細道路地図』昭文社　２００７
『埼玉県市町村誌　全20巻』埼玉県地域総合調査会　県教育委員会１９７２～80
『埼玉県市町村合併史　上・下』県総務部地方課編　埼玉県　１９６０～62
『埼玉県秩父郡誌』秩父郡教育会　１９２５
『埼玉県地名誌―名義の研究』韮塚一三郎　北辰図書　１９６９
『埼玉県の地名　日本歴史地名大系11』平凡社　１９９３
『埼玉地名の由来を歩く』谷川彰英　ＫＫベストセラーズ　２０１７
『埼玉の神社　―入間・北埼玉・秩父』埼玉県神社庁　１９８６

『さいたま地名考』岩井茂　さきたま出版会　１９９８
『さいたまの地名』埼玉県民部自治文化課　埼玉県政情報資料室　１９８７
『埼玉の地名　新座・志木・朝霞・和光編』神山健吉　さきたま出版会　２０１３
『坂戸市史　通史編1』坂戸市教育委員会　坂戸市　１９９２
『狭山市史　民俗編』狭山市　狭山市　１９８５
『菖蒲町の歴史と文化財　通史編』社会教育課編　町教育委員会　２００６
『白岡町史　民俗編』白岡町史編纂委員会　白岡町　１９９０
『新編埼玉県史　通史編1～5』埼玉県史編纂室　埼玉県　１９８８
『新編埼玉県史　別編1～2　民俗1・2』埼玉県史編纂室　埼玉県　１９８３～88
『新編埼玉県史　別編3　自然』埼玉県史編纂室　埼玉縣　１９８６
『新編武蔵風土記稿　全12巻』蘆田伊人編集校訂　雄山閣　１９９６
『秩父市誌』秩父市誌編纂委員会　秩父市　１９６２
『秩父の地名伝説の虚実』髙田哲郎　東京図書出版　２０２１
『秩父の地名の謎101を解く』髙田哲郎　埼玉新聞社　２０１８
『秩父の地名の謎99を解く』髙田哲郎　埼玉新聞社　２０１９
『地名語源辞典』山中襄太　校倉書房　１９６８
『地名の古代史』谷川健一・金達寿　河出書房新社　２０１２
『地名の社会学』今尾恵介　角川学芸出版　２００８
『地名の謎を解く』伊東ひとみ　新潮社　２０１７
『地名の博物誌』谷口研語　ＰＨＰ研究所　１９９７
『地名は語る　埼玉の歴史と伝承　正・続』埼玉新聞特別編集委員室２０１９～21
『地名は警告する』谷川健一編　冨山房インターナショナル　２０１４
『地名は災害を警告する』遠藤博之　技術評論社　２０１４

『地名は知っていた　上・下』太宰幸子　河北新報出版センター　２０１２
『都幾川村史　通史編』村史編纂委員会　都幾川村　２００１
『所沢市史　上』市史編纂委員会　所沢市　１９８０
『所沢市史　地誌』所沢市史編纂委員会　所沢市　１９８０
『都市地図　埼玉県　1～24』昭文社　２００７～21
『名栗の歴史　上』飯能市名栗村史編集委員会　市教育委員会　２００８
『滑川町の地名』高柳茂　まつやま書房　２０１５
『日本国語大辞典　全一三巻・第二版』小学館　２０００
『日本古代地名辞典』吉田茂樹　新人物往来社　２００６
『日本古代史地名事典』加藤謙吉他　雄山閣　２００７
『日本古典文学大系1・古事記 祝詞』　岩波書店　１９７０
『日本古典文学大系2・風土記』岩波書店　１９５８
『日本古典文学大系34～36・太平記1～3』岩波書店　１９８５
『日本古典文学大系67～68日本書紀 上下』岩波書店　１９６９
『日本人として知っておきたい地名の話』北嶋廣敏　毎日新聞社　２００８
『日本の地名　60の謎の地名を追って』筒井功　河出書房新社　２０１１
『日本列島大地図館』小学館　１９９０
『鳩山の地名』鳩山町史編纂調査報告書・第三集　鳩山町　２００２
『飯能市史　資料編Ⅵ 地名・姓氏』市史編集委員会　飯能市　１９８６
『東松山の地名と歴史』岡田潔　まつやま書房　２０１０
『平成の大合併・県別市町村名事典』浅井健爾　東京堂出版　２００６
『藤岡市・譲原防災センター（地すべり資料館）資料』国交省関東地方整備局
『本庄市の地名①本庄地域編　②児玉地域編』　本庄市教育委員会　２０１７～18

『皆野町誌　通史編』皆野町誌編集委員会　皆野町　1988
『みやぎ不思議な地名　楽しい地名』太宰幸子　河北新報出版センター　2014
『みやぎ地名の旅』太宰幸子　河北新報出版センター
『民俗地名語彙事典』松永美吉・日本地名研究所　筑摩書房　2021
『武蔵国郡村誌・全15巻』埼玉県　埼玉県立図書館　1954
『吉川市史　民俗編』吉川市史編纂委員会　吉川市　2010
『寄居町史　通史編』寄居町教育委員会町史編纂室　寄居町教育委員会　1986
『嵐山町誌』嵐山町誌編纂委員会　嵐山町　1968